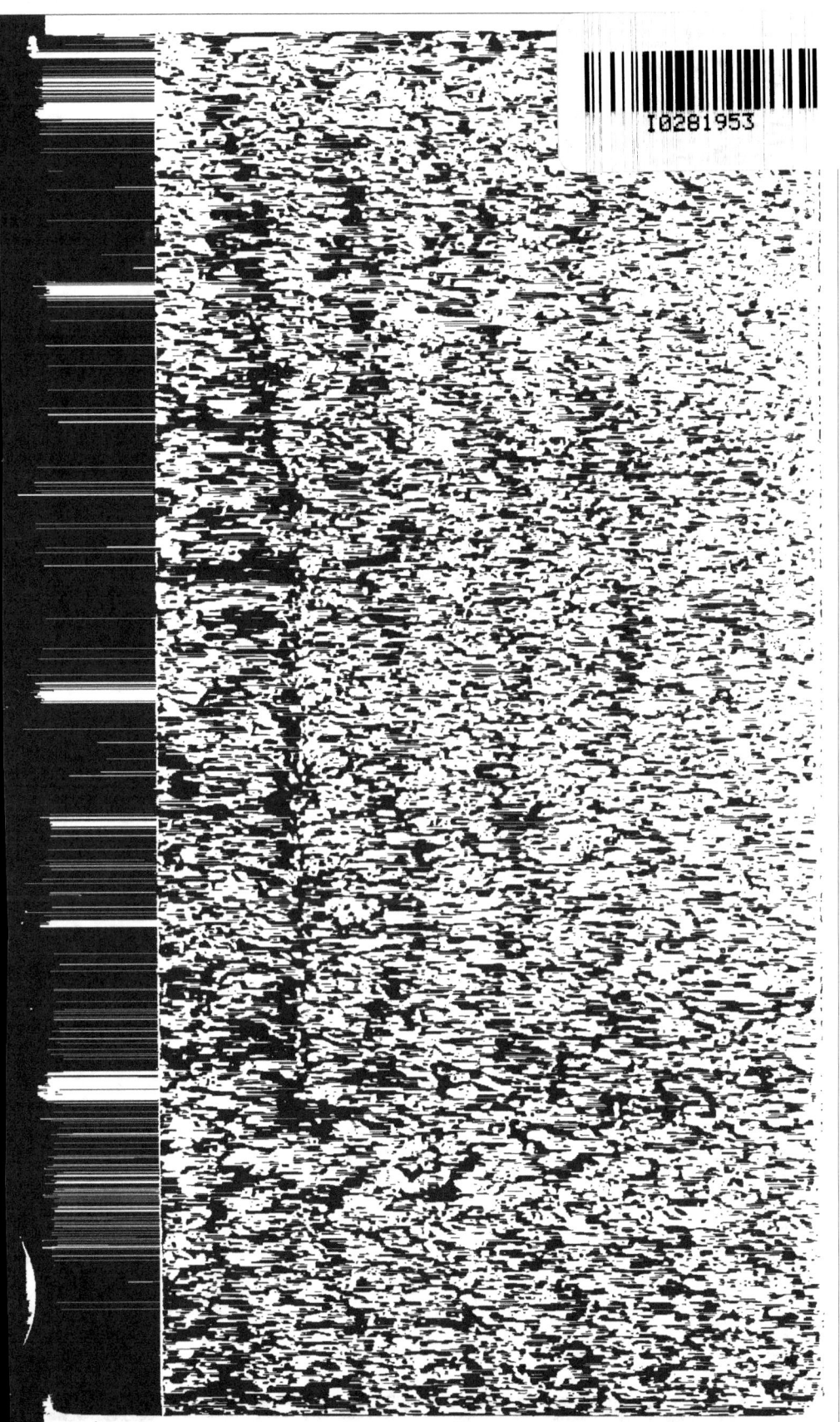

NOUVEAU
TABLEAU DE PARIS
AU XIX.me SIECLE.

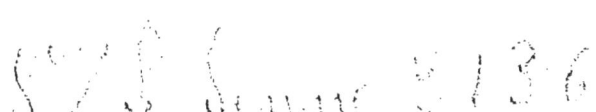

VI.

PARIS. — IMPRIMERIE D'ÉVERAT,
rue du Cadran, n° 16.

NOUVEAU TABLEAU DE PARIS
AU XIXme SIÈCLE.

TOME SIXIÈME.

PARIS.
MADAME CHARLES-BÉCHET, ÉDITEUR,
59, quai des Augustins, au 1er;
ET MM. ÉDOUARD LEGRAND ET J. BERGOUNIOUX,
Aussi 59, quai des Augustins.

M DCCC XXXV.

PARIS

MODERNE.

LES CULTES.

I.

Paris est la ville folle et impie qui ne croit à rien et se moque de tout. Rien n'est sacré pour elle; tout est justiciable de son rire: ses artistes, ses prêtres, ses rois mêmes; Charlet a fait la charge du bon Dieu..... Paris est si bariolé de mœurs et d'opinions différentes! Dans le nombre de ses habitans il y a certes des échantillons de tous les pays et de toutes les croyances, depuis le cacique qui adore le soleil, jusqu'au bonze qui idolâtre le fumier de vache. Nous ne parlerons que des religions reconnues au budget.

Paris compte, dans sa fourmilière d'hommes, quelques hébreux, plusieurs protestans, un plus grand nombre de catholiques romains ; les saint-simoniens sont en Égypte. Si la doctrine de ces derniers n'a pas poussé en France, sur le sol le plus propice aux innovations, c'est qu'ils ont voulu établir une religion dans un temps précisément où toute autorité est niée, où les rois *s'en vont* pour rejoindre les dieux qui déjà s'en sont allés. Lorsque Voltaire, ce grand révolutionnaire, écrivait contre la foi, toutes les supériorités alors se faisaient incrédules, mais les masses étaient religieuses encore. Depuis, l'esprit de la philosophie encyclopédique est descendu peu à peu dans la multitude, et les masses à présent sont devenues philosophes, impies, ennemies de tout ce qui est prêtre et noble, disposées enfin à exterminer *l'infâme*. La majorité des Français, quoi qu'en dise la Charte, n'a point de religion : voyons ce qu'il en reste à la minorité.

Tous les Français sont égaux devant la loi, dit encore la Charte-Vérité, qui ment toujours; car l'énorme traitement du clergé catholique est de 27,589,700 francs, tandis que le culte protestant figure au budget pour la modique somme de 770,000 francs, le culte israélite, pour 75,000 francs seulement, et le culte saint-simonien pour 20,000 francs d'amende et un an ou deux de prison; car tous les Français qui ne sont ni juifs, ni catholiques, ni protestans, contribuent néanmoins en France à l'entretien de ces différens cultes, puisque les allocations sont prises sur la masse générale du budget, et non sur un impôt spécial qui devrait être prélevé, ce nous semble, sur les Français juifs, catholiques et protestans. Le citoyen qui porte un chapeau serait-il bien venu de se le faire payer par le citoyen qui porte une casquette? Pourquoi voulez-vous donc qu'un Français qui croit à Mahomet ou à la métempsycose paie pour le baptême ou le purgatoire de son voisin? Il existe d'ailleurs une immense disproportion entre les divers traitemens des cultes; ce qui fait que le dieu romain est riche comme un juif, et que le dieu des juifs est pauvre comme un protestant. Il ne faut que les avoir visités une fois les uns après les autres, pour bien comprendre l'inégalité de leurs positions. Il est vrai que la Charte n'est pas faite pour les dieux. L'un a des temples bâtis de marbre; l'autre n'a qu'une bourgeoise maison de plâtre; d'autres n'ont pas même les catacombes... Le dieu prolétaire de la nouvelle église française, le dieu de l'abbé Châtel n'est pas même dans ses meubles : jugez où doit loger l'abbé, le dieu demeure en garni à l'hôtel du Colysée d'hiver, boulevart Saint-Martin, n° 10, dans une salle de bal où le peuple du faubourg dansait l'été dernier, dans la même maison où l'on voit d'ordinaire la femme aux trois seins, et l'enfant venu au monde avec de la barbe. Oui, et c'est à n'y pas croire, sur le même devant de muraille, on lit en grosses lettres : *Hôtel garni du Colysée, Église catholique française, Nouveau monstre extraordinaire arrivé à Paris*. Vous entrez; on vous demande si vous voulez vous confesser, et vous voulez louer une chambre; si vous voulez voir le monstre, et vous voulez vous confesser. Vous voilà dans l'église. Afin que le lieu paraisse fréquenté, vous y trouvez toujours un homme et une femme loués à la journée pour être à genoux et prier Dieu : ils sont assis tous deux. L'un, c'est le portier, tresse des chaussons de lisière; l'autre, sa femme, tricote des bas et écume son pot, et le bon dieu est volé! L'église est ornée d'un misérable jeu d'orgues, que l'on dirait dégagé du Mont-de-Piété, où il a été mis par un musicien ambulant. L'autel est en bois, le Christ en plaqué, les bustes de Vincent de Paul et de Fénelon, en plâtre couleur de bronze. Il y a des troncs qui crient misère à tous les coins de la salle. C'est un dénûment affreux qui n'a rien de cette sublime pauvreté des catacombes. On n'y reconnaît même pas les nobles traces de la persécution. Le manteau n'est pas déchiré par les soldats, il est troué et pend en haillons, comme une chose vieillie et usée par le temps. Pauvre dieu ! je n'ai pas le courage d'en médire, car il n'émarge point au budget, et son vicaire a eu la bonne idée de le mettre sous le patronage de deux grands hommes, Vincent de Paul et Fénelon.

—

Le dieu des juifs, lui, est propriétaire : il paie l'impôt personnel et mobilier, il paie même les portes et fenêtres; il peut être éligible, car il possède plusieurs maisons sur le pavé de Paris. Je vais vous donner une de ses adresses : rue Notre-Dame-de-Nazareth, n° 13, nombre juif, il a un pied-à-terre qui ne rappelle guère, je vous jure, le temple de Salomon. On frappe à une porte cochère, la portière ouvre quand elle entend : elle est sourde presque toute la semaine, mais sourde comme saint Pierre si un hérétique frappe au paradis. Elle ne tire le cordon que le vendredi soir et le samedi matin. Je sais cela maintenant, moi qui croyais trouver Jéhovah chez lui à toute heure, et qui tourmentai pendant plus de dix minutes le marteau de sa porte, un dimanche matin. Lasse de mon obstination, la portière m'ouvrit alors et me demanda ce que je désirais. J'avoue que je fus fort embarrassé de répondre à cette question. Je veux, repris-je enfin, je veux voir le bon Dieu. Elle me dit qu'il n'était pas visible, et qu'il ne recevait que le vendredi après quatre heures, et le samedi avant dix. En effet, je revins l'un des jours indiqués et j'entrai... O Salomon, toi qui bâtis à ton Dieu ce magnifique temple, la septième merveille de l'univers, tu fermerais tes deux yeux, si tu voyais en quel lieu tes enfans glorifient le Dieu de leurs pères; si tu voyais l'intérieur d'une synagogue à Paris en 1834, assurée contre l'incendie à la compagnie du Soleil, avec un paratonnerre dessus et un drapeau tricolore!... Où sont les colonnes torses hautes comme les cèdres du Liban? Où sont l'or, la pourpre et la myrrhe d'Asie? Où sont les lévites au lin pur, aux cithares harmonieuses? Ce pauvre bâtiment carré, fait de moellons, qui ressemble à un hangar d'entrepôt, c'est ton domicile, ô Dieu d'Israël!..

Comment en un vil plomb l'or pur s'est-il changé?

L'intérieur de la synagogue est digne de l'extérieur : une enceinte pour les hommes, remplie de bancs grossiers; des tribunes grillées pour les femmes, qui n'assistent au service divin qu'aux trois principales fêtes de l'année; à droite, une chaire mesquine pour la prédication, partie du culte fort négligée par les vieux rabbins, qui ne sont rien moins qu'orateurs, et qui, tout en s'arrogeant le titre de lettrés et d'hébraïsans, bornent leurs études à lire le Talmud de Babylone sans le comprendre. Au milieu du temple, une estrade, balustrée comme la corbeille des agens de change, est destinée au prêtre officiant, ainsi qu'aux enfans de chœur qui psalmodient des cantiques et des versets de l'Écriture. Au centre de cette estrade, un autel ou pupitre servant à déployer les livres saints, longues bandes de soie, sur lesquelles sont dessinés ou brodés les préceptes de la loi, et qui se roulent à la manière orientale autour d'un cylindre de bois précieux. A l'extrémité des bancs occupés par les fidèles, le chandelier à sept branches; puis tout au fond, une vaste armoire contenant les livres de Moïse, en mémoire de l'arche où l'on gardait les tables de la loi. Au-dessus de cette armoire ou arche, sont écrits en lettres d'or les dix commandemens donnés sur le mont Sinaï. D'ailleurs aucune statue, aucune image : les juifs sont iconoclastes comme les protestans. Pendant la durée du service divin, ils ont la tête couverte; portent sur leurs épaules un sarrau de serge blanche, et se balancent d'arrière en avant, en bredouillant leurs prières d'une façon fort distraite et surtout peu euphonique. Leur chant ressemble à un cri de bourse.

Le jour du sabbat est clos par une oraison funèbre appelée *aphdolah*. Deux flambeaux sont placés sur une table qui supporte encore une coupe pleine de vin, un petit cierge divisé en deux branches, et une cassolette en argent contenant du coton très-fin, parfumé de cannelle et de girofle. Alors le rabbin, bizarrement coiffé, s'approche de la table devant laquelle il se tient debout. Il allume le cierge à deux branches entre les mains du plus jeune des assistans, tandis qu'il récite en hébreu quelque passage des Écritures. Puis, rendant grace à Dieu des biens dont l'homme a été comblé, il effleure de ses lèvres le vin de la coupe, prend dans la cassolette le coton aromatisé, le palpe plusieurs fois, en respire l'odeur, et termine par une invocation à Jéhovah, pour le remercier d'avoir fait passer le jour du sabbat sans malheur, et pour lui demander la même prospérité toute la semaine.

Bien que nous vivions à une époque de tolérance, que le temps ne soit plus où les juifs étaient parqués comme des indignes dans des quartiers désignés, dans des rues spéciales qui portaient leur nom; bien qu'au contraire les fils de Juda possèdent chez nous à cette heure les mêmes droits et priviléges que tout sectateur du Christ, ils n'en ont pas moins conservé l'habitude, prise en des temps plus néfastes, de vivre sans alliage, de concentrer entre eux le sang, la vie et les richesses israélites, d'attendre toujours le Messie en famille. Ils ne sont plus à la vérité ni brûlés, ni maudits; mais l'horreur qui les a poursuivis si long-temps comme meurtriers du juste, s'est transformée en cette espèce de haine qu'un débiteur ressent toujours contre un usurier. Oui, maintenant encore l'univers entier déteste les juifs... ils sont les créanciers de l'univers. M. Rotschild prête au pape.

Les temples protestans sont d'un style pauvre à l'extérieur; le dedans est plus indigent encore. Je n'ai vu ni l'Allemagne ni l'Angleterre, ces deux patries de la réforme religieuse, et je ne sais si la pensée de Cromwel et celle de Luther ont formulé là ou là une architecture remarquable. Toujours est-il qu'à Paris il faut monter un escalier sombre, traverser des corridors obscurs comme ceux d'une prison ou d'un théâtre, pour arriver au prêche de la rue Saint-Honoré. Une mansarde ménagée au moyen d'un plancher dans le dôme même de l'édifice, tel est le lieu qui retentit chaque semaine du chant monotone des presbytériens et de l'éloquence nazillarde de leurs ministres. Le protestantisme est ennemi des arts. On sait que son origine n'est que l'opposition faite par Luther contre les indulgences que vendait Léon X pour achever le grand monument de Michel-Ange, Saint-Pierre de Rome. Cette opposition, d'abord spéciale à la vente des indulgences, se généralisa bientôt contre tous les abus de luxe de l'Église romaine, et tendit finalement à ramener le culte à la sévérité et à la simplicité bibliques. Brisant d'un seul coup l'équerre de l'architecte, la palette du peintre et le ciseau du sculpteur, mettant les poètes à la porte du temple sans les couronner de fleurs, exagérant enfin comme toute réaction, poussant à l'extrême contraire et remplaçant l'élégance et la pompe par la sécheresse et la nudité. Mais la philosophie gagna ce que l'art perdit à la réforme : la philosophie de la réforme, dis-je, en niant l'infaillibilité des papes, en proclamant l'émancipation religieuse, prépara cette autre philosophie du xviiie siècle, qui à son tour nia la légitimité des rois et proclama la liberté civile. Le principe de l'autorité une fois attaqué, du premier examen découlait naturellement le second, et l'esprit humain qui, au moyen âge, se trouvait lié par ces deux chaînes, papauté et royauté, ayant brisé l'une, devait bientôt secouer l'autre. Et voyez comme chaque peuple doit apporter sa pierre au grand œuvre de la civilisation universelle! L'Allemagne, qui avait victorieusement opéré la révolution religieuse, avait apparemment fait assez aux yeux de la Providence pour se reposer. Après ce premier avantage, elle se morcelle, se divise de plus en plus sous l'influence dissolvante du protestantisme, et s'annule en perdant l'unité qui seule donne la force nécessaire à un peuple pour mettre sa pensée en action. Pendant ce temps-là, le grand morceau de terre qu'on appelle la France, où la réforme religieuse est à peu près vaincue, où

Henri IV, cet homme de transition, ce juste-milieu, comme on dirait maintenant, n'a pas même le courage de son opinion, abjure sa foi, sacrifie ses amis à la première occasion de trône qui se présente, et fait rire sa conscience avec un bon mot, en disant, *Paris vaut bien une messe*; la France, qui a, elle aussi, des destinées révolutionnaires, qui doit opérer une réforme au xviiie siècle, n'obtient, du grand mouvement d'émancipation au xvie, que l'édit de Nantes dont elle ne jouira pas long-temps; la France, ai-je dit, reste catholique, liée conséquemment et resserrée tout d'une pièce, par la puissance concentrique du catholicisme; elle brise même sa féodalité pour se contenir plus facilement encore dans le cercle monarchique de Louis XI et de Richelieu; elle attend patiemment Louis XIV qui universalisera sa langue, qui apprendra le français à l'Europe afin que l'Europe lise l'encyclopédie; la France enfin sent le besoin d'être grande et unie pour être forte, car elle va accomplir sa révolution, car le moment approche où elle rendra à l'Allemagne, à l'Angleterre, au monde entier, réforme pour réforme, liberté pour liberté; où elle aura pensée, parole et action, Voltaire, Mirabeau, Napoléon! Et deux couronnes royales, ces cales ordinaires de toute civilisation humaine, auront été également écrasées sous la roue des deux réformes, par la liberté religieuse en Angleterre, par la liberté civile en France. Là-bas la tête de Charles sera tombée au nom de Dieu, ici la tête de Louis au nom du peuple : *Vox populi vox Dei!*

—

Le Dieu des catholiques à Paris est, il faut l'avouer, le plus convenablement établi ; quelques-uns de ses clochers portent même la croix, comme un fier soldat porte l'aigrette. La plupart à la vérité subissent en vaincus les insignes du vainqueur : on leur a mis la cocarde tricolore au faîte. Mais enfin ce ne sont pas des domiciles numérotés ; le percepteur n'a pas affaire à leur propriétaire ; ce Dieu-là n'est pas contribuable ; son culte est célébré dans plusieurs églises remarquables : la cathédrale, que Victor Hugo a fait connaître à l'Europe ; Saint-Roch, qu'Auguste Luchet a décrit pour nos lecteurs ; la Madeleine, qui attend son cicerone ou son romancier ; Saint-Sulpice, où nous allons, si vous voulez, passer ensemble la journée du dimanche.

II.

Un Dimanche à Saint-Sulpice.

Vers le milieu du xviie siècle, deux architectes fameux en leur temps, Gamart et après lui Lavau, commencèrent l'église de Saint-Sulpice, sur l'emplacement même d'une petite église qui ne pouvait plus suffire à la population toujours croissante du faubourg Saint-Germain. Quand Lavau mourut, en 1655, Guittard Daniel, son successeur, trouva la chapelle de la Vierge déjà toute sortie du sol. Elle lui sembla alors de dimension trop étroite; mais les marguilliers s'opposèrent à tout changement, et ce troisième architecte ne fit que bâtir le chœur, percé dans son pourtour de sept arcades à pilastres corinthiens. En 1675 les travaux furent interrompus faute d'argent, et repris seulement en 1719 par Languet de Gercy, curé de la paroisse, auquel le roi accorda une loterie pour subvenir aux frais de l'entreprise. Alors s'élevèrent les portails latéraux, ornés des statues de François-de-Mont, qui représentent, dit naïvement Paganiol, « d'un côté saint Jean le précurseur du Messie, et saint Joseph son père putatif; d'un autre côté saint Pierre et saint Paul, avec des enfans qui tiennent à l'un ses clefs, à l'autre son épée. » Enfin le grand portail fut dessiné par un quatrième architecte, le Florentin Servandoni, qui a laissé son nom à l'une des rues environnantes, et qui bâtissait un théâtre en même temps qu'un portail d'église. Les deux tours qui surmontent l'étage des colonnes ne sont ni de même taille, ni de même forme. L'une des deux même, celle du midi, est inachevée. Qu'un monument soit inachevé à Paris, cela est passé dans nos mœurs; mais pourquoi ce défaut de symétrie dans le dessin de l'architecte? La différence est par trop sensible, pour que la faute ait été commise involontairement. Un bon chrétien vous expliquera cela. Il vous montrera d'abord les tours de Notre-Dame, qui se ressemblent un peu plus que celles de Saint-Sulpice, et qui ne s'appareillent pas encore parfaitement. Il vous apprendra que la métropole du monde a seule le droit de la symétrie; que l'église de Rome seule peut avoir deux tours semblables, quoiqu'il n'y ait pas de tours à l'église de Rome. A entendre toujours le bon chrétien, c'est la grande idée de l'unité que représente la symétrie, et que Rome, église centrale et primitive, est jalouse de posséder seule. Voilà comment les tours de Saint-Sulpice ne se ressemblent pas.

Cet esprit d'unité, qui cause là de si petits effets à propos de tours, a produit de bien grands effets autrement. C'est cet esprit qui soutint l'Église naissante contre le pouvoir temporel ; car l'unité est le dernier degré de l'union, et l'union fait la force. L'unité est encore le degré suprême de la civilisation, si la civilisation est l'association. Et pour associer les hommes, quel lien puissant que la religion chrétienne une, commune à tous les temps, à tous les lieux ; qui fait que pour tous les peuples les plus divers de mœurs et de langage, il est un moyen sûr de se comprendre ; que dans tous les pays du monde, de l'aurore au couchant, du midi au septentrion, il y a partout, à la même heure, la même idée. Ah! le Christ est grand, plus grand que Voltaire, car il n'a pas eu l'aide de l'imprimerie, car il n'a pas fait de dictionnaire ni de tragédie, car il ne montrait pas la rhétorique aux rois, mais il mourait pour son idée. Voltaire se contenta d'écrire : le sang marque mieux que l'encre.

Et pourtant la foi catholique finit en France! Voyez, elle n'est plus la religion de l'état. Destituée, obligée de rentrer sa croix comme le limaçon retire ses cornes dès qu'il est touché, religion des faibles, des femmes et des enfans, elle est tolérée et c'est tout. Elle ne bâtit plus de cathédrales, n'inspire plus de Bossuets; les larges subventions ont cessé pour elle; les poètes ne la chantent plus; les peintres ne lui consacrent plus leurs pinceaux. Au contraire, voilà qu'elle est tombée dans le domaine de l'art! ils exploitent la religion comme tout ce qui est passé, comme l'histoire ancienne ou le moyen âge; ils la font servir aux illusions mondaines, elle qui employait jadis toutes les illusions à son service. C'est Martinn le peintre anglais qui vole la Bible au profit de la peinture; c'est Meyerbeer qui dérobe la musique sacrée et fait entrer l'orgue à l'Opéra. Oui, maintenant les chantres d'église vont à l'Opéra; autrefois les chanteurs d'Opéra allaient à l'église. L'église est perdue.

En vain Napoléon et deux rois après lui étayèrent ce monument ébranlé de toute part; ils n'ont pas compris que le volcan révolutionnaire bout encore dessous, et que le tremblement de terre secoue les lieux élevés, les églises et les palais. Pourquoi donc, quand les temples sont désertés par le profane vulgaire, nous autres élus d'intelligence avons-nous tant besoin de croyance, qu'il nous faille des religions nouvelles ? Nous sommes las de scepticisme; nous répudions l'héritage d'impiété de nos pères. On a essayé de croire en la liberté; il y a eu le culte de la philantropie; nous avons eu je ne sais combien de religions de progrès et d'amour; et au milieu de ce déluge de croyances, toutes plus ou moins bâtardes de la grande croyance chrétienne, toutes plus ou moins éphémères, se poussant les unes les autres comme le jour chasse le jour, il n'a surnagé rien de plus grand, de plus durable que la foi catholique, rien qui pût la remplacer; et pourtant elle finit en France.

De cette foi il ne nous reste que le dimanche. Une paresse traditionnelle s'empare du chrétien ce jour-là. A moins d'être journaliste, on observe fidèlement et le précepte et l'exemple du Dieu qui flâna le septième jour après la création. Ce jour-là, on se repose et on s'ennuie. Eh bien! pour passer le temps, allons entendre la messe comme nous irions visiter le Musée. Voici Saint-Sulpice entrons. Découvrons-nous, et laissons la raillerie à la porte : ce n'est pas le temps de plaisanter, ce fut la mission du dix-huitième siècle. Voyons donc sérieusement ce qu'il a fait de notre religion, ce siècle impitoyable et philosophe, où Gilbert faillit comme un anachronisme, avec sa conscience de poète; où l'Église fut si étonnée de trouver un défenseur dans un homme de lettres, qu'elle n'y crut presque pas et le laissa mourir à l'hôpital. Voyons donc si les ennemis de l'Église ont été seuls les auteurs de sa ruine, et si elle ne portait pas en elle-même le germe fatal de sa destruction; si l'élément divin qui pouvait entrer dans cette doctrine devait résister à ce qu'elle avait en outre d'humain et de mortel. Les hommes, et je ne dirai pas les philosophes, mais les prêtres même, et les meilleurs, ont tous contribué nécessairement à cette ruine; car ils n'ont pu faire autrement que de mêler leur nature d'homme au Verbe de Dieu, et l'humanité est périssable.

Ainsi nous voilà dans une église, à Saint-Sulpice. Les hommes ont donc logé Dieu, comme ils se bâtissent une maison pour eux; ils ont embelli sa demeure; ils ont prodigué le marbre et l'or aux lambris, aux plafonds, parce que l'or et le marbre flattent les yeux des hommes. Ils disent que Dieu a fait l'homme à son image, et ils ont donné à Dieu des bras, des jambes, une tête; c'est l'homme au contraire qui a fait Dieu à son image. Et cela est si vrai, que les différens dieux ne se ressemblent pas plus que les différens peuples : celui de Moïse est un Dieu jaloux, celui de Voltaire est philosophe comme celui de Raphaël est barbu.

Avançons; vous verrez que dans ce rite, qui devrait être si sévère, tout s'adresse aux sens : les tableaux, la musique, l'encens, les costumes les plus séduisans par l'éclat et la variété des couleurs. Tout le génie des peuples du moyen âge, et il fut grand, s'épuisa à embellir, à ordonner, à solenniser les fêtes; c'est une pompe, une majesté, un ordre logique et sublime dans le cérémonial. Mais à côté, quel esprit d'orgueil et de spéculation commerciale vient tout profaner et changer l'église en vrai théâtre !

A chaque porte, deux vieillards tiennent le goupillon et vous présentent l'eau bénite d'une main et un tronc ouvert de l'autre... Soyons justes, le tribut est volontaire, et l'on entre moins facilement encore dans un théâtre sans payer au bureau.

Le pauvre publicain reste à l'entrée du temple, debout, ou bien usant ses genoux sur les dalles; tandis que le pharisien, pour un prix qui hausse et baisse selon l'importance du spectacle, s'assied et prie Dieu tout à son aise. Il y a des chaises louées, des bancs retenus à l'année, comme les loges. Ces chaises ont l'écriteau de louage, comme les loges; puis les places qu'occupent les chaises font augmenter le prix de location. Mieux on voit l'autel, plus on paie ; c'est absolument la différence des premières et des secondes, des loges de face et des loges de côté.

L'Église a aussi ses affiches qui s'appellent des annonces, le nom ne fait rien à la chose. Tout près de la sacristie, dans des treillis de fil de fer, se trouve encadrée cette véritable affiche où chacun peut lire comme l'heure du spectacle, le programme et le nom des acteurs :

Aujourd'hui dimanche
A sept heures, première messe,
A dix heures et demie, deuxième messe solennelle.

C'est comme la petite pièce et la grande.

A trois heures et demie, vêpres, sermon, complies,
Procession et salut du Saint-Sacrement.
M. l'abbé Laurent débutera dans le sermon.
M. le Supérieur du grand Séminaire de St-Sulpice officiera.

Maintenant approchons du chœur. C'est la scène avec tous ses décors. Là, des anges bouffis dont Pompadour serait la Vierge, de véritables amours, des peintures à fresque de François Lemoine, des statues en pierre de Tonnerre, par le célèbre Bouchardon ; des chandeliers d'or, des lampes d'or, un autel de marbre bleu-turquin, entouré d'ouvrages en bronze doré. Tous les arts ont été mis à contribution pour séduire l'œil, tandis qu'une musique grande et solennelle captive l'oreille. Est-ce donc là l'Église pauvre et nue qui méprise les richesses de la terre, qui établit pour premier dogme que son règne n'est pas de ce monde ; dont les principes ont fait croire au pauvre qu'il valait mieux que le riche aux yeux de Dieu, par la seule raison qu'il était pauvre ?

Suivez toujours ! n'anticipons pas ! nous sommes à la messe ; le prêtre occupe l'autel : il est desservi par de beaux jeunes gens vêtus de dentelles et de soie. Il bénit le pain devant la foule qui s'incline et prie. Les grosses voix des chantres répondent au fausset toujours grêle de l'officiant. Déjà la brioche bénie coupée en petits morceaux, circule parmi toutes ces pieuses gourmandes, qui mettent la main à la corbeille et mâchent saintement en marmottant *amen*.

Mais après la distribution des pains, voilà le quêteur qui s'en va tendre sa bourse aux dévotes ; il est précédé par le suisse, qui fait sonner sa canne ferrée sur le pavé afin d'ouvrir un passage au milieu des chaises rapprochées les unes des autres. On choisit toujours, pour quêter, le plus beau garçon du séminaire.

Les suisses de Saint-Sulpice sont tous deux grands et forts, et plus laids l'un que l'autre. Le costume antique et grotesque dont ils sont affublés met à découvert des jambes torses et grosses sur lesquelles les mollets sont placés ou trop haut, ou trop bas, ou de travers. Ils sont fiers, intolérans, parce qu'ils représentent le reste de la puissance temporelle que posséda l'Église. Oh! la triste parodie de la force militaire dont Constantin entoura l'Église! qu'il y a loin de la légion thébaine à ces espèces de mannequin marchant en tête des processions, ridiculement armés d'une épée emprisonnée à perpétuité, d'une innocente hallebarde qui n'a jamais poignardé que le ciel, et d'une canne hostile seulement aux chiens égarés sous les voûtes!

Que voulez-vous que devienne l'Église avec de tels satellites?..

Maintenant, vous allez connaître les bedeaux. Ils sont frères et jumeaux, je crois; ils ont la même figure maigre et bourgeonnée, la même honnêteté de manières, la même tolérance philosophique. Il faut vous dire que la foi est aujourd'hui tombée si bas que les bedeaux même s'en moquent. Ils crachent sur leur pain, les bedeaux irréligieux ! si vous causez tous haut, à troubler l'office, ils s'approcheront de vous et vous demanderont le silence, de l'air timide et doux d'un agent de police qui parle à un honnête homme. Je me souviens qu'un dimanche je commettais l'irrévérence de me promener dans la nef avec des bottes neuves et criardes; l'un des bedeaux me pria de m'arrêter : « Êtes-vous Français, » me dit-il. — « Oui, » répondis-je : « Eh bien, soyez bon enfant, et ne vous promenez plus ainsi. Ce que je vous en dis, ajouta-t-il, ce n'est pas pour moi, c'est pour les bonnes femmes que vous scandalisez. » Et il se remit à murmurer le *credo* comme un garçon de théâtre fredonne un air de vaudeville. Pauvre religion ! jusqu'à ses bedeaux qui se défendent d'elle. Que saint Pierre l'ait reniée, le péché est éclatant... Mais le bedeau qui la rejette sur les vieilles, qui se lave les mains, qui ne veut pas en entendre parler pour lui, qui dit : « Ce n'est pas pour moi : ça ne me regarde pas. » Ah ! quand l'incrédulité est descendue jusqu'aux derniers membres de l'Église, il n'y a plus de remède : c'est un corps dont le froid a gagné les extrémités.

Les chantres eux-mêmes, ceux qui font métier de chanter les louanges de Dieu, sont aussi philosophes. J'en ai vu qui lisaient *le National*. Voyez-les lever leur tête osseuse et grisonnante parmi tous ces fronts modestes et baissés qui viennent deux à deux du séminaire Saint-Sulpice à l'église, pour entendre la messe. Quel contraste que ces jeunes gens pieux et doux qui remplissent les stalles du chœur, avec les figures hardies, effrontées des chantres aux lèvres rouges, aux joues bleues ! Tout ce monde-là a femme et enfans. Ils rient en sortant de l'église, ne pensant plus ni à Dieu ni à ses louanges. Je ne connais rien de plus irréligieux qu'un chantre : il n'a pas plus tôt donné la dernière note du verset, qu'il se retire ; quand le sermon commence, le chantre est déjà loin, et il ne reviendra pas avant la fin du sermon ; et il s'en ira, après son dernier *Amen*, être choriste au Vaudeville.

D'ailleurs, ils ont tous un amour-propre, une rivalité d'acteurs ; quand l'un d'eux est enrhumé les autres se réjouissent de chanter plus fort que lui.

Au milieu des chantres, vous apercevez aussi deux têtes qui ne vous sont pas inconnues, l'une grosse et avinée, l'autre brune, maigre, et sympathisant plus avec la tisane qu'avec le vin. Ces deux hommes que je vous montre, ne chantent pas. Voilà qu'ils ouvrent la bouche d'un serpent de cuivre et qu'ils le font cracher ! Ils sont là pour accompagner le chant avec leur ophicléïde. Vous les avez rencontrés quelque part certainement, à Saint-Sulpice, à l'Odéon, à la garde nationale. Ces joueurs d'instrumens cumulent : à l'église, le matin, ils jouent de l'ophycléïde ; à l'Odéon, le soir, de l'ophicléïde; dans la garde nationale, de l'ophicléïde : de sorte qu'à l'église ils parlent Odéon ; à l'Odéon ils parlent église ; à la garde nationale ils parlent de l'église et de l'Odéon : de sorte que souvent ils confondent l'heure d'une revue avec celle d'une répétition, l'heure d'une répétition avec celle d'une messe, et l'heure d'une messe avec celle d'une revue; de sorte que le même homme force le même instrument à beugler *le Credo, la Marseillaise,* et l'air de *Robin des Bois.* Dans sa journée, le joueur d'ophicléïde est la réalisation la plus complète de ce vers de Boileau :

Passer du grave au doux, du plaisant au sévère.

La messe est le triomphe du prêtre qui officie. Il remplit là le premier rôle avec la blanche étole et la chasuble d'or. Mais les vêpres sont aux chantres et aux musiciens. Silence ! les cloches ont sonné le second coup des vêpres ; l'église est déjà pleine de femmes élégamment vêtues. Alors, ce n'est plus la robe négligée du matin ; la papillote de papier n'entre plus dans l'église à cette heure, car il est midi passé, car le ciel est bleu et le soleil est jaune. On dirait qu'il a aussi, lui, ses rayons du dimanche. Silence ! la basse-taille entonne son chant monotone comme le bruit d'une horloge. Déjà toutes les voix se confondent à l'unisson dans cet air grave et sans harmonie. Écoutez ! quelle majesté dans leur psalmodie inélégante, mais forte ! Les joueurs d'ophicléide soutiennent les chantres assesseurs qui reprennent le verset, avec leur son de voix tout métallique, avec l'aplomb et l'impassibilité d'un instrument. J'entends je ne sais quoi de biblique et de sublime dans ces sons à toute voix, qui vont et viennent de chaque côté des stalles, qui se croisent et se répondent, jetés de toute part à gorge déployée. Mêlez à cela le cri chrevotant d'un vieillard dévot qui chante et qui tousse ; et plus loin derrière la boiserie du chœur, les éclats de gosier des prétendans à la place de chantre, qui font ce qu'ils peuvent, qui s'enflent et crient de toutes leurs forces pour être remarqués du curé ; puis enfin, les accens doux et flûtés des voix de femmes qui s'unissent à la grande mélodie, comme le lierre monte avec l'orme, voilà les vêpres. Ici, point de fioritures, de ritournelles d'opéra-comique, de petits airs qui vont au piano du salon; point de musique faite à la proportion des loges. Il faut du bruit à remplir les voûtes, à monter au ciel, à Dieu. L'orchestre qui accompagnera une telle musique, ce sera l'orgue. Levez-vous! l'orgue ouvre le *Magnificat.* Alors, c'est un torrent d'harmonie qui vous inonde, qui vous prend en passant, et tantôt vous berce, et tantôt vous ballotte d'une mélodie à l'autre. Eh bien! pendant ce vaste et puissant concert, lorsque l'encens fume sur l'autel, que les femmes saluent le Christ comme des tiges de fleurs qui plient au vent, lorsque l'orgue est là qui souffle d'incessantes voluptés, et que les volées de cloches augmentent encore tout ce tapage des sens ; parmi ces jeunes séminaristes immobiles, inclinés, rasés en signe d'humiliation, je vous dis qu'il s'en trouve un à l'ame passionnée, aux sens inflammables, un qui a compris dans la religion de la Madeleine une religion d'amour, un pour lequel il entre de la femme dans son Dieu! Et alors que la passion le pénètre par tous les pores, que l'amour, l'harmonie, le parfum l'assiégent à tous les sens, n'est-ce pas que son cœur est bien difficile à défendre? et si un ange, une jeune fille lui apparaît agenouillée, priant avec une ferveur à nous rendre jaloux de Dieu, c'est fait de la paix de l'homme alors; le cœur sera pris d'un coup de paupière : il est livré sans défense, sans combat, livré sans retour, infailliblement livré. Est-ce sa faute pourtant, pauvre jeune homme, s'il n'a pas une triple écorce autour de la poitrine; s'il n'est pas cuirassé contre les poignantes illusions; s'il a conservé, à l'ombre du cloître, la virginité de l'ame, qui se déflore et se perd vite au grand air du monde; s'il possède toujours cette sensibilité exquise, cette primeur de nature si verte et si susceptible que tout frappe fort et impressionne, tout, le chant de l'oiseau, une feuille qui tombe, une femme qui passe, un son qui expire dans le tuyau de l'orgue ?

Eh bien! les vieillards ses maîtres seront sans pitié, sans merci pour son âge, usés, blasés qu'ils sont, vertueux à force d'être vieux; ils ne pardonneront pas, eux qui n'éprouvent plus ni transports de l'ame, ni trouble de la chair, qui confessent une femme sans émotion, qui lisent leur bréviaire des lèvres, sans cœur, sans onction, comme l'acteur qui joue le même rôle à la cinquantième représentation; eux pour qui l'Église n'a plus de terreur, de retraite mystérieuse, plus de sons inconnus; eux qui savent les voûtes et les arcades de fond en comble, qui ont parcouru la nef d'une extrémité à l'autre, qui ont compté combien il y a de chapelles dans le temple, qui n'ont plus rien à y découvrir; eux pour qui l'église est triviale enfin, sans surprise et sans accidens, comme la route pour le roulier, comme la femme pour son mari, ils ne pardonneront pas; et cependant ils sont gros et gras, ils pèchent autant que lui, par le seul sens qui leur reste; à table, ils sont aussi jeunes que lui : leur ame à eux est toute dans la muqueuse du ventre; ses sens à lui sont complets; c'est toute la différence.

Ah! plaignons le jeune prêtre souffrant qui rencontrera, dans ses heures d'angoisse, la face impitoyable d'un prêtre rose et scandaleux de santé, ou la figure stupide et ridicule d'un bon gros chantre insouciant! Si vous saviez combien il envie cette paix de néant qui fait tout le mérite de l'un; et surtout la liberté qui appartient à l'autre, la liberté du chantre qui loue Dieu, parce que c'est son métier, mais qui, sa besogne faite, la chape ôtée, hors de l'église, boit, fume, lit le journal, monte la garde, et aime sa femme sans péché mortel! Au chantre la joie, la santé, tous les bonheurs de la vie domestique. Au pauvre prêtre toutes les misères du célibat, les luttes de la continence, les noires mélancolies de la solitude. O faiblesse humaine! Les chasubles d'or, les dentelles si blanches et si pures couvrent donc un cœur malade! Plaignons-le, jusqu'à ce qu'il vieillisse, jusqu'à ce qu'il se sente battre un bréviaire dans la poitrine !

Le *Magnificat* est fini, le sermon commence. Vous voyez déjà tous les chantres qui partent et vont se rafraîchir au cabaret, pendant que la foule se nourrira de la parole de Dieu. Le nom du prédicateur est écrit en lettres majuscules sur l'annonce. On a voulu avoir du monde aujourd'hui, car c'est le prédicateur à la mode : il est jeune et beau, il est romantique. On l'accueille avec un murmure d'approbation; il a son entrée d'applaudissemens tout comme un sociétaire du Théâtre-Français. C'est chose curieuse à entendre qu'un sermon en 1835, après les discours des Bourdaloue, des Bossuet, des Massillon, quand les talens manquent à l'Église, qui n'est plus assez vivace pour les faire éclore, assez riche ni assez puissante pour les entretenir et les payer ! Néanmoins la chaire est en progrès; le père Bridaine est chef d'école; les forts d'à présent l'ont choisi pour modèle, et laissent le classique du sermon aux débutans et aux timides. Ces derniers ont des recettes pour faire un prône, comme il y en a pour composer un réquisitoire, une comédie. La division en trois points, voilà le fond. Voici le détail : *Miséricorde infinie, trésors de grace, colère céleste, grace ineffable, le Tout-Puissant*, et autres mots aussi variés, formules toutes faites, toutes prêtes, qui sont au premier venu; comme chaque procureur du roi est maître de dire que la société est ébranlée, que la société crie vengeance; comme une soubrette, une pupille et un amant appartiennent à n'importe quel auteur dramatique. Mais ces canevas sont méprisés, ces manières-là sont vieillies; et l'orateur qui est *chef d'emploi*, qui a son nom mis sur l'affiche *en vedette*, est ordinairement plus hardi et partisan de formes plus nouvelles. Aussi est-il plus fatigant que les autres; ennemi né de la périphrase académique, il appelle chaque chose par son nom; il appelle Jésus, Jésus, sans cesse, sans pitié pour l'épine dorsale des vieilles, qui courbent toujours la tête au nom de Jésus, et qui se fatiguaient moins du temps de ces circonlocutions classiques : *le Sauveur, le Seigneur, celui qui nous a rachetés, celui qui a versé son sang pour nous*. Du reste, le prédicateur même romantique n'a pas encore poussé l'innovation jusqu'à ne plus dire : mes frères, bien qu'il ne parle jamais qu'à des femmes.

Les orateurs ont en général quelque facilité d'élocution, beaucoup d'amour-propre; ils vous parlent des vanités de ce monde avec des brillans aux doigts ; ils déclament contre la chair périssable et indigne avec des mains blanches et soignées; ils prêchent l'humiliation chrétienne avec un contentement de soi-même qu'on chercherait en vain sur les planches même du théâtre, avec l'orgueil sacré.

Dans le carême, les fidèles chantent des cantiques avant le sermon. C'est le prédicateur qui indique après le sermon ce que les ames pieuses doivent apprendre pour le dimanche suivant. C'est lui qui donne l'air, qui dit, par exemple : on commencera dimanche par : *Mon cœur t'adore*, page 15, jusqu'à *Quelle douleur*, page 47. Le discours débité, les chantres reviennent et l'orateur s'en va dîner, il mange comme les acteurs, après le spectacle. Les dévotes retournent leurs chaises vers l'autel, qui flambloie déjà de tous les cierges allumés. Le dais, avec ses tentures de velours et ses glands d'or, attend le grand saint-sacrement qu'un lévite est allé chercher dans la sacristie : car ils ont bien un bon Dieu de tous les jours; celui-là reste dans le tabernacle; il sert aux offices ordinaires, aux messes basses, il est en argent : mais ils ont aussi le bon Dieu des dimanches, le beau, le précieux, celui qu'on ne met qu'aux grandes occasions, aux jours de fête, aux grand'messes, ou au service funèbre d'un mort riche. Celui-là couche mollement dans un lit de ouate, au fond de la sacristie. Il est en or. O impiété! je vous ai bien dit que les idées humaines gâtaient tout.

Avec ce Dieu-là, les prêtres portent toujours leur plus riche costume; car ils ont aussi deux tenues, la petite et la grande.

Cependant la procession s'organise. Les filles de la société du Sacré-Cœur marchent rangées sur deux files ; elles sont toutes vêtues de blanc et toutes laides, elles sont vouées à la Vierge. La plus forte, la plus mâle, la plus Jeanne d'Arc d'entre elles, tient la bannière sur laquelle sont brodées en blanc, sur un fond bleu, les initiales de l'*Ave Maria*. Après ces pieuses filles arrivent les marguilliers de la paroisse, qui ont le privilége d'assister à la procession, avec un gros cierge à la main. Puis viennent les chantres; enfin les séminaristes, qui portent les uns des corbeilles de fleurs, les autres l'encensoir devant le saint-sacrement. Il faut voir, il faut entendre, pour comprendre ce qu'il y a de poésie là-dedans. Déjà la nuit descend des voûtes, et fait éclater la lumière jaune des cierges. Les encensoirs s'élèvent uniformément comme autant de sauterelles qui s'entendraient pour bondir en même temps. Les feuilles de roses jetées au-devant du Dieu retombent les unes çà et là sur les cheveux des lévites; et les autres, foulées aux pieds sur le pavé, répandent une odeur enivrante. Aux puissantes intonations de l'ophicléide se marient les voix frêles des enfans de chœur. Élancez-vous, voix légères comme les colonnettes de la nef, envolez-vous au sommet des voûtes, montez comme l'encens au long des piliers! Allez, partez, l'orgue vous suit, il vous atteint, il vous dépasse sous les arcades froides et hautes qui grandissent encore par l'obscurité! Au moins là, dans l'église, ce n'est pas du carton qui se brise, qui s'éraille, qui se tache d'huile. Cela ne se chiffonne pas comme les accessoires de théâtre; c'est la majesté solide et nue de la pierre. En ce moment je ne sais quelle émotion solennelle et mystique s'empare invinciblement des cœurs, je ne sais quelle crise d'admiration mêlée de terreur, de recueillement, nous plonge dans des ravissemens ineffables en face du Dieu qui passe incarcéré dans sa maison, et qui n'en peut sortir maintenant, sans enfreindre la loi athée qui le met aux arrêts!

Église ! Église ! tu as beau avoir un soleil d'or dans tes vitraux, d'épaisses ténèbres sous tes voûtes majestueuses, tu as beau avoir deux bons Dieux en or et en argent, deux suisses armés, deux bedeaux philosophes, des ophicléides de la garde nationale, des vierges en robe immaculée, les quêteurs les plus beaux du séminaire, des chantres aux poumons d'airain, des enfans de chœur à la voix argentine, des cloches plus fortes que le tonnerre; tu as beau revêtir encore la soie, la pourpre et la dentelle, habiller tes lévites du lin le plus pur; tu as beau avoir la musique enivrante, les cierges parfumés, les peintures à fresque de Delaroche, et l'hostie sans tache ; pauvre Église, tu finis en France! car tu es marchande, car tu as fait de ta mission métier et marchandise, car, dépouillée de ta puissance et de tes richesses par les révolutions, tu t'es vue réduite à l'état de commerce, et tu t'es mise à vendre des messes, à tenir les articles baptême, mariage, enterrement à tous prix; car tu as fixé un tarif à tes prières, et tu as fait argent de tout : des chaises, des cierges, de la hauteur même de tes tours ; car tu exploites jusqu'à la vanité des fidèles, tu as des linceuls de velours pour le riche qui paie beaucoup, des linceuls de bure pour celui qui paie peu, et rien pour le pauvre qui ne paie pas ; car tu ne vis plus que de casuel; et dans ces temps de désolation et de choléra, les tiens vivent de la mort des autres, et chantent quand les autres pleurent.

J'ai écrit ces tristes réflexions sans ordre, sans logique, comme elles me sont venues un dimanche à Saint-Sulpice. En définitive, que conclure de tout cela? Qu'une religion ne peut se soutenir qu'autant qu'elle est désintéressée; mais elle ne peut être désintéressée qu'autant qu'elle est riche et forte dans l'esprit des nations, et elle ne peut être riche et forte dans l'esprit des nations qu'autant qu'elle est progressive et humanitaire. Or, la religion catholique à cette heure est hostile au progrès de l'humanité. Après avoir été pensée de liberté, elle est devenue tyrannie; après avoir lutté contre les forts avec les faibles, elle a collaboré avec les oppresseurs contre les opprimés. Elle veut encore, à présent même que le christianisme s'est agrandi du principe de l'insurrection, de ce principe proclamé en 89 le plus saint des devoirs, elle veut, la vieille, nous imposer encore patience et résignation là où nous ne voulons plus que résistance et combat; elle fait cause commune avec les maîtres; voilà pourquoi la foi catholique finit en France. Il y a place pour un autre Dieu.

Félix Pyat.

LES THÉATRES DE PARIS.

Autrefois on distribuait les théâtres de Paris en théâtres royaux, petits théâtres, et théâtres forains. Les premiers dépendaient de la liste civile, les seconds du ministre de l'intérieur, les derniers de la préfecture de police. On les appelait aussi grands et petits théâtres. Et, par une conséquence inévitable attachée à ces noms de grands et petits, les grands étaient payés et les petits payaient. On subventionnait l'Opéra, les

Français, les Italiens, l'Odéon, quand il n'était pas mort, l'Opéra-Comique aux jours où il a vécu. Tout le reste offrait un hommage du vingtième de sa recette à l'Académie Royale de Musique. De tout cela la révolution de 1830 n'a supprimé que l'impôt du vingtième. Nous avons encore des théâtres royaux auxquels le roi ne donne rien, et des comédiens du roi dont le plus sûr revenu est basé sur la contribution directe, les droits-réunis et l'impôt sur le sel, ce qui est passablement royal, comme on peut voir, et ce qui justifie très-bien le titre qu'ils portent. Les autres, qui vivent de leurs propres ressources, n'ont pas de titre; si ce n'est quelques-uns qui ont pris celui de théâtre national, qui ne les fait participer au budget que comme contribuables. L'état social se manifeste partout. Partout surgit la grande division des payans et des payés.

Il ne sera pas sans intérêt pour nos lecteurs de savoir quelles sont les conditions d'existence d'un théâtre. La première et la plus dure de toutes leurs charges, c'est l'impôt du onzième de leur recette brute perçu au profit des pauvres par la ville de Paris. Cette contribution n'affranchit les théâtres ni de la contribution foncière et des portes et fenêtres, comme propriété, ni les directeurs de la contribution mobilière et personnelle, comme habitans de la cité, ni de la patente comme industriels. Un théâtre comme celui de la porte Saint-Martin, auquel il faut près de 600,000 francs de recette pour exister, verse entre les mains du gouvernement :

1° Comme propriété d'un million de valeur, une contribution de huit mille francs, ci 8,000

2° Pour portes et fenêtres, une somme de deux à trois cents francs, ci. 250

3° Comme patente, la valeur d'une des recettes du théâtre, calculée à deux mille cinq cents francs, ci 2,500

4° Le onzième d'une recette de 600,000 fr., cinquante-quatre mille cinq cent quarante-cinq francs, ci . . 54,545

5° Si le directeur a un logement de 2,000 francs, un impôt mobilier de . 250

Total soixante-cinq mille cinq cent quarante-cinq francs, ci 65,545

Si de cela vous déduisez les huit mille deux cent cinquante francs d'impôt direct qui affèrent à la propriété, il n'en restera pas moins, pour l'industriel seulement, cinquante-sept mille deux cent quatre-vingt-quinze francs, auxquels il faut ajouter ce qu'on appelle les frais de garde (les pompiers et les gendarmes), une somme de dix mille francs par an au bas mot, et vous trouverez que, pour s'appeler directeur de théâtre, ce que l'aristocratie financière méprise souverainement, on paie à l'état soixante-dix mille francs d'impôts.

La puissance de ce qui est domine tellement la plupart des esprits, que l'on trouve cela fort simple; c'est cependant le sublime de l'inique et de l'absurde. Proposez à MM. les marchands de chandelle, de sucre et de toile, de la chambre des députés, de laisser percevoir par l'État le onzième de toutes leurs ventes, et donnez-leur pour raison celle qu'on donne aux théâtres : — vous vendrez plus cher, et c'est le consommateur qui paiera; — offrez-leur cette condition, et ils se révolteront, ils se révolteront avec un fusil et des cartouches. Mais qu'importe? Quels sont ceux qu'intéressent ces questions? des gens de lettre, des artistes, canaille, sotte espèce qui a fait le dix-septième siècle le soleil de notre histoire, qui a fait le dix-huitième d'où est sortie la révolution de quatre-vingt-neuf, votre mère, et qui a soutenu l'opposition des quinze ans d'où est venue la révolution de dix-huit cent trente, votre nourrice : entendez-vous, plébéiens de deux sous, vaniteux patentés, insupportables insolens d'un régime de bassesses.

Après les pauvres viennent les auteurs ; ceux-ci ont tantôt une somme fixe pour chaque représentation de leur pièce, tantôt un droit proportionnel à la recette. A l'Opéra, et dans les théâtres de mélodrame comme l'Ambigu, la Gaîté, les Folies-Dramatiques, on donne une somme convenue, indépendante du produit de la recette. A l'Opéra cela va jusqu'à cinq cents francs, et diminue à mesure que les représentations avancent jusqu'à la moitié de cette somme. Aux autres théâtres que nous venons de nommer, une pièce se paie trente-six francs, vingt-quatre, dix-huit, un petit écu; dans tous, comme cela se comprend de soi, les grandes pièces, c'est-à-dire les longues pièces, sont plus rétribuées que les petites ; l'aune fait partout son office.

A la plupart des autres théâtres le salaire des auteurs est proportionnel à la recette. Pour ce qu'on appelle à Paris les théâtres de vaudevilles, c'est-à-dire le Gymnase, le Vaudeville, les Variétés et le Palais-Royal, ce droit est de douze pour cent de la recette brute pour chaque représentation et pour la totalité des pièces représentées, n'y en eût-il qu'une et y en eût-il quatre. Ce droit de douze pour cent est réparti au marc l'acte des pièces représentées et d'après des tarifs réglés entre les auteurs et les directeurs. Le théâtre de la porte Saint-Martin ne donne qu'un droit proportionnel de dix pour cent, et la Gaîté, un de huit. Ce droit donné dans ces théâtres à la représentation entière est attribué aux Français et à l'Opéra-Comique à chaque ouvrage joué. Ainsi au Théâtre-Français une pièce en cinq actes perçoit le douzième de la recette, un ouvrage en trois actes le dix-huitième, et le vingt-quatrième pour un acte; le droit se perçoit indépendamment de la composition du spectacle; il est beaucoup moins considérable qu'on ne pourrait penser, en ce qu'il ne se prend que sur la recette défalcation faite du droit des pauvres. Quant aux cent cinquante mille francs ou aux deux cent mille francs de subvention donnés par la France, qui s'appelle en ce cas le ministre de l'Intérieur, ils n'entrent pas en compte de recette, et les auteurs n'ont rien à y voir; ces sommes énormes ne profitent qu'au génie de messieurs les comédiens, dont quelques-uns ont la figure que vous savez, et dont quelques autres parlent une langue que ni vous ni moi ne savons. Cela s'appelle, en administration, protéger les lettres. Ce serait un beau dictionnaire que celui des mots en usage pour couvrir d'un air de justice les plus hautes iniquités, d'un air d'intelligence les plus lourdes sottises, d'un air de protection le plus inconcevable abandon. Ceci, intérêts pécuniaires et réflexions, peut s'appliquer, à quelques centimes près, au théâtre de l'Opéra-Comique.

Les autres charges des directeurs consistent en frais matériels et en appointemens de comédiens et d'administrateurs ; les premiers s'élèvent à une somme énorme par rapport aux autres ; les dépenses d'un théâtre, inaperçues par le public, sont ce qui obère le plus les administrations. Le spectateur, qui ne tient compte que de l'acteur, ne se doute pas que dans les théâtres les mieux peuplés de talens, la troupe n'entre pas pour un quart dans la totalité des frais. Y a-t-il un homme qui comprenne qu'on dépense quinze mille francs, sinon vingt, au Théâtre-Français, pour jouer, durant les entr'actes, des bouts de musique qui ne font patienter l'auditeur que par le grotesque de l'exécution ?

Dans les théâtres où le personnel est la moindre partie du budget, il ne faut pas comprendre les Italiens, qui, outre leur subvention particulière et leur salle qu'ils ne louent pas, sont affranchis du paiement des droits des auteurs, par le genre de leur exploitation. On ne peut pas voler un tableau à un Italien, mais on peut lui voler sa musique. Du reste, c'est une complète réciprocité de peuple à peuple, et dont peu profitent. L'Italie fournit gratis de musique toutes les capitales un peu balayées, et la France alimente de littérature les contrefaçons de la Belgique qui inonde l'Europe de nos livres : reste à savoir ce que l'Angleterre et la Russie rendent de musique à l'Italie, et ce que la Belgique et messieurs de la Hollande nous donnent de littérature à contrefaire.

A ces droits que nous venons de dire, les auteurs joignent celui de signer un certain nombre de billets. Autrefois, car autrefois avait de bonnes choses, des choses de bon goût et d'honnête savoir-vivre, ces billets n'étaient qu'un privilége de galanterie, grace auquel on invitait ses amis à la représentation de sa pièce. Aujourd'hui, époque de savoir-faire, ce droit de signature est un commerce fort lucratif. C'est lui qui produit ces hommes nippés de vieux, qui embarrassent les avenues de tous les théâtres en vous proposant des billets, *meilleur marché* qu'au bureau. Cependant le droit des auteurs ne fournit pas toute la marchandise de ces messieurs. Il y a tels directeurs gérans d'une société d'actionnaires qui, en dehors des rentes légitimes et contrôlées à la porte, et dont il faut tenir compte auxdits actionnaires, ont trouvé dans ce négoce un revenu ignoré qui n'est pas si méprisable qu'on pourrait le croire. Cent mille écus de propriétés acquises à ce titre leur font beaucoup d'honneur parmi les gens du monde.

Qu'on me permette une réflexion de quelques lignes. Vous êtes auteur dramatique, ou à peu près, me dira-t-on ; probablement vous avez fait ce commerce comme les autres : d'où vient donc la tournure de phrase peu obligeante que vous employez pour en parler ? C'est qu'en vérité on m'a prouvé que j'étais un sot de ne pas tirer, moi misérable, quelques louis d'une ressource qui ajoute des milliers d'écus aux rentes des riches du métier. J'ai trouvé le vice enraciné, la chose reçue, avouée ; on m'a montré des livres timbrés et tenus en partie double pour la régularité de ce commerce. J'ai fait le mouton de Panurge. Mais en vérité aussi, je dois dire que, depuis quatre ans que je suis secrétaire de la commission des auteurs dramatiques, j'ai demandé de tous mes moyens la suppression des billets d'auteur, ainsi que celle des billets signés par l'administration, et qui, sous prétexte d'être donnés à des amis, sont le plus souvent vendus au préjudice de la recette légitime. Auteurs et directeurs n'ont pas encore voulu comprendre qu'entre leurs principaux moyens de salut pour ceux qui penchent, et de fortune pour ceux qui marchent droit, ce moyen est le plus efficace.

Après les billets, une autre lèpre des théâtres c'est ce qu'en style du métier on appelle les claqueurs. Je n'ai pas à faire ici le tableau complet de l'organisation de ces messieurs ; je n'ai pas à vous nombrer les diverses espèces du genre : le rieur, le chatouilleur, le hââteur, le moucheur, le trépigneur, celui qui rit, celui qui murmure le bien-aise qu'il éprouve, celui qui l'exclame, celui qui mouche son tabac comme on mouche ses larmes, car il a appris dans le dictionnaire des sciences naturelles que les larmes font moucher, et enfin celui qui bat le tambour avec ses pieds et produit un roulement de satisfaction qui monte aux loges avec la poussière du parterre et la crotte de ses bottes percées. Arrêtons-nous au claqueur, qui comprend toutes les variétés de l'espèce ou du genre. Celui-ci est devenu aussi nécessaire à l'existence du théâtre que le lustre qui l'éclaire ; bien plus nécessaire que quoi que ce soit : ainsi, à l'Opéra-Comique, on ne chante pas, mais on applaudit : être applaudi c'est avoir du succès. Quel est le but de l'art ? le succès ; donc il vaut mieux avoir un bon claqueur qu'une bonne voix. Il y a eu un directeur à ce théâtre (mais ce n'est pas

M. Crosnier) qui croyait aux claqueurs comme saint Jean de Latran à l'Évangile. Et maintenant savez-vous ce que c'est que le claqueur? c'est la désorganisation de l'art, c'est l'absence de toute appréciation impartiale, c'est le jugement du public changé en combat. Autrefois ce public s'asseyait comme juré sur les banquettes du théâtre; aujourd'hui qu'il sait que l'auteur a des avocats qui plaident au parterre, il s'est fait procureur du roi à l'orchestre. De là il lui est arrivé d'être souvent injuste, barbare, ignorant, stupide, procureur du roi enfin; de là, celui qui paie, s'il s'amuse, n'en dit rien de peur d'être confondu avec ceux qui sont payés pour le dire; de là, le comédien qui a besoin de sentir son public, le comédien glacé à l'aspect et au contact de ces salles froides, demande à la claque un excitant, un lien entre lui et la masse qu'il doit remuer; et, dans l'état où sont les choses, il ne faut pas s'y tromper, ce n'est pas le comédien qui a tort, c'est le public.

C'est un misérable métier quand on attend des autres sa renommée, son état, sa vie, d'être forcé de traiter ces autres de sots ou de maladroits; et cependant telle est ma position envers le public. Oui vraiment c'est le public qui a amené presque toutes les exagérations du drame et du jeu des comédiens : auteurs et acteurs, en présence de cet égoïsme de sensation, de cette ingratitude de plaisir que le spectateur ne daigne témoigner par aucun signe, se sont éreintés à secouer son inertie; et, il faut bien l'avouer, ce n'est que lorsqu'ils outre-passent la nature qu'ils font participer quelques voix et quelques mains désintéressées aux cris et aux applaudissemens salariés.

Voyez les deux seuls théâtres où la bonne compagnie veuille bien encore se mêler d'approuver par ses applaudissemens ou d'improuver par ses *chut*, voyez l'Opéra et les Italiens; ils marchent, ils prospèrent, ils ont des talens de tous genres. Il ne faut pas dire que ces théâtres prospèrent parce que ces talens y sont, et que pour cela aussi le public s'y intéresse; car dans ces deux théâtres, et à l'Opéra surtout, ils y étaient lorsque ces théâtres étaient en décadence et qu'on les abandonnait. Le grand talent, l'immense talent de M. Véron, c'est d'avoir persuadé au beau monde qu'il fallait avoir une opinion sur l'Opéra, sur ses chanteurs, sur ses danseurs, sur son orchestre; c'est d'avoir fait une épreuve solennelle de chaque représentation, c'est d'avoir amené tout ce qui parle ailleurs qu'à l'estaminet, à dire que l'exécution de *Robert-*

le-Diable a été meilleure hier qu'il y a eu trois jours ; que l'orchestre a dit l'ouverture avec plus de chaleur, ses accompagnemens avec plus d'ensemble ; que madame Damoreau a été plus parfaite, Nourrit plus en voix ; que mademoiselle Taglioni a eu un plié sublime, et madame Montessu un tourbillon d'entrechats étourdissant ; c'est, pour résumer tout ceci, d'avoir appris au public à étudier la pièce qu'il voit et les acteurs qui l'exécutent. Alors les artistes, suivis ainsi dans leurs efforts, avertis qu'ils sont attendus à l'endroit faible qu'on a remarqué, s'appliquent à faire mieux, et y réussissent. A cette critique du monde, les journaux commencent un peu à ajouter la leur ; ils se donnent la peine de remarquer un endroit bon même à côté de vingt mauvais ; enfin il y a intérêt entre les acteurs et le public, il y a communication, il y a échange d'idées ; on travaille avec ardeur pour celui qui vous récompense de même.

Partout ailleurs, pièces et acteurs sont engloutis dans un gros anathème qui est à bout de ses phrases pour ne pas devenir stupide par la forme, comme il l'est par le fond. Cet acteur est sublime, celui-ci est détestable ; cette pièce écrase d'admiration, celle-là d'ennui. Que vous ayez volé votre sujet ou que vous l'ayez inventé ;

que vous ayez écrit en bon français, ou en vache espagnole; que votre pièce soit lucide ou embrouillée, probable ou impossible; que la conduite en soit sage ou dévergondée, les caractères bien observés, ou bizarrement créés, tout cela la critique ne s'en occupe plus : ceci est bon, ou cela est mauvais : pourquoi ? parce que je le dis, parce que cela m'a amusé, et ceci ennuyé; voilà tout : tout, excepté l'art. Ajoutez à cela les haines d'école et le janinisme, et vous concevrez qu'à moins d'un courage qu'on ne puise pas toujours dans l'excès de son orgueil ou de sa vanité, ou à moins d'une résignation stoïque, il faut renoncer au théâtre. Les haines d'école enfantent l'injure baveuse; le janinisme parle par ricanement.

Les haines d'école sont féroces, leurs jugemens, des assassinats. Il a été dit en ma présence par des barbes de bouc : — Oh ça! n'allons-nous pas ce soir aux Français siffler l'ouvrage de M. Casimir Delavigne, pour que la postérité sache qu'il y a eu d'honnêtes gens qui ont protesté contre les succès de ce monsieur ?

En ma présence, il a été dit par des bonnets de coton :—Quand mettra-t-on M. Hugo à Charenton ou au bagne? Voilà les haines de l'école, la portée de leurs jugemens et l'expression de leur pensée.

Quant au janinisme, savez-vous ce que c'est?
Le janinisme, ce n'est pas Janin, qui a de l'esprit, trop d'esprit, et qui sait le latin et le grec, qui a étudié Sophocle et Racine, grand dépensier de ridicule, de paradoxes, avec sa phrase ronde qui se termine en pointe, qui bâtonne et pique, grand pourfendeur de grosses renommées; le janinisme, c'est le dédain ignorant, le dénigrement imbécile, la vanité élue en magistrat, rapportant toute critique à sa propre émotion et l'exprimant par le ricanement; traitant du même style, mesurant aux mêmes règles un vaudeville des Variétés et une comédie en cinq actes du Théâtre-Français, racontant et analysant une pièce en grotesque, traduisant toutes les figures en plâtre de Dantan, qui a trouvé une grenouille dans le visage adorablement tragique de madame Malibran, et qui ferait demain une cruche de la tête de Molière; et parce que cela ressemble, et parce que cela est vrai dans l'exagération de certains défauts, ils sont satisfaits, ravis, contens, et ne s'aperçoivent pas que l'art meurt sous la caricature. Je sais plusieurs femmes qui passent pour belles et qui ont refusé d'entrer dans un salon où était M. Dantan. Je sais beaucoup d'hommes de lettres qui s'éloignent du théâtre pour ne pas

s'exposer à la ricanerie des feuilletonistes. Et pour cela, que savent ces messieurs de l'art dont ils se sont faits les juges? Ils savent que cela leur plaît ou leur déplaît, oubliant qu'il n'y a goût, si vulgaire qu'il soit, qui n'ait besoin d'une étude particulière de la chose jugée. Tout le monde boit du vin, et il y a bien peu de gourmets. Il faut avoir longuement expérimenté la table pour mériter ce titre. Il y a beaucoup de gens qui se croiraient ridicules de prétendre affirmer que cette bouteille est de Saint-Émilion, et celle-là de Laffitte, et qui, au bout du cinquième acte d'une pièce, la jugent sans rémission, sur l'émotion qu'elle leur a causée, ne sachant pas qu'on s'enivre plus aisément avec de détestable eau-de-vie qu'avec d'excellent bordeaux.

Prenons un exemple. Une enfant a débuté au Théâtre-Français, jolie, gracieuse, une charmante espérance. Le lendemain, tout Paris criait: Sublime! parfait! achevé! Chassez mademoiselle Mars, chassez madame Menjaud, mademoiselle Anaïs! Gloire éternelle à mademoiselle Plessis! Qu'est-il arrivé? C'est que cette enfant est moins bonne aujourd'hui que le premier jour; c'est que ce qu'elle avait de précieuses qualités, la critique en a fait des défauts; c'est qu'elle joue tout du même ton que vous avez trouvé si ravissant. Et personne de vous, dans l'enthousiasme de son premier feuilleton, n'est retourné au théâtre pour voir que, deux jours après, mademoiselle Mars, si mal partagée dans *Une Passion*, écrasait, dans son mauvais rôle, de l'expérience et du courage de son grand talent, l'aplomb et le succès de mademoiselle Plessis. Qui de vous est sorti de la salle du Théâtre-Français pour remercier madame Menjaud, dans trois lignes obligeantes, de jouer Molière avec une pureté de diction, un charme, une grace inouïs? Avez-vous entendu dire Marianne, ou Angélique à madame Menjaud? Avez-vous vu jouer Chérubin à mademoiselle Anaïs? Eh bien, n'y avez-vous pas remarqué un progrès immense, un art d'étude, un soin de tous les mots, un fini de comédie, que le public peut ne pas apercevoir, mais que c'est à vous de lui montrer? Bon! ce n'est point là votre affaire : madame Menjaud et son grand nez, mademoiselle Anaïs et ses petites jambes ont joué hier aux Français. Voilà un des jugemens de nos critiques. Mais, à ce compte, ne voient-ils pas que les vaudevillistes dont ils font fi ont plus qu'eux de ce sot esprit ?

Je ne crois pas être sorti des limites d'un article sur les théâtres, en comptant la critique actuelle au nombre des fléaux qui accablent les entreprises dramatiques.

Il faut ajouter à ces tristes conditions d'existence pour un théâtre, l'observation du genre auquel il est consacré. Quelques exceptions heureuses ne prouvent rien contre cette nécessité. *Marino Faliero* et son succès à la Porte-Saint-Martin n'y ont impatronisé ni les effets calmes de la tragédie, ni la fougue mesurée du vers académique. Ce qui détermine le genre d'un théâtre, ce sont mille circonstances qui tiennent moins qu'on ne pense aux préférences du directeur ou du public, et une fois ce genre déterminé, il devient impossible de s'y soustraire. Quelquefois c'est le talent d'un auteur fécond qui impose ce genre et le rend exclusif, comme M. Scribe a fait au Gymnase, comme Victor Ducange à la Gaîté. L'exiguité d'une salle, ou son étendue n'entrent pas pour peu dans la valeur des pièces qu'on y joue. Toutes les fines émotions du théâtre du Gymnase disparaîtraient complétement dans la vaste salle de la Porte-Saint-Martin; la *Tour de Nesle* jouée au Palais-Royal ressemblerait à un conte d'ogresse et de géant. Presque toutes les représentations à bénéfice où des pièces ont passé d'un théâtre plus grand à un plus petit *et vice versâ*, en ont donné la preuve.

Ceci ne serait qu'un état de choses assez peu remarquable, s'il n'avait produit sur l'esprit du public une singulière disposition. Cette disposition c'est la diversité de goûts et d'exigences qu'il adopte en franchissant le seuil d'une salle de spectacle. On dirait qu'on prend son goût à la porte, comme son billet au bureau. Il ne faut pas dire que cela puisse s'expliquer par la raison que chaque théâtre a son public. Cela n'est vrai, dans les jours ordinaires, que pour une personne sur cent de celles qui sont dans la salle, et pour les jours de première représentation c'est complétement faux, attendu que depuis l'Opéra jusqu'aux Variétés, ce sont les mêmes hommes, les mêmes femmes, souvent les mêmes claqueurs, brossés à l'un, crottés à l'autre, qui encombrent la salle et surtout qui jugent les ouvrages. Eh bien! tous ces gens se douent merveilleusement et tout d'un coup d'exigence littéraire ici, d'indulgence là, du besoin de crimes à telle hauteur du boulevart, et d'amour de petites grimeries à telle autre. Plus loin il leur faut le viol en manteau de reine; plus loin encore ils ne l'acceptent qu'en frac et en robe de mousseline. A gauche en tournant le Palais-Royal, vous pouvez être graveleux à pleine bouche ; si vous tournez à droite, le demi-mot vous sera à peine permis. Et maintenant je voudrais bien que la critique m'expliquât ceci. La *Tour de Nesle* est un chef-d'œuvre ; la *Tour de Nesle* n'eût pas été achevée au Théâtre-Français. *Bertrand et Raton* est un chef-d'œuvre; *Bertrand et Raton* n'eût pas réussi à la Porte-Saint-Martin. Ce n'est pas moi qui le dis, c'est la critique. Ce sont les mêmes deux mille personnes qui ont assisté à la première représentation de ces deux pièces. Il y a donc deux littératures, celle de la Porte-Saint-Martin et celle du Théâtre-Français : laquelle est la bonne? je laisse le choix aux juges. Optez-vous pour celle des boulevarts? alors pourquoi semble-t-elle si malséante rue de Richelieu? Aimez-vous mieux celle de ce dernier quartier? d'où vient qu'elle est si flasque à la Porte-Saint-Martin? Les murs, la rue, l'exposition du théâtre entrent donc pour quelque chose dans l'art? la question littéraire ne serait-elle qu'une question de voirie? j'en ai peur.

Si elle en est venue là, il faut l'y laisser, jusqu'à ce qu'elle ait trouvé d'autres règles d'estimation, jusqu'à ce qu'on ait refait le cahier des charges d'une bonne pièce, et que les entrepreneurs sachent les conditions à remplir pour être traités du moins en honnêtes gens. Retournons aux théâtres ; et, après avoir considéré ce qu'ils ont de commun, essayons de les montrer chacun sous son aspect particulier.

En première ligne, et hors ligne, nous devons placer l'Opéra. Comme monument extérieur, c'est moins que les écuries de Versailles, moins que celles de Chantilli. Le restaurant-omnibus de M. le vicomte de Botherel a meilleure tournure. Intérieurement, la salle est belle, large, commode, suffisamment riche, variée, presque monumentale. Elle peut contenir deux mille cent personnes, et la recette peut monter de onze à douze mille francs. M. Véron ne connaît pas les jours où cette recette est descendue à moins de cinq cents francs, cela ne se voyait que du temps où le gouvernement se mêlait encore de la gestion de ce théâtre. Outre tout Paris qui va à l'Opéra, il y a un public d'Opéra. Le plus permanent, le plus inévitable, c'est le public de la *fashion*, cette floraison hâtive de la mode qu'on a appelée petits-maîtres, farauds, incroyables, merveilleux, élégans, dandys, fashionables, et qu'on désigne depuis peu sous le nom de blafards. Ils occupent en général le balcon et les avant-scènes ; ils savent l'Opéra par cœur, j'entends par Opéra les chanteuses, les danseuses, l'administration; c'est un mélange de vieux noms, de noms nouveaux et de non noms, un pêle-mêle complet qui est un assez bon cadran de l'heure qu'il est dans la société actuelle. Le fashion de l'Opéra, compacte aux grands jours de représentation, se dissémine le reste du temps aux avant-scènes des autres spectacles, pour s'y moquer des pièces et des comédiens. Les vrais amateurs, les artistes, les journaux, siégent d'ordinaire à l'orchestre ; le reste, à l'exception de quelques loges d'ambassadeurs, de ministres ou de millionnaires, est livré à un public incessant qui part de la pairie et descend jusqu'au prolétaire; le prolétaire au parterre et au paradis, le reste dans le juste-milieu.

Le foyer de l'Opéra doit être pour un étranger, pour un provincial, pour un habitant du Marais, le lieu le plus curieux de Paris. Il est bien peu de noms, de ceux qu'on lit au bas d'un article de journal, en tête d'un livre, au coin d'un tableau, à l'alinéa d'un discours à la chambre, qu'au foyer de l'Opéra on ne puisse trouver à placer sur la figure qui lui appartient. La doctrine et la république, le carlisme et le juste-milieu, MM. de Rémusat et Carrel, MM. Lourdoueix et Étienne. Je ne dirai pas que le foyer de l'Opéra est un bazar, quoiqu'on y trouve de tout; car tout n'y est pas à vendre. Mais ce foyer est presque une lanterne magique, où les principaux personnages de notre époque posent *de vivo*, comme disaient les vieux peintres flamands. Voulez-vous savoir si M. Thiers est juste aussi petit qu'on le dit, M. d'Argout est là qui vous prêtera son nez pour le mesurer. Vous a-t-il pris en idée de croire que M. Sue est un gros marin brusque et malpropre et M. de Balzac un frêle et pâle cavalier à la tournure suave et pensive? écartez le ventre de Balzac et vous apercevrez la saillante parure de M. Sue. Celui qui se pâme à ces accords de Rossini c'est, ou plutôt c'était, la féroce *Tribune*; cet autre, qui lorgne les jambes des danseuses avec une énorme lorgnette, c'est la dévote *Quotidienne*. Tous ces gros hommes qui soufflent leur graisse dans de grandes redingotes, c'est le journal des *Débats;* ce blond, maigre, spirituel, dont l'habit n'est pas toujours boutonné juste, c'est la *Mode ;* celui-ci, effilé et soigné jeune homme à visage d'enfant, à la taille fine et cambrée, dans un habit parfait, c'est le journal des *Connaissances Utiles;* ce grand à larges épaules, à la barbe en collier, canne à pomme d'or, chapeau en ballon et qui sort d'une belle calèche pour entrer dans une avant-scène, c'est le journal des *Enfans*, qui a salué en passant cette bonne tournure patriarcale, qui est *le Voleur*.

Les habitudes du public de l'Opéra sont calmes et polies envers les artistes ainsi qu'envers les ouvrages. Les artistes y sont soigneux et les ouvrages soignés pour le public. Si tout n'y est pas bon, tout y est meilleur qu'en aucun autre lieu. Quoique je ne sois pas encore aussi vieux que le siècle, j'ai vu jouer souvent à l'Opéra *OEdipe* et les *Pommiers et les Moulins*, *la Vestale* et *les Prétendus*, la tragédie lyrique et les bouffonneries. L'Opéra de genre, renfermé entre les diableries de *Robert*, et la semi-gaieté du *Philtre*, s'est glissé entre ces deux reines de l'Opéra, et d'un coup d'épaule les a jetées en bas du siége où elles régnaient côte à côte. C'est une chose que nous aurons à remarquer ailleurs que cette exclusion du même théâtre des extrêmes de l'art.

La magnificence de l'Opéra comme spectacle des yeux n'a peut être pas acquis plus de pompe, mais plus de pittoresque. Le costume y est admirablement entendu et nouveau. Le décor ne m'y semble pas sorti de la routine, quoi qu'on dise du troisième acte de *Robert-le-Diable* et de son clair de lune. Tout le reste y est aussi complet que *l'homme puisse le désirer*. Depuis M. Véron, le ministre donne bien moins de croix aux musiciens de l'orchestre, mais ils exécutent bien mieux qu'autrefois; on ne pensionne plus les chanteurs, mais ils chantent; on ne prend plus de danseurs à bail emphytéotique, mais ils dansent. Le réglement ne dit plus qu'un zéphyr durera plus long-temps qu'une dynastie, et que la même voix sera excellente pour chanter le *requiescat* de l'empire et celui de la restauration, en attendant celui de l'ordre de choses. Aussi, il y a des voix neuves à l'Opéra; que si elles s'usent, tant pis pour elles, et non pour nous; on les renverra pour d'autres. Enfin le temps est mort où l'on traitait le public comme un soldat : à celui-ci on dit : — Voici un habit, il faut qu'il vous dure deux ans; au public on présentait un gosier et un mollet, et il en avait pour vingt ans du même gosier et du même mollet. Aussi, quand M. Véron est arrivé la friperie était riche.

La révolution musicale de l'Opéra n'est pas de nos jours; elle date de plus de dix ans : l'introduction des chanteurs à l'Académie Royale de Musique a commencé à Nourrit le fils, Levasseur, et à madame Damoreau, la plus suave chanteuse du monde connu. Je prie les virtuoses de l'empire de ne pas crier s'ils lisent cette phrase. Une chose qui n'a pas peu contribué à amener cette révolution, c'est la rivalité des Italiens.

Les Italiens sont un des théâtres-monumens de Paris ; je ne crois pas que ce soit bon : en tout cas, c'est gros et aligné. Le Garde-Meuble n'a pas d'autre prétention à être un monument. Du reste le monument, si monument il y a, ne peut revendiquer ce titre que par la façade : les côtés sont exposés à trop de déboires pour cela, et le derrière, bourgeoisement exploité, est flanqué de six boutiques et d'un estaminet. Les extrêmes se touchent : si vous perciez le gros mur qui sépare l'estaminet du théâtre, vous entreriez dans la salle la plus parfumée et la plus coquette de Paris ; elle est petite et on y sent l'aise, on voit qu'elle est destinée à des gens qui ont l'habitude d'être bien assis. Le public des Italiens est plus spécial que celui de l'Opéra ; riches et pauvres y sont gens d'élite, les premiers comme élégance, les seconds comme amateurs. Les loges sont presque une propriété seigneuriale ; le parterre est volontiers un club musical. L'Opéra est une mode et un goût, les Italiens sont un besoin et une passion : on peut emprunter cent sous pour aller à l'Opéra ; on vend ses dernières bottes pour aller aux Italiens.

Ce théâtre a pris le très-sage parti de ne donner que six mois de représentations par an ; c'est à la fois dans les mœurs de ceux qui le fréquentent, et dans la possibilité de l'exploitation. D'un côté, la campagne absorbe dès le mois de mai toute l'aristocratie des loges; et de l'autre, les chanteurs italiens, sortes de Bias modernes emportant tout avec eux, vont donner le reste de leur année à Londres, à Naples, ou à Madrid; ceci leur est d'autant plus facile qu'à Londres la saison des spectacles commence à peu près quand finit celle de Paris. Quelquefois, à l'aspect de nos salles désertes durant les chaleurs de l'été, on est tenté de donner à beaucoup de théâtres le conseil de restreindre le nombre de leurs représentations à six mois d'hiver; mais que faire des comédiens durant cette chaleur? La langue française, quelle que soit sa popularité à l'étranger, n'est pas encore arrivée artistiquement à ce cosmopolisme du chant et de l'idiome italiens, qui ouvre un asile dans l'Europe à tout homme qui en a fait un talent. Aussi voyez comme le métier d'italien prospère; les Allemands se font Italiens, les Espagnols Italiens, les Français Italiens, la Russie a son Italien, et M. Ivanoff avec son masque et son ténor du Caucase, est devenu un des Bravi qui font pâmer d'aise les *Cari* du balcon. Car il ne faut pas vous imaginer qu'à force d'entendre *l'anima mia* et *la mia fœlicita*, le public italien soit resté dans cette ignorance épicière du public des autres théâtres, qui a gardé au *Bravo* son sens adverbial; pour vous *Bravo* était indéclinable; Talma entrait, *Bravo*, disiez-vous; mademoiselle Mars parle, *Bravo*, dites-vous encore; les cent musiciens de l'Opéra finissent l'ouverture de *Guillaume-Tell*, *Bravo :* vous croyiez *Bravo* devenu français; non point, il est demeuré italien. Voici comme cela se décline : M. Rubini, *Bravo ;* mademoiselle Grisi, *Brava ;* M. Rubini et mademoiselle Grisi, *Bravi !* Le rudiment a fait de grands progrès aux Italiens; si vous y faisiez la faute du *Bravo* appliqué à une femme, on vous regarderait de travers; et Dieu sait si vous pourriez vous tirer les braies nettes de la salle s'il vous arrivait de dire madame Malibran, ou mademoiselle Grisi : la Malibran, la Grisi; le mot perdu de la halle, retrouvé dans la langue de l'aristocratie la plus musquée : cela donne un air de comprendre les grandes manières et l'italien.

Depuis quelque temps la gloire de Rossini pâlit dans son temple; Bellini, moins fort, moins varié, moins large, s'y glisse avec cette grande protection du nouveau qui a fait préférer M. Scribe à Molière, et Hugo à Corneille. Le peu de noms que nous avons cités plus haut, et ceux de Lablache et de Tamburini, forment les sommités du personnel des Italiens; nous nous dispenserons d'autre appréciation. Ces artistes ne nous appartiennent pas; ils sont chez nous à loyer, et nous n'avons pas à les mettre au nombre des richesses nationales.

Ce mot de richesse a failli me faire oublier l'Opéra-Comique, sis place de la Bourse, dans l'ancien théâtre des Nouveautés. Petite salle, petit esprit, petites pièces, petite musique, petit public, petits acteurs, petits chanteurs, tout est au dessous de la taille ordinaire dans ce théâtre. On dit le goût des Parisiens pour l'Opéra-Comique mort depuis les succès des Italiens et de l'Opéra. Le seul fait de l'existence du théâtre de l'Opéra-Comique prouve que ce goût est frénétique; ici nous en demandons bien pardon à nos confrères en littérature, à nos amis en musique, et à l'administration qui a pour chef un homme de talent et d'esprit, ce sont eux-mêmes qui s'abandonnent et non le public qui les abandonne. Je crois pouvoir le dire hautement, ce n'est que lorsqu'on ne peut faire d'une idée, ni une comédie, ni un drame, ni un vaudeville, ni un conte, ni une nouvelle, qu'on en fait un opéra-comique; ainsi M. Planard, qui donne le meilleur de ce qu'il a à ce théâtre, y fait-il de meilleures pièces que M. Scribe, qui lui jette ses épluchures. Or, qu'est-ce que c'est que les bonnes pièces de M. Planard ? M. Scribe ne voudrait pas en signer une. La musique a le même tort que la littérature : M. Aubert se garde pour l'Opéra ; c'est là qu'il dépense sa richesse musicale ; il a mis l'Opéra-Comique au rang de ses pauvres : le plus riche ne donne guère, l'aumône ne fait vivre personne. Quant aux jeunes musiciens, ils écrivent trop vite ; la phrase rossinienne est tombée dans le domaine du faire journalier avec son aptitude merveilleuse à être tournée et retournée ; les élèves du maëstro en usent et en abusent, et croient composer parce qu'ils écrivent. On fait de la musique comme on fait des livres, avec les quelques douzaines d'idées que les hommes supérieurs de l'époque sèment tous les ans dans le public ; comme on fait de la peinture à la brosse avec des costumes exhumés de la Bibliothèque. Aucun artiste ne sait assez qu'on ne fait bien qu'avec de la peine. C'est à M. Crosnier à remédier à cette tendance, à être exigeant envers les gens de lettre et les musiciens ; il paie assez cher pour cela. Que les gens de lettres et les musiciens soient également exigeans envers l'administration, qu'ils demandent les voix qui manquent, et les comédiens qui n'existent pas ; qu'ils fassent des opéras pour eux et non pour le théâtre, qu'ils le forcent à monter à leur hauteur, et ne descendent pas à sa faiblesse, et un an ne se passera pas que vous n'ayez un Opéra-Comique où l'on chante et où l'on joue ; sinon, j'aime mieux le Vaudeville ou le Gymnase, et le public sera de mon avis. Que voulez-vous faire d'un théâtre qui a la prétention de représenter la musique nationale, où il y a, pour toute richesse, une femme qui a une belle voix, et qui ne sait pas chanter, madame Casimir ; et un homme qui sait chanter, mais qui n'a pas de voix, M. Thénard ? Du reste M. Thénard est quelque chose de mieux que s'il était un bon ténor, c'est un excellent musicien. J'ai bien envie de lui rappeler que Picard, qui est devenu un charmant auteur, était un mauvais comédien. Qu'il y réfléchisse. — Le reste est... Vous savez le vers de Corneille.

Aujourd'hui, il y a somnolence dans la grande question musicale. L'école italienne est établie sans conteste ; mais, comme tout conquérant, elle s'endort dans sa victoire. Nous en sommes aux écoliers de Rossini, qui vont décalquant sa manière sur toutes les idées qu'ils ont en tête, riches de tous les ouvrages qu'ils n'ont pas faits. Hérold seul voulait s'affranchir : aussi il travaillait, il en est mort. Travaillez, dussiez-vous en mourir. C'est encore le meilleur parti à prendre ; car ce que vous improvisez ne vous fera pas vivre. Je crois que l'expérience vous en arrive.

La question littéraire palpite encore, bien qu'elle n'ait plus cette ardeur des premiers temps, qui poussait les Romains et les Gaulois les uns contre les autres. Il s'y dépense encore beaucoup d'injures et beaucoup de sottises. Deux théâtres servent encore de champ de bataille à ce combat : le Théâtre-Français et la Porte-Saint-Martin. M. Lebrun n'a pas craint de sonner le boutte-selle académique contre le drame moderne, sur le terre-plein du pont de Rouen, en présence de la statue du grand Corneille. M. Lebrun, ce terrible classique, qui a écrit une *Marie-Stuart* défaite de Shiller et un *Cid* d'Andalousie, où il y avait ces deux vers :

> . . . . . As-tu remarqué celle
> Dont le regard lançait une noire étincelle.

M. Lebrun a recommencé les grandes tirades de feu MM. Auger et Arnaud contre les saturnales du théâtre, l'oubli des règles, et tout ce qui s'ensuit. Bon M. Lebrun! qui parlait de règles devant la statue de l'auteur du vrai *Cid*, du *Cid* qui change de décors à chaque acte et au milieu des actes : quoique la Comédie-Française s'obstine à jouer la pièce sous une espèce de porche public, d'où Chimène sort de chez le roi pour que don Sanche la reconduise chez elle, et où elle rentre, par la même porte, pour dire à son amant : « Rodrigue en ma maison, » maison qui, un instant après, devient la rue où Diègue rencontre Rodrigue après l'avoir cherché par toute la ville. Vous riez de nos pères, qui jouaient *César* en habit de cour; et le temps n'est pas éloigné, car je l'ai vu, où vous jouiez *Ésope à la cour* en bas de soie et *Crésus* avec son cordon bleu, j'en appelle à Armand et à Fleury; et vous jouez encore le *Cid* comme des chevaux de manége habitués au tournant de leur sol battu de sciure et de crottin, et vous trouvez excès et folie tout ce qui ne trotte pas imperturbablement dans cette voie d'exécution. Donnez le *Cid* comme il a été composé, et peut-être trouverez-vous que les plus féroces romantiques sont loin de cette manière hardie que vous nommez désordre, et vous ne parlerez point de règles devant la statue du grand Corneille.

Si cette leçon vous rendait plus retenus à

propos de Corneille, je suppose que vous ne manqueriez pas l'érection d'une statue à Racine pour pulvériser le drame moderne, ce drame qui a appelé Racine un polisson. O mes maîtres! avez-vous assez répété cette bêtise que je n'élève pas même au rang d'une calomnie? Avez-vous assez imprimé, débité, mis en carricature et en vaudevilles ce beau mot, ce mot sublime, *Racine est un polisson!* Car, *Racine est un polisson* a été dit; je le sais, car c'est là une des plus amusantes histoires de l'époque, une des mystifications les plus longues qui aient existé. En effet, il y a encore des gens qui y croient, des gens qui refusent de raisonner sur le mérite d'un auteur signalé comme romantique, et qui par conséquent a dû dire : *Racine est un polisson*. Car il est prouvé, il est connu que tous les jeunes écrivains ont écrit *Racine est un polisson*. Et quelle considération, quelle merci mérite un tel misérable? Foin de cet homme! Mettez-le hors la loi littéraire, courez sus, mâtins de l'école classique; lévites de l'académie, lapidez l'impie!

Pauvre ami, aimable et spirituel G...., deviez-vous exciter une si furieuse guerre, pour avoir dit ce mot avec cet accent de sublime colère, qui nous fit tant rire au milieu de votre douleur?

G.... était au collége des Oratoriens. On lui

donne à apprendre le récit de Théramène, il s'amuse à lire toute la tragédie de Phèdre, à lire l'aveu à OEnone, l'aveu à Hyppolite, tout le beau de la pièce. A l'heure de la classe, il ne savait pas le récit de Théramène; on lui donna le fouet. Racine lui fut moins cher.

G.... sort du collége.... il devient amoureux d'une ravissante marchande de bonbons de la rue des Lombards. Il était joli, spirituel et amusant, quoique un peu littéraire; il obtient un rendez-vous. Un rendez-vous dans une loge du cintre des Français, la loge du cintre, ce boudoir de l'étudiant. Il arrive; il est d'abord timide, puis entreprenant, puis faiblement repoussé; un tonnerre d'applaudissemens le surprend, un mouvement maladroit lui fait regarder le théâtre; il voit Talma, Talma dans '.... ..lma qui parle, qu'il écoute, qu'i.... ...'acte fini, l'amour veut con.... ..e. La jolie marchande pince les ..vres, .t sort en disant : — Oh! j'ai peur de rester ici. Les vers de M. Racine vous montent trop la tête. Décidément, Racine lui était fâcheux.

G.... devient homme; il devient directeur d'une des grandes entreprises qui suivaient les grandes armées de Napoléon. Il était sous un chef, comme il en reste beaucoup, qui s'imagine qu'un homme qui fait de la littérature, ou qui en sait, est un imbécile, pour qui deux et deux font quatre est un problème insoluble, ou plutôt une vérité incompréhensible. Quant à ceux qui abordaient les vers, il les avait en mépris et en exécration. Cet homme avait été comédien et jouait, avant la révolution, les pères nobles, où il avait été constamment sifflé; un jour, il aborde G.... en lui disant : — Est-ce vrai que vous occupez vos loisirs à lire des poètes? — Monseigneur!..... — Je le sais. — Pourquoi le demander, puisque vous le savez? — Insolent!

Il faut vous dire qu'on avait jeté à ce monseigneur des pommes et des gros sous, un jour qu'il disait ses vers d'*Iphigénie*, et que depuis lors il faisait passer une fente que cela lui avait value à la tête pour une blessure honorable. Le lendemain G.... fut destitué. Il se défia tout-à-fait de Racine.

G... fit fortune. Il avait un frère qui était libraire à Metz : un matin il reçoit par la poste une lettre de ce frère, qui lui annonce que s'il ne vient pas à son secours il va faire faillite. G... s'engage, et répond de tout; il prend pour seule garantie de sa fortune le fonds des magasins de ce frère. Les cent mille écus de fortune que

G... avait acquis passent à sauver l'honneur de son nom. La liquidation dure quelques mois : c'était à l'époque où la librairie de Paris faisait tout le dix-septième siècle, et en gorgeait le public ; on n'aurait pas placé un Molière ou un Corneille à cinq sous le volume. Quand tout fut payé G... cherche à rentrer dans ses fonds, et demande en quoi consistent les cent vingt mille volumes qui sont chez son frère. — C'est, lui répond un commis, une édition en douze volumes, tirés à dix mille exemplaires. — De qui?—De Racine. G. fut écrasé. —Je suis ruiné! s'écrie-t-il en tombant dans un fauteuil. — Mais, dit le commis, vous avez ce Racine. — Racine, reprend G... en se levant, l'œil hagard et la voix attérée, Racine, monsieur, Racine est un polisson!

Le fait est vrai.

Que de fois les amis de G... ont répété ce mot en riant! Puis sont venus les sots pour le propager sérieusement, les sots pour le croire et les sots pour le soutenir. Si vous discutez encore un quart d'heure littérature dans un salon, vous trouverez quelqu'un qui vous jettera au visage : Eh! vous avez dit que Racine était un polisson. Il en est de cela comme de l'opposition en politique. — Vous ne me trouvez pas de talent, dit un ministre, c'est que vous voulez rétablir la guillotine. — Vous suspectez ma probité, ajoute un autre, c'est que vous voulez décréter la banqueroute. Et la France croit les ministres et les classiques. Qui diable a donc écrit ou dit : « que le peuple français était le peuple le plus spirituel de la terre ! »

Revenons au Théâtre-Français: c'est une bonne maison, une de ces maisons où on blanchit gravement au service de ses maîtres, mais où les serviteurs deviennent hargneux quand il grandit de jeunes héritiers. C'est comme qui dirait la gaucherie d'un piqueur fort bon écuyer, et qui eût suivi long-temps la chasse de son seigneur, emboîté dans une large selle de velours à la française et chaussé de bottes fortes, et que l'on condamnerait à devenir le groom d'un jeune écervelé et à faire la course au clocher sur une selle rase et glissante. Voilà du moins l'effet que m'a produit le Théâtre-Français monté sur le drame moderne; aussi n'en a-t-il pas voulu long-temps. Il a rencontré les *Enfans d'Édouard* et *Bertrand et Raton*, et s'est remis avec joie au trot alexandrin, et à l'amble des passions décentes : pour le reste, ce n'était qu'égarement d'un jour qu'il supplie qu'on lui pardonne. Je ne sais si M. Casimir Delavigne, que vous avez d'abord exilé à l'Odéon, puis renvoyé plus tard à la Porte-Saint-

Martin, et M. Scribe, qui ne vous prend que comme un vieux chemin qui mène à l'Académie, vous sauront bon gré de ce que vous dites de leurs pièces, mais d'autres n'oublieront pas ce que vous ne dites pas des leurs. Il y avait pourtant là un homme, M. Jouslin de Lasalle, qui avait réparé bien des fautes; mais que voulez-vous? si le comité ne dirige plus, il intrigue encore, et cela revient au même.

Extérieurement la salle du Théâtre-Français est un coin de rue, intérieurement c'est une très-belle guinguette. M. Chenavard, que je ne connais pas, avait dessiné pour ce théâtre un magnifique projet d'embellissement : le propriétaire, qui est, je crois, le roi, a préféré M. Fontaine qui a refait les Tuileries. Le maître et le serviteur auront beau faire, le palais de la royauté sentira toujours son origine ; il y reste malgré eux du Médicis et du Philibert Delorme ; le moellon et la citoyenneté n'y sont que des accessoires de mauvais goût.

Le personnel du Théâtre-Français est composé d'artistes fort distingués, qui sont bien la plus mauvaise troupe de Paris. Chacun d'eux porté à un autre théâtre y tiendrait un rang fort supérieur, je parle surtout des femmes : eh bien, tout cela manque d'unité ; d'entente, ils n'ont pas d'ensemble. C'est qu'on joue des rôles au Théâtre-Français et qu'on n'y joue plus la comédie; c'est qu'il n'y a ni l'autorité d'un réglement, ni celle d'une volonté souveraine, qui force un habile comédien à jouer le plus mauvais rôle d'une pièce; et que, par conséquent, ce qu'il y a de plus difficile est abandonné à ce qu'il y a de moins bon. C'est que chacun veut être le seul excellent, d'où il arrive que personne ne le peut être; car un drame n'est pas un solo de violon, c'est une symphonie. Et vous n'avez qu'à le demander à votre chef d'orchestre, une contre-basse qui ne ronfle çà et là que quelques grosses rondes a plus besoin d'aplomb musical que le premier violon avec les rapides fusées de doubles croches. Que si on n'a pas ces exigences de perfection dans les autres théâtres, c'est qu'ils ne s'appellent pas le Théâtre-Français, et ne sont pas proposés en admiration à la France.

Ce qui nuit surtout à la bonne exécution des ouvrages dans ce théâtre, c'est qu'il ne sait où il va, qu'il n'a pas de genre. Pressé par la misère, il a tenté le drame moderne, puis l'a abandonné avant d'avoir appris à le jouer : pendant ce temps il a oublié la tragédie de Corneille et la comédie de Molière, et c'est pitié que de voir aujourd'hui *Cinna* et le *Misantrope*. Il n'a pas manqué de jeunes ardeurs pour le pousser dans le pourpoint et le pantalon ; il ne lui a pas non plus failli de vieilles humeurs pour le ramener dans la toge et l'habit à paillettes. On comprend que le même homme qui jouait Auguste, se baissât jusqu'à *Bélisaire*, et que la belle jambe des marquis du *Misantrope* allât passablement bien dans le bas de soie des hommes de cour des *Deux Gendres* ; cela était, à la différence de l'original à la copie, du sublime au médiocre, de la même manière, du même style. Mais être Joas et Danville, Célimène et dona Sol, il n'y avait que Talma et mademoiselle Mars pour ces prodiges. Talma est mort et vous laisserez mourir mademoiselle Mars. Savez-vous ce qui est capable d'exiler le drame bourgeois du Théâtre-Français ? c'est qu'il n'y a pas un homme qui sache porter l'habit de ville. Et puis ils ont manqué de courage dans leur tentative de révolution, et se sont trop vite épouvantés de quelques clameurs des loges et de la critique : ils ne savaient pas assez cette vérité, que toute idée neuve, tout effort de l'art est, pour le public, quelque chose de difficile à accepter ; que c'est une sorte de virginité à lui prendre, et qu'il crie toujours la première fois de ce qui l'amusera infiniment bientôt après. Il faut être bien vieillard pour avoir oublié ces choses-là.

Si de la troupe je passais aux auteurs, de la masse aux individus, j'aurais certes beaucoup d'éloges à donner à un assez bon nombre de comédiens, pour qu'on s'étonnât du peu qu'ils produisent. M. Ligier est un homme qui a de belles qualités, mais des qualités trop exclusives pour les étendre à tout, comme on est obligé de le lui demander. Son camarade M. Menjaud, avec sa tournure embarrassée et son visage heureux, a une timidité de talent qui devrait le retenir dans les rôles de tendresse craintive; il est charmant dans le jeune peintre du *Mariage d'argent*; puisque *Figaro* n'a pas été fait pour M. Monrose, M. Monrose a été fait pour *Figaro*, il le joue admirablement. Pour moi les deux vrais comédiens du Théâtre-Français sont M. Duparai et M. Samson. Duparai, qui aborde Molière à pleine bouche, et Samson, qui débite tout avec une parfaite précision d'esprit. Ce qui manque au Théâtre-Français, c'est un beau premier rôle. Et par beau j'entends belle voix, belle tournure, beau visage, un homme à qui une femme puisse parler amour, avec amour. Les femmes de talent sont nombreuses au Théâtre-Français. Après mademoiselle Mars, qui ne

compte pas dans une troupe; car mademoiselle
Mars est une troupe à elle toute seule; vous avez
madame Menjaud qui a lutté contre les préventions du public pour arriver à un des talens les
plus purs et les plus intelligens que je sache. Il
ne lui manque que l'audace des succès pour valoir tout ce qu'elle vaut. Mademoiselle Anaïs,
qui est bonne partout et excellente quelquefois,
mademoiselle Plessis, qui après tout est la plus jolie
jeune fille de tous les théâtres de Paris; mademoiselle Dupont, la plus décidée comique que
nous ayons, et madame Desmousseaux, vraie
femme de talent. Puis toutes ces dames ont une
qualité dont, pour ma part, je les remercie du
fond de l'oreille, c'est de parler français, de prononcer français, de laisser les vers sur leurs douze
pieds, ce que messieurs les comédiens mâles du
roi ne font pas tous.

Je ne sais comment la Comédie-Française entend la réaction vers laquelle elle marche : si
c'est une question d'honnêteté et de pudeur, j'y
applaudirai de tout cœur; les mauvaises mœurs
ne sont bonnes à montrer ni sous la forme racinienne ni sous la forme du drame de Shakspeare;
si c'est une question littéraire de règles et de ce
qu'on appelle bon goût, il n'y a pas assez de sif-

flets pour cette résolution ; qu'on en fasse venir d'Allemagne.

Le théâtre qui a servi de refuge au drame exilé du Théâtre-Français, c'est la Porte-Saint-Martin. Sans la Porte-Saint-Martin, nous n'aurions de M. Dumas, qu'*Henri III*, de M. Hugo, qu'*Hernani* et *le Roi s'amuse*. Du reste, il faut le reconnaître, le théâtre Saint-Martin a un magnifique privilége ; c'est d'être adopté par le public comme une arène d'innovations. C'est un théâtre où on ne tue pas une pièce pour un mot. Aux Français, les trois magnifiques scènes de *Lucrèce Borgia* n'auraient pas triomphé de la *Queue du Diable*, ni de l'*Ermite* sur lequel *Lucrèce* a marché. Tout concourt dans cette salle à la puissance des effets; elle s'émeut facilement dans son immensité. Le public s'y touche du parterre au cintre ; la flamme électrique partie du théâtre n'a point à franchir d'intervalles vides pour se propager. Cette observation semble au moins singulière. Comblez une salle de spectateurs en laissant vides les loges qui avoisinent le théâtre et l'orchestre, et cet espace absorbera la moitié des émotions qui y tomberont. Ce théâtre a aussi le précieux avantage d'avoir le public qu'il veut, un public pour les pièces de M. Hugo, et un public pour les pièces de M. de

Villeneuve. A côté de ces avantages il y avait les nécessités : la première est celle de marcher toujours en avant, par un chemin quelconque, soit par la hardiesse de la forme, l'audace du fond, soit par l'exploitation dramatique d'idées qui semblent n'appartenir encore qu'à la discussion théorique des livres ou des journaux. Un beau drame du *Christ* réussirait à ce théâtre. Une nécessité impossible à un homme moins oisif et moins fécond en ressources que M. Harel, c'est le luxe dont il faut qu'il entoure ses expérimentations, et qui risque sa fortune sur chaque manuscrit qu'il met en répétition.

A l'exception du talent de mademoiselle Georges partie de belles études classiques pour aller à la recherche de la nature, où elle arrive souvent d'une manière miraculeuse, je ne m'expliquerai pas sur le mérite des comédiens de ce théâtre. Leur manière de jouer tient à un système qu'il faudrait discuter, et je n'en ai pas de loisir. Le plus puissant des acteurs présens, à la Porte-Saint-Martin, c'est Boccage; le plus intelligent, le meilleur s'il voulait, c'est Lockroy. J'ai dit les acteurs présens, parce qu'il y a des acteurs de la Porte-Saint-Martin qui lui appartiennent et qui doivent lui revenir. Si j'ai oublié madame Dorval, aux Français, c'est parce qu'elle n'était pas chez elle; quant à Frédéric, je fermerai les yeux devant les Folies-Dramatiques pour ne pas l'y voir. Oh! c'était bien là une belle intelligence, une haute puissance tragique, une forte étude des ressources de son art et de lui-même. Après avoir joué *la Fiancée de Lamermoor, Rochester, le Joueur, la Mère et la Fille, Napoléon, Richard Darlington*, et même *Gennaro*; car vous jouez très-bien *Gennaro*, monsieur Frédéric; se descendre et se réduire à *Robert Macaire*, c'est mal, c'est triste; nous ne sommes pas assez riches pour jeter l'or dans la boue.

Hâtons cette nomenclature déjà bien longue; courons au Vaudeville, le théâtre de l'ensemble et des pièces bien jouées, des beaux comédiens et des jolies actrices. Dans le nouveau système littéraire, les pièces de ce théâtre sont devenues au grand drame ce qu'était autrefois le théâtre de Picard à celui de Molière. Je ne sais si ses artistes seraient bons ailleurs que là où ils sont; mais ils sont bien à la place qu'ils occupent. *La Dubarri* et le *Duel sous Richelieu* ont été supérieurement joués à ce théâtre; il ne lui manque que des pièces qui ne sentent pas toutes la même odeur; du reste, larmes et rires, meurtre et caricature, on y emploie tout avec bonheur. Volnis et madame Albert, malgré les diversités des rôles qu'ils jouent, semblent tenir pour le premier ; Lafont et Arnal réussissent mieux dans le second. Quant à moi, j'aime le Vaudeville; j'aime Lepeintre jeune, qui est si grotesque ; M. Taigni, qui est très-gentil; madame Thénard, qui arrivera à se faire craindre ; madame Duserre, qui s'est fait regretter; mademoiselle Brohan, qui est si charmante ; j'aime jusqu'à Émilien, qui est le mieux maigre de tous les figurans de Paris. Que si, à l'exception de Volnis, qui me semble devoir devenir un haut comédien, vous me demandiez l'analyse de tous ces talens, il serait peut-être difficile de les définir; mais tout cet ensemble est bon; tout cela marche du même pas, joue du même ton, se comprend, se meut dans la même sphère; tout cela fait une bonne troupe, la meilleure troupe de Paris.

Si nous remontons d'où nous sommes partis, de la rue de Chartres au boulevart, nous trouverons en ordre hiérarchique le Gymnase, salle étroite qui a bon air. Le genre du Gymnase, et les acteurs appartiennent à M. Scribe; il a fait les uns et les autres. Comme littérature c'est le fini, le propre de la miniature; comme exécution, c'est le soupir, où d'autres mettraient les sanglots; l'exclamation, où je voudrais le cri ; l'humeur, où il faudrait la colère ; la douleur, où devrait éclater le désespoir. Mais comme tout y est concordant, comme tout s'y joue pianissimo; les petits rinforzando des petits drames du Gymnase n'en font pas moins d'effet; on y pleure et on y rit, que voulez-vous de plus? on pleure d'une égratignure, et on rit d'une plume qui vous chatouille les lèvres. Quant aux comédiens, ils jouent ce qu'on leur donne, comme il faut que cela soit joué, c'est beaucoup ; peut-être n'est-ce pas assez pour qu'ils soient de bons comédiens. Somme toute, mesdames Volnis et Allan et M. Paul sont de bons acteurs au Gymnase; j'aurais répondu que Bouffé et Ferville seraient bons partout.

Si vous voulez en finir avec les théâtres de vaudevilles, faisons marcher de front les Variétés et le Palais-Royal. Les Variétés, un joli monument, une salle exquise; le Palais-Royal, un appartement ou un magasin, à droite, en entrant par la grille de la rue Montpensier, au coin de la rue de Valois. C'est le pendant de l'estaminet de l'Univers. Au premier de ces théâtres, c'est la bêtise et la peinture des mœurs populaires, avec Odri et l'excellent Vernet; au Palais-Royal, c'est la gravelure et la niaiserie, avec Leménil et Alcide Touzez. En fait d'actrices, il y a aux Variétés une jolie voix, qui est mademoiselle Jenny Colon; et au Palais-Royal une jolie femme, qui est mademoiselle Duchemin. A ce théâtre, le premier talent pour les femmes, c'est d'être jolies. Je suis trop poli pour nommer celles qui sont vieilles et ridées.

Il nous reste à faire le compte de ce qu'on appelle encore théâtres de mélodrame. Montons en omnibus, c'est la voiture du mélodrame. Première station. L'Ambigu. Grosse maison bâtie des plus belles pierres de taille de Paris, dont on a fait le plus grotesque monument du monde. Un intérieur pouilleux et désagréable; des corridors étroits dont l'affluence du public n'a pas encore essuyé le recrépissage à la colle, et qui renvoient sali tout spectateur qui n'est pas plus sale que les murs. On mange force pommes à l'Ambigu; on y mange du sucre d'orge, et on y boit de la bière. On n'y crie plus à bas les lorgnettes, mais on y demande beaucoup la Marseillaise. Ce théâtre, dirigé par un homme qui aime le théâtre, a fait tout ce qu'il a pu pour être littéraire; il a appelé pour cela M. Merville, l'auteur d'une belle comédie et de dix jolies pièces; M. Maillan, un homme qui sait écrire et travailler; M. Dépagny, qui a eu des succès partout. Mais tout a été vain contre les ruffians du parterre et les israëlites de la galerie. *Le Festin de Balthazar* et *Le Juif* ont eu seuls le privilége de plaire par le fantastique de leurs décorations.

Je ne sais à quoi cela tient, mais le diapason des acteurs est le cri. S'ils sont bons, ils sont tous bons; s'ils sont mauvais, ils sont tous mauvais. C'est toujours le vice de l'incertitude dans un genre qui fait que les comédiens ne savent pas jouer ensemble. Le drame historique ne ya pas à ce théâtre; *La Porte de Bussy*, de M. Dépagny, et la *Marguerite*, de M. Maillan y ennuyaient les habitués; on n'y sympathisait pas non plus avec le drame bourgeois de *Sophie*, de M. Merville, bien qu'il valût mieux que beaucoup de drames dont on fait cas. Deux épreuves doivent avoir fixé la marche de l'administration. Du mélodrame fantastique avec des surprises de coulisse, des effets de lune, des tirades d'éclairs, et voilà. Les acteurs me pardonneront de les oublier. Je crois que ceux qui ont envie d'être pour quelque chose dans une pièce feront bien de quitter l'Ambigu.

Remontons jusqu'à la Gaîté. C'est une vieille chose que la Gaîté; un théâtre qui a des habitudes, un public que s'est fait M. Victor Ducange, et à qui il avait donné *Calas*, *les Filles de la Veuve* et *le Couvent de Tonnington*. C'est le mélodrame bourgeois, le mélodrame honnête, patriarcal, où, de toute nécessité, il faut que la vertu triomphe et que le vice soit puni. Il y a eu de bonnes pièces et des acteurs qui les jouaient bien à la Gaîté. Demandez-leur où ils sont. Quand vingt jeunes gens se tueraient pour mademoiselle Sauvage, cela ne prouverait pas qu'elle fût bonne. Que n'a-t-elle été bonne pour le malheureux Escousse! C'est une chose bien difficile que d'être un bon directeur de théâtre. M. Pixérécourt, qui a fait tant de pièces qui ont fait tant d'argent, M. Pixérécourt, qui a fait prospérer l'abîme de l'Opéra-Comique, M. Pixérécourt abandonnera la Gaîté de guerre lasse. C'est qu'il est presque aussi impossible de comprendre au-dessous de soi qu'au-dessus; c'est que M. Pixérécourt aime trop les bons livres, le beau style, les choses de goût, et que le public de la Gaîté se soucie peu de tout cela. La féerie a droit de bourgeoisie à la Gaîté, et on l'y accueille sous toutes les formes.

Si vous voulez entrer aux Folies-Dramatiques, pour voir *La Bataille de Pultawa*, allez-y.

Quittons le boulevart, et laissons là les Funambules et Debureau, le Napoléon des paillasses, madame Saqui et ses guenilles dorées;

le Petit Lazari et ses places à deux sous; vous connaissez le Cirque-Olympique, dont mon ami Luchet vous a parlé; allons au Théâtre-Nautique, que je n'ai pu nulle part rencontrer sur mon chemin; car il n'est sur le chemin de rien.

Le Théâtre-Nautique, c'est la salle Ventadour, l'immense et ruineuse salle Ventadour, mise au frais entre quatre rues étroites, comme un gros melon dans un seau d'eau. Ce n'est pas pour cela qu'on l'a appelée Théâtre-Nautique; c'est parce qu'il faut qu'elle joue des pièces où il y a de l'eau. A sa place, je représenterais M. Deschalumeaux qui reçoit une carafe sur sa tête.

Sérieusement, c'est un théâtre de ballets. Il n'a cependant ni mimes ni danseurs de talent; mais il a le premier chorégraphe de Paris, M. Henri. Et c'est merveille de voir ce qu'il fait avec si peu. *Chao-Kang* est une cruelle leçon donnée à l'Opéra. (1)

Il ne faut pas oublier, à côté du Théâtre-Nautique, le théâtre de M. Comte, où les enfans jouent la comédie. Ces enfans sont, pour la plupart, des nabots de trente-cinq à quarante ans. Il faut mentionner aussi le Gymnase-Enfantin, du passage de l'Opéra, où les enfans

---

(1) Quand ceci a été écrit, le Théâtre-Nautique existait encore :
Je n'ai fait qu'*imprimer*, il n'était déjà plus.

sont vraiment jeunes. Cela fait horreur et pitié. Horreur d'exploiter la nature des enfans; pitié de dépraver la nature inachevée.

Au sortir de ce dédale de théâtres, respirons un peu.

Tout cela vit-il, prospère-t-il? non. Tout cela végète au jour le jour. Depuis vingt ans, la somme totale des recettes des théâtres a à peine augmenté, et le nombre des théâtres s'est doublé. La plus simple règle de trois explique, démontre ce que chacun des anciens a perdu et ce que les nouveaux ne gagnent pas. A cette multiplicité des théâtres *intra muros*, ajoutez les cinq ou six théâtres de la banlïeue, qui enlèvent à ceux de Paris tout le public des petites villes qui le touchent et tout l'extrême de ses faubourgs, et le dividende sera encore diminué. Production exubérante et consommation exiguë; c'est la misère.

Il n'est pas sans intérêt de savoir quel est l'état de l'exploitation artistique.

La musique a deux théâtres : l'Opéra et l'Opéra-Comique.

La littérature qui va à l'Académie, la littérature qu'on pensionne et qu'on décore, a le Théâtre-Français; celle qui marche d'elle-même a la Porte-Saint-Martin.

Le vaudeville a quatre théâtres spéciaux : le Gymnase, le Vaudeville, les Variétés et le Palais-Royal ; il en a sept ou huit où il entre en concurrence ou en supplément avec le drame et le mélodrame : la Porte-Saint-Martin, l'Ambigu, les Folies-Dramatiques, le Cirque, la Gaîté, le théâtre de madame Saqui, le Gymnase-Enfantin et le théâtre de M. Comte.

Le mélodrame a trois théâtres, qu'il partage avec le vaudeville, l'Ambigu, les Folies-Dramatiques et la Gaîté.

Ainsi, pour faire de la statistique, l'art musical et la littérature sont au vaudeville comme un est à six ; et à cela si vous ajoutez que chacun des théâtres musicaux ou littéraires a une spécialité qui ne permet pas le transport d'un ouvrage de l'un de ces théâtres à l'autre, vous verrez que l'auteur qui fait un grand drame ou un opéra a une chance de le faire jouer, tandis que celui qui fait un vaudeville, en a douze ; et si encore vous calculez qu'on donne par soirée deux pièces à peine aux grands théâtres, tandis qu'on en représente quatre aux petits ; si vous tenez compte de trois mois d'étude pour un grand drame, et de quinze jours pour un vaudeville, vous verrez que cette chance est de un contre quarante-huit. Voilà pourquoi M. Scribe fait des vaudevilles, pourquoi MM. Ancelot, Bayard, Melesville, Varner, Léon Halevi, Arnoult, l'auteur du roman de *Struensée*, Paul Duport, des gens d'esprit et de mérite, font des vaudevilles.

Quand il y avait deux Théâtres-Français, je ne sais si l'on y faisait fortune; mais la littérature conquérait des noms. A l'Odéon ont commencé MM. Delavigne, Mazères, Empis, Fontan, Drouineau, Bis, Dépagny, Merville, Arnoult, Samson, le même qui est un bon comédien, Lokroy, le même qui est à la Porte-Saint-Martin. A l'Odéon sont venus, Soumet, Guiraud, Arnaud le fils, Dumas, Alfred de Vigny; à l'Odéon M. Lemercier a fait jouer *Frédégonde et Brunehaut*; à l'Odéon moi aussi j'ai eu ma première palpitation d'auteur, ce premier jour qui jette un nom inconnu dans l'oreille de deux mille spectateurs, ce premier jour où l'on croit que la vie littéraire est une gloire. Salut à mon berceau! le ministre en a fait une tombe. Que la littérature vous en remercie, monseigneur!

L'art théâtral, ou plutôt l'art scénique, se trouve dans une position analogue à celle de la littérature: la suppression de l'Odéon et celle du Conservatoire laissent le Théâtre-Français sans comédiens. On a dû l'apprendre par l'expérience, quelque mérite que renferment les pièces des scènes secondaires, on ne s'y fait pas à la manière haute et large dont il faut jouer Corneille et Molière. Les meilleurs comédiens de beaucoup de théâtres de Paris sont venus aux Français se ranger au-dessous des médiocres, non assurément que je veuille dire qu'ils soient de la taille de ces médiocres comme talent absolu, mais comme talent relatif, comme mal appliqués à une chose dont ils n'ont pas l'habitude; ils ne valent pas mieux. Le Conservatoire a été hué en France, tant les artistes qui ne travaillent pas, et ce sont les plus nombreux, ont répété qu'on devient artiste par inspiration, de soi, sans avoir jamais appris. Quoi! pas même la langue que vous parlez? car c'était une des excellentes choses du Conservatoire d'enseigner à parler et à prononcer honorablement le français. Et puis le génie venait s'il y était : je ne crois pas que cela gênât beaucoup l'inspiration de MM. du Boulevart de prononcer, tu te trompes, ami,—comme ceci :—tu te trompe-z-ami, au lieu de dire tu te tromp'ami; ce qui parvient à faire une faute d'orthographe en parlant. Or il arrive qu'autrefois nous envoyions à Toulouse des acteurs qui prononçaient bien, et aujourd'hui Toulouse nous envoie des acteurs qui gasconnent mal.

L'Odéon, sans réparer complétement la perte du Conservatoire, avait du moins cet avantage de faire apprendre tous nos grands poètes aux comédiens, de les habituer à les comprendre, de leur inculquer la manière de les jouer. Cela est si vrai, que le Théâtre-Français, aujourd'hui, n'est qu'une nouvelle salle ouverte à l'ancien Odéon, une salle où ont passé : Ligier, Perrier, Samson, David, Duparai, Armand D'Ailli, Provost, qui retourne à sa place ; mesdemoiselles Brocard, Anaïs : tout cela vient de l'Odéon. Mais qui alimentera la troupe maintenant? La Porte-Saint-Martin ? Vous avez essayé de ses deux meilleurs acteurs, Boccage et madame Dorval ; ils ont un talent à eux, mais qui n'est pas à vous. Vous avez pris la plus jolie actrice du Vaudeville, elle y a perdu vos habitudes et veut y retourner.

Jeunes auteurs et jeunes acteurs, demandez au ministre quelques gros sous des quinze cent mille francs votés pour le théâtre ; demandez l'ouverture d'un second Théâtre-Français. Là où le flon flon a douze bouches, l'art de Corneille et de Molière peut bien avoir deux organes.

Frédéric Soulié.

LES PASSAGES.

Le mot *passage* est un terme générique que l'on emploie communément pour désigner toute espèce de rue fermée ayant, comme les rues ouvertes, son tenant et son aboutissant. Il se dit encore, par extension, d'une ouverture pratiquée au travers de quelque maison bâtie entre deux rues parallèles : le *passage* est presque toujours alors accompagné d'un escalier. La rue de

Bondy et la rue des Fossés-du-Temple communiquent avec le boulevart par une foule de trous de ce genre ; les alentours du Palais-Royal en fourmillent : l'étranger arrivé à Paris depuis seulement huit jours connaît déjà le *passage Hulot*, le *passage Radziwill*, le *passage de l'ancien café de Foi*, le *passage des Pavillons*, le *passage Désirabode*, le *passage du Lycée*, le *passage Montpensier* et cent autres casse-cous encore plus noirs et plus crottés. Je sais des maisons ayant façade sur deux rues, dont les deux portes sont philantropiquement ouvertes à tout passant depuis le matin jusqu'au soir; mais le nombre en diminue tous les jours ; les propriétaires ont prétendu que ce dernier mode de *passages* avait de grands inconvéniens. Les rues de Cléry et Bourbon-Villeneuve communiquent entre elles par une demi-douzaine d'échelles qui sont aussi des *passages;* tous les théâtres du boulevart ont des corridors de service horriblement infects, qu'ils appellent des *passages;* les gens de la rue de Crussol et de la rue d'Angoulême voisinent avec ceux de la rue de Ménilmontant par l'étonnant *passage du bon roi Philippe*, etc. Mais nous n'avons point à nous occuper des ces mille jointures plus ou moins abréviatives, obscurément éparpillées sur l'immense carte de Paris : nous ne parlerons que du *passage* considéré comme rue munie d'une grille à chaque bout, couverte, ou découverte, droite ou crochue, simple ou traversée par d'autres rues qui possèdent porte ou grille comme elle.

Paris ne compte pas moins de cent cinquante passages connus, ayant un nom écrit sur leurs portes : les passages projetés ou anonymes vont à peu près à cinquante. La proportion des passages aux rues est donc de 2 à 11. Nous les diviserons en deux grandes catégories : *passages découverts* et *passages vitrés ;* l'une est le perfectionnement de l'autre. Tous sont enfans de la même mère, l'Industrie. Elle n'a donné son nom qu'à un seul; elle avait mis sur lui tout son amour, toutes ses espérances; mais le public, ce grand tribunal qui casse et annule tant de jugemens de famille, a laissé l'enfant gâté pour ce qu'il était, le plus triste et le plus inutile de tous. Le *passage de l'Industrie*, pâle et froid morceau d'architecture, qui fait jurer ses proportions symétriques et sa tranquillité de cimetière avec les deux pêle-mêle des faubourgs Saint-Denis et Saint-Martin, le *passage de l'Industrie* est une vaste solitude où quelques pauvres artistes, grelotant de faim et de froid, viennent gîter mystérieusement le soir au milieu d'un ramas infame de filous mâles et femelles qui ne manqueraient pas de faire de ce lieu une autre cour des Miracles, si la police, à ses momens perdus, n'y veillait point quelque peu.

Les *passages* ne sont point une invention très-ancienne. Tant que les rues de Paris restèrent à peu près praticables; tant que les gens en voiture voulurent bien laisser une part de pavé aux malheureux piétons; tant qu'il ne fut point rigoureusement vrai de dire que l'homme ayant encore tous ses membres sains et saufs après un an de marche dans Paris, était plus rare et plus curieux à montrer qu'un soldat sorti sans blessures de trente batailles, le *passage* fut inutile, le *passage* fut inconnu. Le marchand recevait chez lui sa pratique ou se rendait chez elle un paquet sur le dos, sans que le paquet, la pratique ou le marchand fussent extrêmement exposés à périr en chemin. L'étalage du boutiquier pouvait hardiment franchir le seuil de la porte et saillir de quelques pouces sur la rue, sans qu'à l'instant même un insolent cabriolet l'emportât au vol de ses roues et le jetât tout brisé dans le ruisseau. Le mercier du n° 15 et le potier d'étain du n°16 avaient la faculté de s'aller dire bonjour, de s'interroger sur leur santé mutuelle, et d'échanger une prise de tabac; leurs épouses pou-

vaient, la pelle à la main, se prêter et se rendre
le charbon fraternel, sans qu'un affreux cri de
gare, accompagné de coups de fouet et d'atroces éclaboussures, vînt tout de suite rappeler à
ces estimables voisins qu'entre les numéros pairs
et impairs il n'y a point de relations possibles.
Alors n'était point mort au cœur des commerçans
de Paris cet esprit de concorde et de bienveillance
réciproque qui faisait dire aux moralistes du
temps que la vertu chassée des salons s'était réfugiée sous les comptoirs. Alors n'existaient point
ces petites haines, ces misérables jalousies de
boutique à boutique, ces ignobles tours de passe-passe qui ont fait périr le vieux type, si loyal et
si honnête, sous le ridicule et le mépris. Alors
on ignorait l'argot dégoûtant de la vente, déplorable dialogue où chaque parole est un mensonge, où l'on ne vante sa marchandise qu'à
force d'injures, d'opprobres et de boue jetés à
la marchandise d'autrui ; alors, enfin, l'égoïsme
n'était point le seul mobile de l'intelligence boutiquière ; l'existence des marchands était autre
chose qu'une suite de liards empilés les uns sur
les autres ; les femmes s'étaient prêté du feu le matin, les maris se prêtaient de l'argent le soir : il
y avait confiance, aide et secours ; il y avait lien,
il y avait force.

Mais à mesure que le luxe s'étendait comme une tache d'huile par toute la cité, à mesure que les dieux tombaient et disparaissaient en débris pour ne plus laisser sur l'autel qu'un symbole unique, la pièce de cent sous; l'argent, seul sang qui coulât dans les veines de la ville, se mit en cabriolet pour circuler plus vite, et les rues de Paris présentèrent bientôt leur effrayant spectacle d'aujourd'hui : spectacle de chocs et de heurts et d'écrasemens continuels, où l'on dirait la moitié de la population payée pour galoper incessamment après l'autre. Bientôt les marchands, rangés en haie sur le passage de cette éternelle déroute, perdirent entre eux tout contact, tout frottement, et s'isolèrent chacun dans la conservation de son industrie particulière. Pour chacun ce fut un grand travail d'imagination à l'effet de multiplier les ressources mercantiles, à l'effet de rendre plus fins et plus sûrs les filets que l'on jetterait sur le passant épouvanté, tout entier à l'instinct de sa sauvegarde, et que l'horrible tapage des chevaux et des roues qui broyaient le pavé autour de lui empêchait de remarquer les belles boutiques qu'il rasait en fuyant. La vente en détail s'était concentrée dans la grande ligne des boulevarts du nord, où la circulation plus au large laissait le piéton maître des contre-allées ; pour rendre la concurrence possible à l'intérieur de la ville, la spéculation, ce monstre géant qui a bien plus d'yeux qu'Argus, bien plus de bras que Briarée, la spéculation inventa les *passages*.

Ce nouveau mode d'exploitation commerciale eut tout de suite un grand succès. On avait choisi des blocs de maisons situés entre deux ou trois rues très-bruyantes et très-populeuses ; on les avait percés à jour de façon à ce que le piéton pût trouver à la fois le moyen d'échapper au dangereux fracas de la rue et celui d'abréger notablement sa route. On avait bordé la bienfaisante traverse de deux rangées de boutiques très-ouvertes, très-ornées, où la marchandise et la marchande étaient bien en vue, et de forme bien engageante, ce que voyant l'honnête passant, tranquille sur le sort de ses membres, il se reposait les oreilles et se remettait paisiblement à flâner, comme doit faire tout bon Parisien dès qu'il en trouve l'occasion. N'allez pas croire au moins que sa marche fût là-dedans dégagée de tout obstacle, de tout encombrement. Non pas. Seulement au lieu d'une voiture de moellons, d'un haquet de roulage, d'une diligence, d'un fiacre qui s'accrochaient et l'arrêtaient tout frémissant entre quatre ou cinq genres de mort, c'était une pyramide de chapeaux soigneusement lustrés et étiquetés; c'étaient un amphithéâtre de pendules, un arsenal de bottes et de socques articulés; c'étaient des bas, des brosses, du cirage et des briquets phosphoriques; c'étaient des joujoux, des bijoux, des gâteaux, des parapluies, des images, des pantalons, du pain d'épice, des cannes et des faux toupets : tout cela lui parlait aux yeux fort séduisamment, tandis que la douce voix des marchandes lui jouait à l'oreille les plus jolis airs qu'elle pouvait; il s'arrêtait, il marchandait, il achetait et puis s'en allait, rentrant dans l'enfer des rues, ayant dépensé une heure à économiser dix minutes, et chargé d'un embarras de plus, car il avait à sauver lui et son emplette.

Ce fut ainsi que l'on vit naître et florir pendant de longues années les passages de l'*Ancre royale*, entre la rue Saint-Martin et la rue Bourg-l'Abbé; *Saint-Roch*, rues d'Argenteuil et Saint-Honoré; du *Petit-Saint-Antoine*, rues Saint-Antoine et du Roi-de-Sicile; *Molière* rues Quincampoix et Saint-Martin; les *cours Batave, du Commerce, des Fontaines, Saint-Guillaume, du Dragon*, etc.

En même temps, diverses industries toutes parisiennes eurent recours au même procédé pour se centraliser et réunir en un faisceau leurs branches disséminées : ce fut comme des entrepôts qu'elles s'établirent dans la *cour des Coches,* faubourg Saint-Honoré ; dans la *cour des Miracles,* rue Damiette ; dans la *cour du Puits-de-Rome,* dite aussi *cour de la Marmite,* dans le *cloître Saint-Honoré,* dans le *passage du Bois-de-Boulogne,* faubourg Saint-Denis ; dans la *cour des Petites-Écuries,* dans le *passage Beaufort,* appelé plus populairement *Bouvier,* du nom d'un teinturier célèbre ; dans les *passages de la Boule-Rouge,* de la *Réunion,* de la *Trinité,* de la *Reine-de-Hongrie.* Tous ces passages et ces cours renferment une population spéciale d'ouvriers et de fabricans travaillant à une foule d'objets connus dans le monde commerçant sous le nom d'*articles de la fabrique de Paris ;* ainsi la bijouterie d'acier et de cuivre doré, les bronzes, les éventails, les parapluies, les gants, les chapeaux de paille, la petite ébénisterie, la quincaillerie fine, la passementerie, les plumes, les fleurs, le cartonnage, les portefeuilles, la bimbeloterie, les boutons, les bretelles, les pains à cacheter, etc., etc. Les entreprises de diligences adoptèrent le vaste emplacement de l'*Hôtel-des-Fermes ;* les marchands de rouennerie de la rue Saint-Martin firent ouvrir le superbe *passage Jabach.* La plupart de ces lieux mériteraient une étude particulière, tant la couleur en est étrange, tant les mœurs de ceux qui les habitent sont tranchées, tant ils semblent des petites villes de province, ou des colonies anti-parisiennes tombées tout à coup au milieu de la capitale. Nulle part la franchise de l'ouvrier, sa probité dure et naïve, sa fière indépendance ne sont remarquables comme dans les *cours* de la *Marmite* et de la *Trinité;* nulle part non plus la morgue et l'arrogance aristocratiques du marchand ne brillent comme au *passage Jabach* et dans la splendide *cour Batave*.

Enfin, à Paris, comme partout ailleurs sans doute, on trouve des gens que leurs intérêts ou leurs goûts attachent aux quartiers populeux : ces gens ont besoin de vivre au milieu du bruit, et veulent pouvoir ne pas l'entendre; ils sont assez riches pour payer un loyer considérable et pas assez pour occuper une maison tout entière : pour eux on a bâti le *passage Bergère*, et le *passage Violet*, deux rues magnifiques, ornées de concierges qui les ferment à clef le soir, et que leurs propriétaires appellent fastueusement des *cités*. On va par l'une du faubourg Montmartre à la rue Bergère; l'autre fait tenir ensemble le faubourg Poissonnière et la rue Hauteville. Toutes deux sont très-fashionablement habitées. C'est moins riche, à tout prendre, que le *pas-*

sage *Saulnier*, rue Richer, et le *passage Sandrié*, rue Basse-du-Rempart; mais c'est bien plus beau.

Les *passages*, *cours*, et *Cités* que nous avons nommés jusqu'ici, appartiennent tous à la catégorie des *passages découverts;* et composent, à quelques édifices modernes près, ce que l'on pourrait appeler l'ancien régime des *passages*. Mais après l'invention le perfectionnement : après les gendarmes les gardes municipaux : après les *passages découverts* les *passages vitrés*. On n'avait atteint qu'imparfaitement le but. Il ne suffisait pas d'avoir ainsi enlevé le passant aux préoccupations de la rue, il fallait se l'approprier, se l'asservir corps et ame; il fallait qu'une fois entré dans le perfide passage, il se sentît comme ensorcelé, qu'il y oubliât tout : femme, enfans, bureau, dîner; le passage ne devait plus descendre à n'être qu'une simple et commode abréviation de chemin, il fallait en faire un lieu de rendez-vous comme le Palais-Royal, où l'on pût venir de loin, en voiture, pour s'en retourner en voiture.

Le problème fut ainsi posé : — donner autant de lumière qu'une rue; de la chaleur l'hiver, de la fraîcheur l'été; de l'abri en tout temps; jamais de poussière, jamais de boue. — Une fortune immense attendait l'homme qui le premier comprendrait et exécuterait ainsi le *passage*. Tout Paris a connu cet homme; il s'appelait Delorme, et son chef-d'œuvre conduit de la rue Saint-Honoré aux Tuileries. C'est à lui l'honneur de l'invention du *passage vitré*.

Aujourd'hui Paris contient une vingtaine de *passages vitrés* que la mode a divisés en deux classes. Elle a laissé les uns à tout le monde et s'est réservé les autres : elle a aboli pour ceux-ci la vulgaire appellation de *passage*. Ce mot sent le peuple; il écorchait les bouches aristocratiques: le mot *galerie* allait mieux au dialogue parfumé du beau monde ; on a dit *galerie Delorme*, *galerie Vivienne*, *galerie Colbert*, *galerie de l'Opéra*, *galerie Boufflers*, *galerie Véro-Dodat*, et même *galeries Montesquieu*, quoiqu'il n'y ait peut-être rien au monde de plus salement ignoble que les soi-disant galeries Montesquieu. Quant au magnifique couloir vitré qui conduit de la rue de Choiseul à la rue Neuve-des-Petits-Champs, la mode n'a encore daigné le nommer que *passage Choiseul* : ses habitans se consolent en pensant que l'opulent *passage des Panoramas* n'a pas non plus rang de galerie. Dans tous les deux, au reste, on espère de l'avancement.

Les autres sont nés *passages* et mourront *pas-*

sages. C'est le passage d'*Artois,* que l'on pourrait appeler aussi bien *Laffitte;* ce sont les passages *Bourg-l'Abbé, Saucède, de l'ancien Grand-Cerf, de Vendôme, du Ponceau, Brady, du Saumon, du pont-Neuf* et *du Caire.* Il y en a encore un fort beau qui tient dans son angle l'encoignure du boulevart Poissonnière et de la rue Montmartre. Il n'a pas de nom : on l'appelle *Bazar,* en attendant. Un autre très-curieux mène de la rue de la Barillerie à la rue du Harlay en passant à même les tribunaux. On le nomme je crois, *passage du Palais-de-Justice :* il tient le milieu entre le *passage noir* et le *passage vitré.*

La *galerie* se distingue du *passage* en ce qu'elle doit contenir trois habitans obligés : un artiste décrotteur, un pâtissier au petit four, et une marchande de tabac; là où manque une de ces trois industries, la déchéance est imminente. Le passage qui les possède toutes trois s'appellera demain galerie.

Autrement, le personnel d'un *passage* ne diffère point trop de celui d'une *galerie.* Un limonadier, quatre ou cinq marchandes de modes, deux ou trois chapeliers, un cordonnier pour femmes, un bottier, trois mercières parfumeuses, une marchande de corsets, un marchand de cannes et parapluies, un marchand de marrons, un dépôt de plaqué, un confiseur ou deux, quatre tailleurs, deux bijoutiers, un papetier, un magasin de jouets d'enfans, un marchand de musique, un opticien, un graveur, deux cabinets de lecture, un établissement de fosses mobiles inodores et un marchand de comestibles : voilà, à quelques modifications près, en plus ou en moins, ce que l'on trouve dans tout les passages. J'excepterai pourtant certaines spécialités ; ainsi, le *passage du Caire* présente dans toute sa longueur une double ligne d'imprimeurs, à peine interrompue de loin en loin par deux ou trois revendeuses à la toilette, et quelques boutiques à commerce étrange où l'on vend depuis trois ans le même faux col et le même pot de pommade. Le *passage du Caire* a le privilége de fournir tout Paris de billets d'enterrement ; je ne sais trop pourquoi on lit sur sa façade : *Foire perpétuelle du Caire.*

Ainsi dans le *passage du Palais-de-Justice* on ne vend que des pantoufles ;

Ainsi le *passage Saucède*, entre les rues Saint-Denis et Bourg-l'Abbé, est livré en propriété exclusive aux marchands de socques et de briquets phosphoriques ;

Ainsi le *passage d'Artois* n'a que trois locataires connus ; un épicier, une fruitière et une blanchisseuse de fin ;

Ainsi le *passage du Ponceau* n'en a que deux ; un marchand de vin et une charbonnière.

Mais, comme je l'ai dit, ce sont des exceptions.

Ce que l'on vend dans les passages est aussi bon que partout ailleurs. Les inventions nouvelles, les perfectionnemens, les fantaisies d'un jour y sont ordinairement exposés dès leur apparition. Les prix varient selon l'élégance et la vogue du passage; ainsi, on paie plus cher aux Panoramas et dans les galeries de l'Opéra qu'aux passages de l'ancien Grand-Cerf et du Saumon.

A présent, seulement pour esquisser la physionomie de chaque passage en particulier, il faudrait dix fois la dimension ordinaire d'un chapitre du *Tableau de Paris*. Sauf les passages Saucède et Bourg-l'Abbé, il n'y en a pas deux semblables. Les galeries Vivienne et Colbert, quoique fabriquées côte à côte, quoique jumelles, pour ainsi dire, diffèrent infiniment. Quel rapport trouverait-on jamais entre les galeries Montesquieu et la galerie Véro-Dodat, qui les touche presque? Où est l'analogue du passage du *Palais-de-Justice*, avec sa population d'avocats en robe, ses flâneries de mouchards et de forçats libérés? Le *passage du Ponceau* conduit au *passage du Caire*, les deux n'en font qu'un, à vrai dire; cherchez la ressemblance. Il est vrai que si les faux cols du *Caire* sont bien roux et sa pommade bien rance, on trouve au *Ponceau* des briquets phosphoriques qui remontent aux premiers essais de Fumade ; mais c'est tout. Et d'ailleurs un passage convenablement fréquenté change de teinte à chaque instant. Une *galerie* surtout n'est dans son beau qu'à de certaines heures : qui la voit avant ou après n'y trouvera rien de remarquable. Si j'avais, au surplus, à être le *cicerone* de quelqu'un, voici comment j'entendrais la visite des passages. A une heure, les galeries de l'Opéra ; à deux heures la galerie Boufflers et le passage Choiseul ; à trois heures la galerie Véro-Dodat, les garleries Vivienne et Colbert et le passage des Panoramas ; après l'heure de la Bourse, encore le passage des Panoramas ; et le soir, tous les passages, toutes les galeries. Car le soir, quand des torrens de gaz enflammé ruissèlent à travers les vitrages, teignent en pourpre le pâle visage des femmes, donnent au cuivre le bruni de l'or, et changent les cristaux en diamans ; alors ces petits riens, ces jouets, ces riches misères aux mille formes, aux mille couleurs que le luxe jette impérieusement à l'obéissance de ses favoris, resplendissent d'un éclat magique ; alors les figures des marchandes s'animent d'une expression si semblable à de la joie, à du bonheur, elles vous apparaissent si fraîches et si contentes, qu'on se surprendrait volontiers à désirer être, comme elles, assis là du matin au soir, tenant boutique et mettant son amour-propre à gagner cinq sous de plus aujourd'hui qu'hier. Mais laissez tomber la nuit sur ces enchantemens des passages; venez le matin, à huit ou neuf heures, quand les boutiques s'ouvrent, quand les lucarnes de l'entresol s'ouvrent, quand on secoue les portes et les fenêtres, quand on essaie, par tous les artifices possibles, de faire entrer un peu d'air respirable dans ces bouges magnifiques, dans ces cachots de bronze et de glaces; regardez à cette heure alors les femmes qui vous séduisaient la veille. Elles se meurent, les malheureuses; l'atmosphère méphitique des passages les tue. Le médecin va venir; il dira de changer d'air, de déménager. Le mari répondra : — Et ma boutique ? — Puis il ira se promener par la ville. La femme mourra; qu'importe! La boutique vivra. On retrouve une femme, monsieur; mais une boutique !

Au reste les passages sont aujourd'hui à leur apogée. Ils ne peuvent que décroître. La rue conspire contre eux. La rue se fait grande et large, se borde de portiques couverts, et adopte le trottoir. La rue est sauvée. Auguste Luchet.

LES COMMISSAIRES DE POLICE.

I.

Coup d'œil général.

Il y a dans Paris des métiers bien tristes et bien maudits; il y a des gens qui de leurs mains essuient la crotte de vos souliers, ou trempent leur corps dans l'amas infect des plus dégoûtantes immondices; il y a des gens qui tuent et torturent moyennant salaire fixe, et avec une prime de tant pour cent pour chaque tête qu'ils coupent; il y a des femmes qui s'offrent à vous derrière la borne, marchandent leurs corps, et vous exhibent l'ignoble tarif de leurs caresses ; il y a des gens qui, dans la petite mansarde que remplissent à peu près deux lits, le lit de leur femme et le lit de leurs enfans, étalent près du foyer où se chauffe leur maigre pot-au-feu, un quartier de charogne sur lequel ils suivent jour par jour, d'un œil attentif, les progrès de la pourriture, souriant quand la viande grouille et remue, parce qu'alors cette viande se change en vers, et qu'ils vous vendront ces vers huit ou dix sous, à vous qui voudrez vous procurer l'innocent plaisir de la pêche à la ligne. Il y a des gens qui se couvrent d'humiliantes livrées, broderies en or, broderies en argent, écharpes, chapeaux à plumes, etc., etc.; qui vont, l'échine courbée et l'air respectueusement affable, se prosterner, à certains jours, devant un homme qui leur répugne ou qu'ils mésestiment, et cela parce que cet homme s'appelle *roi* ; des gens qui rougiraient de honte et qui se redresseraient avec fierté, si, trompés par une ressemblance, vous les preniez pour les valets de chambre ou les palefreniers d'un riche bourgeois, et qui se font honneur et gloire de tenir note du linge et des menues dépenses de cuisine de l'homme qui s'appelle *roi*, de faire le ménage des chevaux de l'homme qui s'appelle *roi* ; et parce qu'ils ont soin des chevaux, de la cuisine et du linge, s'intitulent : *M. le comte un tel, intendant général de... M. le marquis... grand maréchal... M. le baron, premier écuyer*, au lieu de s'intituler tout simplement *valet de chambre, cuisinier, huissier, palefrenier*, etc., etc. Enfin, il y a des gens, ce qui est bien plus dégradant encore, qui se sont inféodés au service de certains intérêts coalisés sous le nom d'ordre public, et qui, sous prétexte de défendre cet ordre essentiellement variable, et dont les conditions changent du blanc au noir à chaque mouvement politique, mais en réalité pour défendre leurs honneurs et leurs places, la seule chose qu'en définitive ils désirent voir immuable, des gens, dis-je, qui emprisonnent, fouillent, jugent, tuent au besoin, aujourd'hui au nom de la contre-révolution, demain au nom de la révolution, ici au nom de la république, là au nom de la monarchie ; gens plus odieux et plus méprisables que le bourreau, je le dis sans exagération, parce que le bourreau qui frappe aveuglément fait seulement œuvre de son bras, de sa force, enfin œuvre mécanique, tandis que le jugeur qui condamne immuablement, fait, en apparence du moins, œuvre de réflexion et d'intelligence.

Eh bien ! de tous ces métiers, les uns tristes, les autres maudits, le plus triste et le plus maudit est le métier de commissaire de police !

Il y a, dans Paris, des existences bien précaires et bien malheureuses. Il y a de pauvres enfans arrachés par la misère à la chaumière où ils sont nés, à la famille qui les a nourris, et transplantés à deux cents lieues, sur le pavé de nos rues, eux, enfans de dix ou douze ans, n'ayant bien souvent pour toute industrie que l'instinct de conservation commun à toutes les organisations ; petits bateleurs ayant à nourrir leur singe ou leur marmotte avant de se nourrir eux-mêmes; petits ramoneurs, exploités par le maître, moyennant solde ou nourriture, sur laquelle solde ce qu'ils reçoivent le plus régulièrement est toujours la ration de coups. Il y a de jeunes hommes qui ont le cerveau plein et la poche vide, que la nature et l'éducation ont richement dotés, que l'état social a déshérités cruellement; intelligences vastes qui produisent de bonnes et saines pensées, et qui ne trouvent pas même une plume pour les fixer et du papier pour les recevoir; capacités ignorées, qui usent plus d'esprit et d'adresse pour satisfaire les plus crians besoins matériels, qu'il n'en faudrait pour enfanter un chef-d'œuvre ou pour gouverner un peuple; jeunes gens qui, dans un temps et des circonstances donnés, seraient peut-être, dans les arts de magnifiques illustrations ou de sublimes novateurs, dans la politique de forts et hardis conventionnels, et qui maintenant ne sont que de pauvres diables, s'épanouissant aujourd'hui devant le dîner que le hasard leur offre, sauf à pleurer le lendemain à la même heure, devant une triste privation ; élans de génie étouffés par les hoquets de la faim, têtes puissantes absorbées par un maladif estomac ! — Il y a de vieilles femmes, qui jadis ont été peut-être belles, heureuses et parées, et que nous rencontrons, le soir, flétries, déguenillées, sans asile, dormant, quand l'eau du ruisseau gèle, malgré la pluie froide et le givre, sur un banc de pierre où, pendant le jour, leur présence muette implorait la charité des passans ; pierre souvent moins dure que le cœur des passans.

Eh bien ! de toutes ces existences, la plus précaire et la plus malheureuse est, à mon sens, l'existence du commissaire de police.

II.

Puisque je me suis servi de ces expressions : *Métier triste et maudit, existence malheureuse*, j'éprouve le besoin de dire qu'elles ne sont ni absolues, ni même générales, en un sens ; il n'y a pour nous de métier vil que celui dont rougit l'honnête homme. Or, tel n'est pas, à coup sûr, le métier de commissaire de police, considéré en lui-même ; c'est au contraire un métier utile, et qui, bien exercé, est d'autant plus honorable qu'il est le plus pénible de tous. Ce ne sont pas les attributions qui dégradent le commissariat, c'est, en beaucoup de cas, l'extension que ces attributions ont subie, et la manière dont les exigences supérieures forcent trop souvent les commissaires à les remplir.

Un homme indépendant qui, n'agissant jamais que dans le cercle de ses attributions, serait toujours prêt à faire à sa conscience le sacrifice de sa place, cet homme serait un commissaire de police fort estimable. Mais lorsque l'homme qui accepte ces fonctions est moins un officier public dont les devoirs sont tracés d'avance, qu'un valet soumis par état aux caprices du chef ;

lorsqu'au lieu des règles fixes que lui formulent le code et les arrêtés, cet homme est obligé de se conformer aux instructions arbitraires, tyranniques, souvent contradictoires, qu'inspirent à son préfet les besoins d'une politique qui s'empreint, dans la sphère de la police, d'un machiavélisme plus profond et plus effronté que partout ailleurs; lorsqu'il faut que cet homme agisse presque toujours contre sa conviction, et souvent contre les plus évidentes notions de justice, contre le texte même des lois; lorsqu'il doit servir passivement les fureurs du maître dans ce qu'elles ont de plus emporté, envahir à l'improviste une maison, sans être bien sûr qu'il n'y trouvera pas des parens et des amis; fouiller, saisir, emprisonner, poursuivre avec acharnement des gens que peut-être sa conscience absout et que son cœur estime; lorsqu'il est l'instrument, non pas aveugle, comme le serait un gendarme, mais intelligent comme l'est ou doit l'être un magistrat, lorsqu'il est, veux-je dire, l'instrument de réactions violentes, sans avoir l'ardente conviction et le fanatisme qui justifient ou excusent les violences réactionnaires; voilà ce qui fait comprendre l'épithète que j'ai accolée non aux fonctions, non aux hommes, mais à l'exercice de ces fonctions, tel que le pouvoir le commande, et tel qu'il est trop souvent pratiqué. Car c'est là ce qu'on exige aujourd'hui des commissaires de police. Depuis que la politique, vraie cause de l'avilissement que je signale, est devenue l'une des branches les plus importantes de la police, pour ne pas dire la seule branche, le commissaire qui n'est pas un homme indépendant par caractère, ou qui, l'étant, se trouve cloué à sa place par les besoins de sa famille, ce commissaire est constamment placé entre ses répugnances morales et les obligations d'obéissance passive qu'on lui impose. Il y a plus : la lutte s'établit aussi entre son intérêt présent et son intérêt futur. S'il n'obéit pas aujourd'hui, non-seulement avec ponctualité, mais encore avec zèle, c'est-à-dire avec fureur, la destitution le frappe; s'il obéit, il compromet son avenir; car, au premier changement de ministère, ou de gouvernement, ce qui n'est pas moins commun, il expiera peut-être par une destitution les services rendus au système ou au gouvernement déchu.

En face de pareilles obligations, nul homme probe ne m'accusera d'exagération, lorsque je dis que le métier de commissaire de police, ainsi dénaturé et ainsi exercé, est un métier maudit. En présence d'une situation si précaire, nul commissaire de police ne me démentira lorsque je dis que l'existence du commissaire de police est une existence malheureuse.

Je dois ajouter, avant d'arriver aux détails, que dans les généralités qui précèdent, non plus que dans les développemens qui vont suivre, je n'ai voulu introduire aucune application personnelle. Bien que les hommes de mon opinion et de ma profession aient assez souvent affaire aux commissaires de police, je n'ai jamais eu, pour mon compte, de démêlés avec ces messieurs : je dirai plus, je ne connais directement aucun des commissaires de police actuels, mais le petit nombre de ceux que je connais indirectement mérite plutôt l'éloge que le blâme. Les uns ont traversé des circonstances difficiles en se maintenant purs et honorables ; les autres ont adouci, autant que possible, ce que leurs fonctions ont eu de pénible en ces derniers temps, et ont fait preuve d'assez de tact et de savoir-vivre pour ne pas franchir la limite extrême qui sépare la ponctualité du dévouement. Quand des ordres rigoureux leur ont été transmis, ils ont été des exécuteurs polis, mais rarement on a dû les prendre pour des complices.

Quant aux autres, que je ne connais pas, même de nom, je ne puis dire s'ils trouveront ici quelques traits applicables. Tout ce que je dois déclarer, c'est que je n'en applique aucun dans ma pensée.

III.

Personnel et Matériel.

Paris a quarante-huit commissaires de police, un par quartier, quatre par arrondissement. Un quarante-neuvième est spécialement affecté à la bourse et aux halles. Je ne parle pas de divers fonctionnaires qui sont attachés, sous le titre de commissaires de police, aux bureaux de la Préfecture; ceux-là ne tiennent que par le nom au sujet de ce chapitre.

Les commissaires de police de Paris sont nommés par le roi, sur la présentation du ministre de l'intérieur, à qui le préfet de police les propose. Leur traitement avait été fixé, par arrêté du 23 fructidor an 9, à quatre mille francs; mais je crois qu'il a été porté depuis à six mille francs.

Tout commissaire de police a sous ses ordres un secrétaire et un inspecteur; il avait aussi naguère un sonneur pour le balayage des rues; mais il est peu probable que les nouveaux réglemens pour l'enlèvement des boues aient laissé subsister cette charge.

Tous ces fonctionnaires sont payés sur les fonds de la préfecture de police, et nommés par le préfet, sur la présentation des commissaires.

Le secrétaire tient les écritures de son patron, et le supplée en son absence; mais il n'a pouvoir que de rédiger les actes, et non de leur donner, par sa signature, le caractère d'officialité et d'authenticité que la signature du commissaire leur imprime.

L'inspecteur a pour mission de visiter les hôtels garnis de sa circonscription. Il examine les registres d'entrée et de sortie, demande au maître d'hôtel les passe-ports des voyageurs arrivés chez lui, emporte le tout et le rapporte après inspection.

Le costume légal du commissaire de police est habit noir complet, chapeau uni à la française; l'écharpe est de soie bleue. Le secrétaire et l'inspecteur n'ont pas de costume particulier. Le premier a toujours une mise décente, mais sale et râpée; l'autre ressemble à un clerc d'huissier.

Le commissaire de police a droit de requérir la force armée.

Bien que les commissaires de police aient tous un quartier spécial, l'attribution n'est pas tellement rigoureuse que leur pouvoir soit restreint dans les limites du quartier. Tout commissaire a la faculté d'exercer dans les quartiers voisins, et quand il a constaté une contravention hors son territoire, il est seulement tenu à communiquer son procès-verbal au commissaire spécial du quartier. De même lorsque le préfet de police envoie un ordre, le commissaire qui le reçoit doit l'exécuter sur-le-champ, n'importe l'arrondissement et le quartier.

Les commissaires de police sont astreints à de fréquentes promenades dans leur circonscription. Ces promenades, toutes dans l'intérêt de l'ordre, peuvent être considérées comme des espèces de patrouilles solitaires. On se loue beaucoup des résultats qu'elles ont produits dans ces derniers temps.

Chaque jour les commissaires adressent au Préfet de police un rapport détaillé sur tout ce qui s'est passé dans leur quartier, contravention, délit, crime ou simple accident, sans préjudice de l'envoi des procès-verbaux que les différens cas ont pu nécessiter.

Les commissaires ne peuvent s'absenter sans permission. On doit toujours trouver au besoin ou le commissaire de police ou son secrétaire.

Le bureau du commissaire se compose généralement de trois pièces : une antichambre meublée de trois ou quatre chaises, et d'autant d'agens de police ou soldats; un salon où se tient le secrétaire, et le cabinet particulier du commissaire. Cependant une seule pièce peut servir à la fois de salon et de cabinet. Dans les circonstances extraordinaires, on place quelques chaises et quelques soldats de plus dans l'antichambre.

Pendant la nuit, un falot est fixé au-dessus de la porte, et le commissaire, ou son secrétaire, se tient en permanence pour les besoins du public. Il est éclairé; je parle du falot.

IV.

Attributions diverses.

Le commissaire de police possède à la fois un caractère administratif et un caractère judiciaire. Nous allons l'examiner sous cette double face.

FACE ADMINISTRATIVE.

Comme administrateurs, les commissaires sont les délégués des préfets et des maires, et c'est à eux que tout homme lésé dans sa personne ou sa propriété doit s'adresser directement.

Pour préciser les objets qui peuvent être classés dans la police administrative, je ne puis mieux faire que de copier la nomenclature du *Dictionnaire de police moderne*.

1° La sûreté et commodité de la voie publique, et la petite voirie, ce qui comprend le nettoiement et l'illumination des rues; les dépôts des matériaux, leur enlèvement, les bâtimens en péril, les objets exposés sur les croisées; les gouttières et enseignes saillantes; les auvens et toute espèce de saillies; les précautions à prendre par les maçons, les couvreurs et autres ouvriers; les échoppes, les étalages; le stationnement des voitures de louage; les ports et chantiers, les halles et marchés.

La surveillance de tous ces objets exige de la part des commissaires de police des rondes fréquentes dans leurs quartiers respectifs.

2° La vérification des demandes en permission pour les établissemens de boucherie, boulangerie, charcuterie, brasseries, distilleries, fonderies, voituriers, magasins de fourrages, chantiers de bois de chauffage, etc; pour les dissections, les exhumations; pour les ateliers et manufactures spécifiés en l'ordonnance du roi, du 5 janvier 1815; pour les bals, concerts, spectacles et fêtes publiques; pour les porte-falots, les colporteurs; pour les travestissemens; pour l'usage des presses, moutons, balanciers et laminoirs.

3° Les précautions contre les incendies, les secours à y porter; les inondations et autres calamités; les insensés, les animaux malfaisans, les maladies contagieuses, et tout ce qui peut altérer la salubrité et la santé.

4. Les secours à donner aux noyés et aux asphyxiés; la levée des cadavres, le transport, dans les hôpitaux et hospices, des malades indigens et des blessés.

5. La conservation et préservation des monumens publics; la protection due à l'exercice des cultes; le maintien des mœurs publiques.

6. La délivrance des bulletins et certificats pour obtenir des passeports, des permis de séjour, cartes de sûreté et ports d'armes.

7. Le *visa* des registres des hôteliers et logeurs, des marchands et fabricans d'ouvrages d'or et d'argent, des brocanteurs et fripiers, des pharmaciens et droguistes, les visites fréquentes dans les maisons garnies.

8. Le *visa* des livrets des ouvriers; les contestations entre les maîtres et les ouvriers; l'inscription des individus en état de domesticité, et la délivrance, à chacun d'eux, d'un bulletin d'inscription ou livret; les commissionnaires stationnant sur la voie publique.

9. L'envoi à la préfecture de police de tous les individus sans moyens d'existence connus, présumés vagabonds.

10. L'arrestation des femmes publiques, des mendians valides, des vagabonds et gens sans aveu, et leur envoi par devant le préfet de police.

Enfin, tous les objets intéressant le maintien du bon ordre, de la tranquillité, de la sûreté publique.

FACE JUDICIAIRE.

Comme officier de police judiciaire, les commissaires sont les délégués directs des procureurs généraux et royaux.

En police judiciaire *municipale*, ils constatent les contraventions et reçoivent les dénonciations ; ils remplissent, près le tribunal de simple police, les fonctions du ministère public. En cette qualité, ils portent la parole, assez mal presque toujours ; cependant il est juste de dire que les commissaires de Paris se tirent mieux de cette tâche que leurs confrères de province. Ce n'est point là qu'est le véritable écueil de leur éloquence ; nous aurons plus tard à signaler cet écueil.

En police judiciaire *correctionnelle* et *criminelle*, ils assistent le procureur du roi dans les instructions, le suppléent au besoin, et peuvent quelquefois décerner des mandats d'amener.

Il est, en outre, certains délits relativement auxquels l'instruction première leur est attribuée par des dispositions spéciales de loi. Ainsi c'est à eux qu'appartient la constatation des contrefaçons, des contraventions de poids et mesures, des ventes de drogues et médicamens, des contraventions aux lois et réglemens sur les étrangers et les maisons garnies, sur les loteries et sur les voitures de roulage; en ce dernier cas, ils ont même le droit de juger sommairement et sans frais, sauf recours au préfet, les contestations relatives au poids des voitures.

C'est aussi en cette qualité qu'ils assistent : 1° les contrôleurs de monnaies dans leurs tournées chez les marchands d'ouvrages d'or et d'argent; 2° les délégués de corporations dans leurs visites; 3° les médecins et pharmaciens désignés pour inspecter les drogues, médicamens et plantes chez les pharmaciens, droguistes, herboristes, etc.

Les commissaires de police ont bien aussi quelques attributions en police judiciaire *civile*; mais elles sont peu graves, peu fréquentes, et je les passe sous silence, car elles augmenteraient sans nécessité la sécheresse de cette nomenclature déjà trop aride.

IV.

Physiologie. — Mœurs. — Régime de vie.

Avant de passer aux attributions politiques du commissaire de police, il est à propos de l'examiner sous le rapport moral et social, et de tracer sa physiologie.

On recrute un peu partout les commissaires; cependant la police les a presque toujours puisés plus particulièrement à deux sources, au barreau et dans les rangs inférieurs de la hiérarchie policière.

Un avocat obscur et sans causes dirige son ambition vers un commissariat : pour peu qu'il ait de protections utiles, il obtiendra le brevet désiré, sa qualité d'avocat faisant supposer qu'il entendra bien la partie contentieuse et judiciaire de ses fonctions.

Un officier de paix, après plusieurs années d'exercice, ou un employé extraordinaire après plusieurs missions délicates, aspire presque toujours aux invalides du commissariat, où la vie est, sinon plus douce et moins occupée, au moins plus posé et plus régulière. On fait volontiers droit à sa requête, ses antécédens et son expérience étant de sûrs garans qu'il entendra bien la partie administrative et *observative,* pour ainsi parler, de ses fonctions.

On a remarqué que, depuis la réaction contre-révolutionnaire du 13 mars, les commissaires de police ont été choisis de préférence parmi les anciens militaires, dans les départemens surtout. C'est logique : la police, avant 1830, était plus chicanière que ferrailleuse; aussi se recrutait-elle dans les rangs infimes du barreau : depuis l'établissement du *gouvernement le plus doux et le plus humain,* elle est plus ferrailleuse encore que chicanière, et doit par conséquent se recruter dans les rangs infimes de l'armée.

Il est bien rare que le commissaire de police parvienne plus haut : tout ce qu'il peut convoiter, c'est quelque place de chef de bureau ou d'employé supérieur à la préfecture. Mais sa perspective la plus ordinaire est la retraite, à laquelle arrivent bien peu d'élus. La destitution ou la lassitude arrêtent en chemin les trois quarts des commissaires. Les destins, les flots, et les ministères, pour ne pas dire plus, sont aujourd'hui si changeans!

Le commissaire de police n'a pas de genre de

vie qui lui soit propre; on ne distingue guère d'habitude qui fasse saillie sur son existence unie et plate; il vit retiré et dans le sein de sa famille, moins encore parce que ses devoirs le clouent presque incessamment dans son intérieur, qu'à cause de la nature de ses fonctions qui rétrécissent de plus en plus le cercle de ses connaissances et de son intimité. Le mot *police* est répulsif à Paris; il soulève partout une vive antipathie, fondée un peu sur l'habitude, un peu sur la mauvaise renommée de certains hommes et de certaines choses de cette équivoque et mystérieuse administration. Un commissaire ne se fait guère d'amis nouveaux, et il s'estime heureux lorsqu'en entrant en place il conserve les bonnes relations qu'il cultivait auparavant.

Ces messieurs se voient peu entre eux; ils ont toujours l'air de se défier les uns des autres. Cependant ils se font quelquefois la politesse de s'envoyer réciproquement les coupons de spectacles auxquels leur donnent droit les fonctions de surveillance qu'ils exercent dans les théâtres, fonctions dont nous reparlerons plus tard.

Le commissaire de police n'est ni plus ni moins fashionable, ni plus ni moins *artiste* que le premier bourgeois venu. J'en connais qui pincent agréablement de la guitare; le secrétaire s'adonne plus particulièrement au flageolet.

Communément, le commissaire est un homme gravé, simple et rangé, un passable père de famille. Il y a cependant des exceptions; j'en pourrais nommer qui se sont permis le cabriolet et le jockey en livrée, luxe effréné pour un commissaire de police : j'en pourrais même citer qui ont entretenu une maîtresse, non point par une de ces liaisons d'amour dont le commissaire de police est susceptible comme le reste des humains, mais par ton, par mode, uniquement pour dire : « Ma maîtresse, » comme on dit : « Mon cheval, mon jockey. » Qu'on vienne soutenir après cela qu'*impossible* est un mot parisien ! Il y a eu, dans Paris, une femme à la solde d'un commissaire de police, et qui disait : « Mon commissaire de police, » comme d'autres disent : « Mon pair de France, mon ambassadeur. » On trouve de tout dans une ville où un commissaire de police trouve une maîtresse qui consent à porter sa livrée.

V.

Le Commissaire, homme politique.

Nous voici arrivés à la partie la plus importante de notre tâche, au commissaire de police envisagé sous le rapport politique. Comme je l'ai déjà dit, il s'en faut de beaucoup que ce soit son beau côté; c'est la politique qui a hérissé le commissariat d'impopularité et de haine. Le commissaire de police a été un homme moralement perdu, dès le moment qu'il est devenu un homme politique.

Par ses fonctions administratives et judiciaires, le commissaire n'assumerait sur sa tête que cette légère somme d'aversion qui s'attache toujours aux agens dont la mission est de réprimer; mais cette aversion est vague, sans consistance, et un commissaire prudent, qui sait agir avec de bons procédés et des formes bienveillantes, en vient aisément à bout. Mais, par ses fonctions politiques, le commissaire amasse des haines irréconciliables, quelquefois des mépris, toujours des perspectives de vengeances qui flétrissent son présent et grèvent son avenir.

Aussi, remarquez que l'instinct populaire ne s'y laisse jamais tromper. Quand le commissaire procède comme agent de police administrative et judiciaire contre des voleurs, des querelleurs, des tapageurs, etc., la sympathie du public est toujours de son côté. Tout passant, tout citoyen devient au besoin son auxiliaire. Mais quand le commissaire accomplit une expédition de police politique, la sympathie du public est au contraire du côté des victimes. Il n'est pas de citoyen, point de passant qui ne prenne leur parti et ne facilite leur évasion. Le commissaire qui, dans la poursuite des délits ordinaires, joue le beau rôle, n'a plus que le mauvais dans la poursuite des délits politiques. C'est ce qui fait qu'on a vu plus d'une fois la police, pour donner le change au public, employer l'ignoble tactique de désigner comme des voleurs, les patriotes qu'elle traquait ou conduisait en prison.

Les commissaires de police le savent bien. Aussi, ne croyez pas qu'il y ait jamais eu passion dans les rigueurs incessantes dont ils ont été, depuis trois ans, les exécuteurs. L'aigreur a pu quelquefois s'en mêler, mais bien rarement l'animosité. Presque tous déplorent les fatales nécessités auxquelles ils n'ont pas la force ou le désintéressement de se soustraire. Nous les avons entendus plus d'une fois exprimer à cet égard des regrets trop naturels pour n'être pas sincères.

On se rappelle qu'en 1830 l'impopularité du commissaire de police était parvenue, comme celle du gendarme, à son paroxisme de vigueur. Quand le commissaire entendit, fin juillet, le roi-citoyen dire : « Plus de procès à la presse; » quand il entendit proclamer la liberté complète des opinions comme une conquête de la révolution qu'il venait de subir, le commissaire put croire un moment qu'une nouvelle ère allait commencer pour le commissariat : la partie politique de ses fonctions dut lui sembler enterrée définitivement sous les barricades, et il s'imagina sans aucun doute qu'il allait marcher, escorté de l'estime de ses semblables, dans une carrière exclusivement semée de contraventions, de délits ou de crimes, et de procès-verbaux touchant les vols, les querelles, les faux poids et les chiens en état de vagabondage. Trompeur espoir! le crime ordinaire a été plus que jamais un simple accessoire dont le commissaire de police a dû ne s'occuper que dans l'unique but de s'entretenir la main. Encore, si les commissaires de police étaient les seuls dont la révolution de 1830 eût trompé les espérances et dévoré les illusions !

VII.

Le Commissaire dans ses rapports avec l'émeute et la presse.

Le commissaire de police se manifeste principalement, sous le rapport politique : 1° dans les émeutes; 2° dans les saisies; 3° dans les théâtres.

— Dans les émeutes, le rôle du commissaire de police est de précéder la force armée, et de sommer les attroupemens de se disperser. Pour être plus en évidence, le commissaire monte ordinairement, en grand costume, sur un cheval de louage. A le voir marcher ainsi contre l'ennemi, les petits enfans se rappellent tout naturellement *Malbroug qui va-t-en guerre*.

Lors des premières émeutes, les commissaires exécutaient à peu près la loi. Ils prononçaient, ou plutôt ils marmottaient les sommations; mais comme, d'une part, l'éloignement et le bruit empêchaient presque toujours de les entendre; comme, d'autre part, ce moment de pose solennelle les exposait aux injures, quolibets, trognons de choux, pommes cuites et autres avanies fort désagréables quand on a de l'amour et du linge propres, ils se sont plus tard abstenus de cette formalité. On a chargé, assommé, sabré sans la moindre sommation, et il s'est trouvé, à la chambre, des orateurs pour justifier cette manière de procéder. Au fait, pourquoi pas? ce n'est qu'une illégalité! une de plus dans le nombre!

Mais si, dans les discours des adversaires de la sommation, la charte seule a été blessée, ou quelquefois la langue avec elle, les choses ne se sont pas toujours passées si innocemment dans les promenades que les commissaires ont dû faire à travers l'émeute. Plusieurs en ont rapporté de graves blessures. En juin 1832, un ou deux, y ont laissé la vie.

Heureusement l'émeute est passée, l'émeute, cette faute grave, qui est séparée d'une action sublime de toute la distance qui sépare une défaite d'une victoire. Les commissaires de police et le roi n'auront plus à monter à cheval, et personne n'y perdra, hormis les geôliers et les sauveurs impitoyables. Le *sauveur* militaire est désormais un état perdu.

Si les émeutes ont disparu, les procès à la presse sont restés, et ne paraissent guère près de déguerpir. Presque tous ces procès commencent par une saisie, qu'un commissaire de police, suivi de trois ou quatre agens, vient opérer à cinq heures du soir, dans les bureaux du journal. Le commissaire fait cette gracieuse visite en vertu d'un ordre émané d'un juge d'instruction, à la requête du procureur du roi; il donne copie de cet ordre, qui n'explique presque jamais la cause de la saisie. Si, pour suppléer au silence de l'acte, on cherche à faire jaser le commissaire, il déclare ordinairement qu'il ne sait rien. C'est assez souvent vrai; car, plaisanterie à part, il est bien rare qu'on prenne la peine de l'instruire.

Tout en causant, le commissaire saisit tous les exemplaires qu'il peut trouver; après quoi, il les envoie à la Préfecture de police qui les transmet au parquet. Dès ce moment, le procès ne regarde plus le commissaire ni la Préfecture. La police a fourni sa pâtée à la justice; c'est là tout son rôle.

— Les théâtres occupent une assez grande place dans la vie officielle des commissaires de police pour mériter un paragraphe à part dans ce chapitre.

VIII.

Le Commissaire au théâtre.

Je dis que les théâtres occupent une grande place dans la vie des commissaires ; il est juste d'ajouter que, par compensation, les commissaires occupent une grande place dans les théâtres. Chaque théâtre affecte au service du commissaire qui doit assister à toutes ses représentations : 1° un bureau dans le bâtiment, 2° une loge dans la salle ; 3° une entrée à toute place, y compris la coulisse.

Le commissaire de police assiste aux représentations pour exercer, dans l'intérêt de l'ordre, une active surveillance soit sur le personnel du théâtre, soit sur le public. Il est chargé de faire exécuter par les directeurs les réglemens de police, de faire lever la toile à l'heure fixée, de la faire baisser avant l'heure indue, de s'assurer si toutes les précautions de sûreté sont bien prises, etc. Il constate les rixes et les désordres qui peuvent survenir dans la salle, protége les entrées et les sorties, prévient les encombremens, écoute les griefs particuliers, etc., etc. A cet effet, il doit toujours se tenir dans son bureau. Quand il en sort pour aller dans sa loge ou sur le théâtre, il s'y fait remplacer par un agent de police, qui vient le prévenir toutes les fois que sa présence est nécessaire.

Pour le seconder et lui prêter main forte au besoin, le commissaire de police a toujours à sa disposition, dans l'intérieur des théâtres, un piquet de garde municipale, et un certain nombre de sergens de ville, sans préjudice des pompiers, dont la mission spéciale est de surveiller les cas d'incendie.

Si les commissaires n'avaient jamais que de pareils devoirs à remplir au théâtre, le théâtre serait pour eux une douce compensation aux fatigues de la journée, une terre promise, un véritable Eldorado. Mais hélas! la compensation devient trop souvent un affreux complément, et l'Eldorado un enfer. C'est encore la politique qui commet cette affligeante métamorphose.

Toutes les fois qu'il faut sacrifier aux susceptibilités du pouvoir une pièce, une scène, un couplet ou même une simple phrase, c'est le commissaire de police qui est chargé de notifier, s'il y a lieu, l'arrêt de suppression au public. C'est lui qui fait sur les lieux, à coups de sergens de ville, les coupures que l'ex-censure faisait jadis à coups de ciseaux. Or, c'est là qu'est la pierre d'achoppement du commissaire de police, c'est là qu'est cet écueil que je faisais pressentir plus haut, écueil où vient trop souvent se briser son éloquence ; c'est pire que l'émeute; c'est un cas bien plus flagrant d'apostrophes et de pommes cuites, une crise bien plus redoutable à traverser !

Vous figurez-vous le public réclamant à grands cris contre la suppression d'une phrase ou d'un couplet qu'il guettait au passage? les acteurs continuent, le tumulte redouble; les acteurs hésitent, les réclamations deviennent plus bruyantes. C'est alors que Curtius ceint son écharpe, et se précipite dans le gouffre. Le gouffre c'est ordinairement une loge d'avant-scène, d'où surgit tout à coup le commissaire de police. Son apparition provoque inévitablement des cris et des éclats de rire. Alors le fonctionnaire exhibe en dehors de la loge la moitié supérieure de son corps, et se penche sur le parterre qui rugit, comme sur l'évasement d'un cratère. On rit et on crie plus fort ; enfin, après cinq minutes de vociférations et de pommes plus ou moins cuites, le commissaire parvient à obtenir un peu de silence, et lâche son petit discours ou plutôt sa petite menace.

Je veux croire, je suis même certain qu'il y a des hommes d'esprit parmi les commissaires de Paris; et pourtant, je dois le dire, dans les nombreuses scènes de ce genre dont j'ai été témoin, il ne m'est jamais arrivé d'entendre un de ces messieurs prononcer trois mots sans les orner d'une faute de français. Il y a dans leur langage, dans leur organe, dans leur pose, dans leur style, dans leur figure, dans toute leur personne enfin, quelque chose de superlativement grotesque. Cela tient, sans doute, à l'émotion, à la frayeur même, que doit inspirer à la pauvre victime un parterre menaçant, agité, moqueur, ricanant. Quoi qu'il en soit, il est certain que, toutes les fois qu'un semblable incident est venu troubler, je devrais dire égayer le spectacle, jamais acteur comique, jamais pièce bouffonne, n'ont été plus comiques et plus bouffons que l'intermède où le commissaire de police a joué le rôle principal.

C'est ce qui est arrivé à la seconde représentation d'une *Révolution d'autrefois*, par Félix Piat, ce fin diamant comique taillé en plein bloc romain. La police crut voir dans le portrait d'un *empereur gros, gras et bête*, une allusion offensante pour un personnage qui pourtant n'est pas empereur. Un acteur y disait aussi : « A nous la vieille, la sainte République ! » L'ardent et patriote parterre de l'Odéon applaudissait de toutes ses mains la *sainte République* et le *gros, gras et bête*. A la seconde représentation, les deux phrases furent retranchées ; le public réclama, le commissaire pérora, le public hua, la salle fut évacuée et la pièce supprimée.

C'est ce qui arriva aussi pour le *Fossé des Tuileries*, ce vaudeville des Variétés, où M. Gisquet crut voir dans un fusil détraqué une allusion à ses trop fameux fusils anglais. La scène du fusil fut biffée, et après quatre jours de lutte et de discours de commissaires, qui faillirent transformer le théâtre en un champ de bataille, la suppression fut maintenue.

C'est enfin ce qui est arrivé cent autres fois, dont j'ai perdu le souvenir, et tout récemment encore pour le *Triolet bleu* du Palais-Royal, où la police aperçut la parodie d'un auguste langage, dans le discours d'un grand fonctionnaire, qui, au moment du danger, appelait *mes chers camarades* des gens qu'une minute avant il avait traités de *péquins*. Le commissaire de police commit encore à ce sujet cinq ou six fautes de français, et, qui pis est, deux ou trois arrestations. Les fautes de français n'ont pas eu de suites; je ne sais pas s'il en a été de même des arrestations.

Mieux vaut cent fois, pour les commissaires de police, que la pièce soit supprimée tout entière, dès le matin, comme cela s'est pratiqué pour *Pinto*, qui est ressuscité le lendemain, pour la *Tour de Babel,* après plusieurs représentations, et pour le *Procès du maréchal Ney*, que la police raya de l'affiche, afin que les *nobles Pairs* n'entendissent pas sur la place de la Bourse ce que M. Armand Carrel leur a fait depuis si éloquemment entendre au Luxembourg. Au moins, en ce cas, on ferme les portes du théâtre, et tout est dit. Si le public se fâche, c'est une émeute de rue, ce qui est infiniment moins désagréable pour un commissaire qu'une émeute de théâtre.

Car, je le répète, l'émeute de théâtre est la crise la plus redoutable qui puisse menacer le commissaire de police. J'en ai connu un qui avait été militaire, et qui me disait qu'il aimerait mieux recommencer la plus chaude de ses batailles. Il est de fait qu'un combat n'est rien en comparaison. C'est ce qui fait sans doute que le commissaire dont je parle n'avait rapporté de ses batailles que deux ou trois larges blessures, tandis que plus d'un de ses collègues a rapporté d'une expédition de théâtre ce qu'on appelle encore la croix d'honneur.

IX.

Episodes de l'histoire des Commissaires.

Indépendamment de ces inconvéniens d'état qui menacent incessamment le commissaire de police en ce temps de suffrage unanime, il est parfois sujet à des crises transitoires plus dangereuses et plus pénibles encore. Je ne sais pas ce que l'avenir lui réserve sous ce rapport; mais si le système des compensations est une vérité, la providence doit aux commisssaires de police trois ans de repos absolu, pour les indemniser des fatigues dont les ont accablés, pendant ces trois dernières années, les crieurs publics et les associations, le tout quoi est sans contredit les deux plus fortes tuiles qui soient jamais tombées sur des têtes de commissaires de police.

LES CRIEURS PUBLICS.

Vous ne pouvez avoir oublié les crieurs publics, cette puissance formidable créée par la révolution de juillet. Vous vous rappelez ces légions de prolétaires, en uniformes rouges, bleus, tricolores, hurlant et semant la propagande patriotique; ces mille canaux par où l'instruction s'épandait dans les masses, et qui, en deux ans, ont plus fait pour l'éducation politique du peuple que ne pourraient faire en vingt ans les catéchismes de M. Cousin, et les cours économiques de M. Charles Dupin.

Avant que le pouvoir eût pensé à étrangler la presse populaire, dont les crieurs étaient les organes, sous les liens de la légalité qui tue, il avait déchaîné contre elle tous les mille petits réglemens et décrets du timbre. Comme en définitive chaque contravention prétendue avait pour dénoûment une saisie, c'étaient les commissaires de police qu'on avait chargés de venir en aide, au fisc en apparence, mais en réalité aux frayeurs contre-révolutionnaires qui se sont depuis révélées avec un si impudent cynisme.

Un crieur public se présentait-il dans la rue avec un imprimé? vite on appréhendait l'imprimé et le crieur. En vain ce malheureux, qui presque toujours était un pauvre père de famille nourrissant les siens du salaire de sa journée, réclamait-il au nom des lois; on le retenait préalablement en prison, jusqu'au jour où on le jetait sur les bancs de la police correctionnelle. Comme l'accusation était absurde, le prévenu était toujours acquitté, ce qui n'empêchait pas le commissaire de police de le ressaisir à la première occasion, et de le renvoyer se faire réacquitter. On espérait ainsi vaincre par dégoût et par lassitude ces hommes de cœur qui ont noblement défendu leur droit tant qu'ils ont pu compter sur la justice, et qu'il a fallu, pour venir à bout d'eux, abattre à coups de lois exceptionnelles.

On peut juger, d'après le nombre des crieurs et celui des écrits mis en vente, combien de saisies ont dû être pratiquées dans les divers quartiers de Paris. Je connais des crieurs qui ont été arrêtés ou dévalisés jusqu'à vingt fois ; si la justice ne se lassait pas d'acquitter, la police ne se lassait pas de poursuivre. Les embarras occasionés par ces arrestations étaient encore plus fréquens dans les rues de Paris que les embarras de voitures ; les commissaires de police et leurs secrétaires usaient leurs journées à dresser des procès-verbaux, ou à répondre aux réclamations des intéressés. Tant qu'a duré cette mémorable campagne, il a fallu tripler le nombre des chaises et des soldats meublant les antichambres des commissaires de police.

Cette lutte contre la presse populaire a été

l'un des plus pénibles faits d'armes de MM. les commissaires ; c'était déjà quelque chose de bien triste et de bien dégoûtant que cette mission d'ignoble tracasserie qui les forçait de poursuivre sans relâche des hommes qu'ils savaient innocens, et de se maintenir ainsi constamment en révolte ouverte contre la justice et les lois ; mais ce n'était rien encore à côté des désagrémens sans nombre que leur attirait cette série d'iniquités opiniâtres : tantôt il fallait disputer au peuple les crieurs que protégeait la sympathie publique ; tantôt il fallait écouter les énergiques réclamations des éditeurs, et notamment des directeurs du *Populaire* et du *Bon Sens*, qui, à eux seuls, lançaient quotidiennement dans la rue près de soixante crieurs. Ces messieurs invoquaient le texte précis de la loi, interprété cent fois en leur faveur par les arrêts de la Cour royale ou les jugemens du tribunal correctionnel : à cela les commissaires de police ne savaient répondre que par ces quatre mots : « Nous avons des ordres. » Devant une répression qui s'entêtait si stupidement dans son arbitraire, la patience échappait bien souvent ; il en résultait des scènes animées, des altercations violemment personnelles, et quelquefois des duels. L'affaire des crieurs publics a provoqué deux duels entre des commissaires de police et M. Rodde ; par bonheur aucun de ces duels n'a eu le dénoûment tragique de celui qui eut lieu, il y a deux ans, pour cause politique, entre M. Coste, directeur du *Temps,* et M. Benoist, commissaire de police, duel qui coûta la vie à ce dernier.

On comprendra sans peine à quelle épreuve cette dangereuse croisade a dû soumettre les commissaires, en songeant qu'on ne peut pas évaluer à moins de 1,500 ou 2,000 les saisies, arrestations, ou procès-verbaux auxquels ont donné lieu les crieurs publics ; en se rappelant, surtout, qu'elle a été couronnée par la néfaste journée du 27 février 1834, qui, digne pendant de la journée du 14 juillet 1831, a conservé comme elle le nom de *Journée des Assommeurs,* et dans laquelle les commissaires de police sont loin d'avoir rempli les devoirs de modération et de tutelle qui leur sont imposés par l'esprit de leur institution.

LES ASSOCIATIONS.

Après la croisade contre les crieurs publics, il faut citer, parmi les plus tristes épisodes de l'histoire des commissaires de police, la croisade contre les associations.

Lorsque le fait d'association, innocent en lui-même, n'était un délit que moyennant certaines conditions de nombre, d'action et de but, la police mettait naturellement tous ses soins à compter quel était le nombre des membres de chaque association, quels étaient leurs actes, quel était leur but. A cet effet, elle lâchait tous ses commissaires, qui s'introduisaient dans toute maison où les limiers avaient flairé une réunion d'hommes.

Lorsqu'il fut convenu, rue de Jérusalem, que le but de la *société des Droits de l'Homme* était coupable, et sa formation illégale, les commissaires de police furent chargés d'opérer sa dissolution prononcée par la Cour d'assises. Mais ce n'était pas chose facile : la Société se subdivisait en quatre ou cinq cents petites fractions de vingt hommes au plus, se réunissant à des heures et en des lieux non fixes, tantôt au rez-de-chaussée, tantôt dans les mansardes, un jour dans une chambre d'étudiant, le lendemain dans une boutique d'ouvrier ; il aurait fallu des légions de commissaires de police pour dépister ces milliers de petites assemblées, et des myriades de juges et de jurés pour les punir.

Ce ne fut pas le zèle qui manqua de la part des commissaires de police. Il fut un temps où ces agens furetaient partout pour trouver quelques fragmens de la *société des Droits de l'Homme*. Quatre citoyens ne pouvaient pas se trouver réunis, sans qu'aussitôt un commissaire de police intervînt avec un mandat d'arrêt. Les amis qui jouaient aux cartes, les voisins qui se réunissaient pour boire du punch, étaient transformés en sectionnaires assemblés. On traquait la *société des Droits de l'Homme* de cabaret en cabaret, de maison en maison; on la saisissait à l'estaminet, à table, et jusque dans les loges maçonniques. Bref, la police avait une frayeur si grande de tout ce qui ressemble à une association, qu'elle englobait, dans sa battue générale contre la *Société des Droits de l'Homme*, les petites sociétés bachiques et lyriques qui ont leur siége dans tous les cabarets de Paris et de la banlieue. Les commissaires de police, une fois en train de dissoudre, détruisirent aussi les associations d'ouvriers, et glissèrent leurs écharpes de sinistre augure jusque dans les sociétés d'enseignement et de bienfaisance.

En un mot, toute réunion d'hommes se rencontrant par hasard, ou s'assemblant dans un but quelconque, fut soumise aux investigations brutales des commissaires de police, jusqu'au jour où l'on imposa à chaque association l'humiliation plus grande encore de solliciter l'autorisation de M. Thiers, et de faire viser ses statuts par M. Gisquet.

LES COMPLOTS.

A côté de ces deux immenses catastrophes qu'on a vues fondre en moins d'une année sur la tête des commissaires de police, on me dispensera d'énumérer quelques tribulations subalternes, telles que les afficheurs, et les différens attentats ou complots qu'on a suscités de six mois en six mois, soit pour le service des élections, soit pour chauffer les revues, soit pour fixer une majorité indécise, soit tout simplement pour rafraîchir le vœu national. Mais il m'est impossible de passer aussi légèrement sur le complot d'avril, à qui les nations ont déjà décerné, d'une voix unanime, le nom de complot-monstre. Je me bornerai toutefois à faire remarquer qu'un complot qui a provoqué plus de douze cents arrestations et visites domiciliaires, dont cinq ou six cents pour Paris; qui compte dans son dossier dix-sept mille annexes, ce qui laisse supposer que le nombre des pièces saisies a été au moins de trente ou quarante mille; que ce complot, dis-je, doit être réputé comme un des accidens les plus laborieux de l'existence du commissaire de police contemporain. Aussi, s'il en est des complots pour les commissaires comme des campagnes pour les soldats, le complot d'avril devra compter aux commissaires de Paris, non pas double, non pas triple, mais pour le moins centuple.

—Tels sont les principaux incidens qui, depuis 1830, ont apporté, dans l'ordre politique, une déplorable complication à la besogne courante, déjà si chargée, des commissaires de police. Je mets en fait que s'il lui fallait recommencer cette affreuse trilogie, — les crieurs, les associations, le complot d'avril,—il n'est pas un commissaire qui ne donnât immédiatement sa démission.

Quoi qu'il en soit, l'année 1833-1834 sera notée dans l'histoire comme un temps d'épreuve pour les commissaires de police, de même que le milliard d'indemnité pour les commis, avoués, avocats, notaires, huissiers, et généralement tous les gens de chicane, et le choléra pour les médecins.

X.

Petite Anecdote.

Maintenant que je vous ai fait connaître le commissaire de police dans sa vie privée et dans sa vie publique, dans l'intérieur de sa famille et dans l'exercice de ses fonctions civiles, administratives, judiciaires et politiques, je vais, pour clore ce chapitre, vous faire part d'une petite anecdote que j'ai entendu raconter, et dans laquelle un commissaire de police, tout en jouant un rôle commun à beaucoup de maris, se montre sous la double face d'agent judiciaire et d'agent politique. Pour que vous n'appliquiez pas des noms propres aux acteurs de cette scène, je vous préviens que je ne les connais pas moi-même, que j'ignore en quel lieu elle s'est passée, Paris ou province, et que d'ailleurs je n'en garantis pas l'authenticité.

—

Au voleur ! criait le guet.
Cher voleur ! disait Babet.

A ce moment de la nuit où la lanterne des commissaires de police est allumée déjà depuis cinq heures, je veux dire à minuit, la femme d'un de ces fonctionnaires avait reçu, dans la chambre conjugale, un jeune homme de vingt-trois ans qui rendait au commissaire, dans ses devoirs de ménage, le même service que le secrétaire dans ses fonctions publiques. Ce jour, ou plutôt cette nuit, c'était dans un cas d'absence que le jeune homme venait suppléer le mari qui était parti pour un voyage de quarante-huit heures.

Une heure après que le suppléant avait été mystérieusement introduit par madame, la porte cochère s'ouvrit, et l'on entendit retentir sur l'escalier la voix du commissaire. Ce jour-là, précisément, la police croyait être sur la trace d'un des nombreux complots qu'on a rattachés avec tant d'art au complot d'avril; on était sûr de mettre la main sur un cas de *flagrant délit*, et par conséquent la nuit devait être fertile en arrestations. C'est pourquoi le commissaire, au moment du départ, avait reçu ordre de siéger en permanence dans son bureau, où il s'était empressé de revenir.

On devine la frayeur que ce retour imprévu causa dans la chambre, qui fut sur le point d'offrir au commissaire un flagrant délit à joindre à tous ceux d'un autre genre que la nuit allait lui procurer. Par bonheur, le jeune homme eut le temps de se mettre en état de sauter par la fenêtre, sans risquer d'offenser la pudeur du passant qui, à la lueur de la lanterne, aurait pu être témoin de cette périlleuse dégringolade.

Cette expédition était déjà faite, lorsque le mari entra dans la chambre pour échanger son habit de voyage contre sa vieille redingote de bureau; mais il la chercha vainement, et sa femme, devinant que dans l'obscurité le jeune homme devait l'avoir prise pour la sienne, fit disparaître lestement celle qui avait été laissée à la place, et dit à son mari que depuis le matin elle n'avait pu trouver la redingote. — Aurait-elle été volée! s'exclama le commissaire, en fronçant le sourcil? — C'est bien possible, répondit la femme : il entre tant de monde ici!

Le commissaire ne poussa pas plus avant ses recherches, et s'installa sans redingote dans son bureau, où les agens de police ne tardèrent pas à conduire devant lui une demi-douzaine de jeunes gens capturés, sous prétexte de complot, dans la chambre d'un ami, autour d'un bol de bichoff et d'une table de jeu.

Quand le commissaire, après avoir interrogé les cinq premiers prisonniers avec l'intelligence et l'aménité qui distinguent à un si haut degré la police française, adressa au sixième la question ordinaire, il s'interrompit, comme frappé d'une révélation subite, et s'écria : « C'est un voleur ! »

Il venait de reconnaître sa redingote !

Le sixième accusé était en effet le jeune homme de la chambre à coucher, membre, par opinion, de la société des Droits de l'Homme, et, par passe-temps, amant préféré de madame la commissaire. Après sa fuite par la fenêtre, il s'était dirigé vers son domicile; le hasard voulut qu'il logeât précisément dans la maison traquée par la police, et qu'avant de se retirer dans son appartement, il entrât une minute dans la chambre où ses amis étaient assemblés. C'est là qu'il avait été appréhendé comme eux par les agens de police.

— D'où vous vient cette redingote? lui dit le commissaire ?

Cette question fit remarquer au jeune homme le changement d'habit dont il ne s'était pas encore aperçu. Qu'on juge de son embarras ! d'une part, il ne pouvait pas dire la vérité à son interrogateur; d'autre part, il eût été imprudent de soutenir que la redingote lui appartenait, attendu qu'outre les traits principaux de son signalement, elle était ornée de signes particuliers, tels que taches, rapiéçures, etc., qui rendaient toute équivoque impossible.

« — Je tiens cette redingote, répondit-il, d'un marchand d'habits à qui je l'ai achetée ce matin. »

Le commissaire hocha la tête d'un air d'incrédulité, et ordonna de le fouiller. Cette opération fit découvrir dans la poche de la redingote un mouchoir de poche et une lettre.

« — Monsieur, dit alors le commissaire, cette redingote m'appartient; ce mouchoir est marqué à mes initiales; cette lettre est à mon adresse. Or tout cela ne peut être venu en votre possession par l'intermédiaire d'un marchand d'habits; car le voleur qui m'a enlevé ma redingote, ou, à son défaut, le marchand qui la lui aurait achetée, se serait nécessairement aperçu que la poche contenait un mouchoir et une lettre, et en aurait fait disparaître ces pièces de conviction. Donc c'est vous qui êtes le voleur. »

Le jeune homme ne sut que répondre. Sa justification eût été facile; mais il était trop honnête homme pour consentir à compromettre la réputation d'une femme. Il n'opposa pas même une simple dénégation à la conclusion du commissaire.

Enchanté de trouver un voleur parmi des sectionnaires des *Droits de l'homme* accusés de conspiration, le commissaire sépara la prévention du jeune homme de celle de ses camarades, et tandis que ceux-ci figurèrent comme *comploteurs* sur un procès-verbal collectif, il envoya l'autre en prison sous la suspicion de vol.

Le prétendu voleur n'eut pas de peine à établir son innocence devant le juge d'instruction ; il lui suffit pour cela de glisser à l'oreille de ce magistrat quelques mots d'explication que la femme du commissaire vint confirmer, non sans rougir. Le juge comprit, et fit prononcer un arrêt de non-lieu rédigé de manière à ce que le commissaire comprît le moins possible.

Depuis ce jour, le jeune homme cherche tous les moyens de témoigner sa reconnaissance au commissaire bon enfant qui l'a fait voleur, au lieu de le faire conspirateur. Voleur, il a été relâché au bout de trois semaines ; conspirateur, il serait demeuré pendant plus de dix mois en prison, et aurait partagé le sort de ses cinq camarades, qui attendent encore, sous les verroux, la justice de la cour des pairs.

Ainsi cet honnête jeune homme sacrifiait son honneur pour conserver intact celui d'une femme ; et c'est précisément à ce sacrifice qui pouvait le perdre, qu'il a dû son salut. C'est une nouvelle preuve, après mille autres, qu'un bienfait n'est jamais perdu, et que la vertu trouve tôt ou tard sa récompense.

Altaroche.

LE QUARTIER LATIN.

> GEORGETTE.
> Monsieur est étudiant ?
> GIRAUD.
> Oui, mademoiselle. — Et vous ?
> (DUMANOIR et MALLIAN. *La Semaine des Amours.*)

Il est, à Paris, peu de quartiers dans lesquels les industries, les professions, les classes d'habitans qui les occupaient autrefois, se soient conservées héréditairement, au moins d'une manière exclusive. Le Marais a cédé au faubourg Saint-Germain, depuis un siècle à peu près, l'honneur de loger la haute aristocratie : la rue Quincampoix, qui eut aussi son règne, bien temporaire il est vrai, mais bien actif et bien bruyant, est rentrée après Law, dans son obscurité plébéïenne; la Chaussée-d'Antin, quartier tout neuf encore, et presque désert il y a un demi-siècle, a accaparé à son profit, depuis quelques années surtout, le privilége de l'agiotage, qui grandit et refleurit de nos jours, de manière à ne nous laisser rien envier au temps le plus brillant de la rue Quincampoix et du Système.

Il nous serait facile de multiplier davantage les exemples de ces transmigrations de tel ou tel genre de population, de telle ou telle industrie, transplantée d'un quartier dans un autre quartier. Nous préférons arriver tout d'abord à celui des écoles, où nous avons mission de vous servir de *cicerone*. En présence de toutes ces métamorphoses des diverses parties de la grande cité, cette portion de Paris, qu'on nomme le Pays-Latin, est à peu près la seule qui ait conservé, depuis un temps immémorial, la même destination et les mêmes habitans. Il y a six siècles, comme aujourd'hui, c'était le quartier du savoir et des études; l'enseignement est demeuré inamovible dans cette région essentiellement grecque et latine. Là, s'agitaient autrefois ces bruyantes cohortes d'écoliers, dont notre littérature *moyen âge* a pris si fort plaisir, depuis quelque temps, à évoquer les figures étranges et les turbulentes orgies; population indisciplinée, hardie, effrontée même, s'ébattant dans les troubles et les émeutes comme dans son élément naturel; vivant au jour le jour, mangeant, la plupart du temps, le pain que fournissaient les fondations des personnes pieuses en faveur des *pauvres escholiers*, bivouaquant sur les litières de paille de la rue du Fouarre (rue du *Feure*, comme on l'appelait alors, à cause du mot qui signifiait *paille* en vieux français). Parmi ces étudians d'autrefois, plus d'un ne le cédait en rien aux *Truands*, leurs fidèles alliés, quand il s'agissait de malfaire. Les bons bourgeois les redoutaient fort, pour leurs femmes et pour leurs filles, et avaient grand soin de cadenasser doublement la porte de leur maison, en vue de ces *Amadis* plus entreprenans que respectueux. Les moines eux-mêmes n'obtenaient pas plus d'égards de leur part, témoin les fréquentes batailles des écoliers avec les serviteurs des moines de Saint-Germain-des-Prés, dont ils dévalisaient le jardin et le verger. Et notez que cette masse indocile formait un corps organisé, qui avait ses priviléges bien et dûment octroyés par nos rois, et qui ne relevait immédiatement que de ses professeurs. Quand, pour quelque méfait par trop grave, un écolier encourait la peine de la hart, il avait au moins la satisfaction de n'être pendu qu'avec l'assentiment universitaire.

Par bonheur, le temps a considérablement modifié les traits distinctifs de la population des écoles, bien que le quartier où enseignait Abeilard devant la foule émue, où François Ier fonda le Collége de France, ait gardé, à travers les siècles, la même destination. Décrivez une ligne qui, partant de la rivière, longe la rue de Seine et la rue de Tournon, embrasse le jardin du Luxembourg, et redescende jusqu'à l'Hôtel-Dieu en comprenant, dans sa circonscription, le faubourg et le quartier Saint-Jacques, vous aurez le Pays-Latin tel qu'il est aujourd'hui. Placez-vous au point le plus élevé de ce quartier, sur la montagne Sainte-Geneviève, par exemple, et vous verrez se dérouler à vos pieds ses rues assez étroites pour la plupart, rarement parcourues par de brillans carrosses, car la partie aristocratique du faubourg Saint-Germain est en dehors du Pays-Latin; des rues généralement empreintes de la couleur grise et enfumée des vieux temps, que le badigeonnage moderne a effacée des quartiers plus favorisés par la mode. Ceci ne veut pas dire que le Pays-Latin soit moins pittoresque et moins curieux ; bien au contraire. Il s'y rencontre bon nombre de maisons qui ne sont pas remarquables seulement par la date de leur construction, et qui rappellent d'intéressans souvenirs, avantages que ne vous offriront pas les quartiers tout frais éclos sous la main de l'architecte. Le quartier des écoles est un des plus anciens de Paris, un de ceux où la vieille cité a laissé le plus d'empreintes de son antique physionomie. Regardez! voici la Sorbonne, non plus comme autrefois, armée de ses terribles foudres qui n'épargnaient pas même les rois de France sur leur trône, et qui, séditieuses auxiliaires de la ligue, prononcèrent la déchéance de Henri III; mais la Sorbonne, tranquille sanctuaire d'études, et qui, de sa puissance ecclésiastique, si formidable jadis, n'a conservé que le paisible enseignement d'une chaire de théologie. Voici le Collége de France, ce glorieux monument de la renaissance, augmenté, protégé depuis tout particulièrement par le bon Henri; ici le collége Louis-le-Grand et le collége Henri IV, non loin de l'École Polytechnique : plus loin les écoles de droit et de médecine, les deux grandes puissances du quartier, elles qui lui donnent tout son caractère et toute sa vie.

Nous parlions tout à l'heure des souvenirs qui

se pressent dans le quartier latin, autant et plus peut-être que dans aucune autre partie de Paris. Si vous voulez des souvenirs d'histoire, là était la porte de Bussy, dont le traître Périnet Leclerc livra les clefs à la faction de Bourgogne ; dans cette maison de la rue de l'École-de-Médecine, Marat périt sous le couteau de Charlotte Corday. Évoquons de plus douces traditions, et nous vous montrerons le galetas de collége si poétiquement décrit par Gresset, et dans lequel il a composé une de ses plus jolies productions. Vous vous rappelez ces vers de la *Chartreuse* :

>Sur cette montagne empestée
>Où la foule toujours crottée
>Des prestolets provinciaux
>Trotte sans cause et sans repos ;
>Vers ces demeures odieuses
>Où règnent les longs argumens.
>Et les harangues ennuyeuses
>Loin du séjour des agrémens ;
>Enfin pour fixer votre vue
>Dans cette pédantesque rue
>Où trente faquins d'imprimeurs
>Donnent froidement audience
>A cent faméliques auteurs.

Ce tableau du Pays-Latin n'est pas flatté, comme on voit ; mais Gresset, lorsqu'il le traça, venait de quitter la robe de jésuite, et avait grande envie de faire son entrée dans le monde : voilà ce qui explique sa mauvaise humeur.

Dans ces rues tortueuses, où, sans parler des établissemens d'instruction qui subsistent aujourd'hui, s'élevaient jadis les colléges de Navarre, du Plessis, tant d'autres encore, Rollin, Lebeau, toutes ces lumières de l'ancien enseignement universitaire, ont professé tour à tour. Et c'était là des hommes comme il en fallait pour instruire la jeunesse; graves, sévères de mœurs, étrangers à l'ambition, aux passions du monde, dévoués à leurs fonctions, vivant dans l'étude et dans le silence de la retraite. Dans ces trois maisons de la rue Saint-André-des-Arts, des Maçons-Sorbonne et des Marais-Saint-Germain, Racine a successivement demeuré. Il semble que ce grand poète, si amoureux de l'antiquité, recherchât de préférence le quartier où de tout temps elle eut des autels. De nos jours encore, beaucoup d'hommes de lettres habitent le Pays-Latin; car ils sont chez eux, en quelque sorte, dans cette région toute vouée à l'étude.

Puis, n'est-ce pas dans le dédale des petites rues de la montagne Sainte-Geneviève, dans les détours obscurs du quartier Saint-Jacques, que les premiers imprimeurs avaient établi leurs presses, que les Estienne et leurs confrères atteignaient, dès les premiers pas, à une perfection qui a été, depuis, tout au plus égalée ? Il n'est guère de vieux livres publiés à Paris, où vous ne lisiez, au bas du titre, le nom de la rue Saint-Severin, de la rue Saint-Jean-de-Beauvais, de la rue des Mathurins, quartier général des Barbou. A présent encore, malgré les émigrations de quelques libraires *fashionables* dans les régions plus brillantes de la Bourse et du Palais-Royal, le quai des Augustins, frontière méridionale du Pays-Latin, se présente de loin avec ses uniformes devantures de livres, pour vous dire que vous allez entrer dans le quartier primitif de la librairie; tandis que l'Institut, encore debout et pour long-temps, malgré les sarcasmes anti-académiques et tant soit peu surannés de nos faiseurs d'épigrammes, se dresse là-bas, comme pour servir de sauvegarde littéraire à la terre classique de l'enseignement.

Maintenant, après cette statistique physique du quartier latin, passons à la statistique morale de ce même quartier, à la manière de vivre, aux plaisirs, aux travaux de la jeune population qui l'habite héréditairement depuis plusieurs siècles.

On peut évaluer en ce moment le personnel des deux écoles de Droit et de Médecine, à sept mille étudians environ, qui se partagent d'une manière à peu près égale entre l'une et l'autre. L'école de Médecine, située sur la place à laquelle elle donne son nom, fut inaugurée en 1776. L'école de Droit a son sanctuaire sur la place Sainte-Geneviève. C'est dans cet édifice, peu remarquable comme œuvre d'art, que se trouvent le logement du doyen de la faculté, de plusieurs des professeurs, les bureaux de l'administration et les salles d'examen. L'amphithéâtre où se font les cours était orné d'un drapeau fleurdelisé, donné par madame la Dauphine, en récompense de leur conduite, aux volontaires de l'école de Droit qui avaient accompagné le roi Louis XVIII à Gand pendant les cent-jours. Ce drapeau, sous lequel était placée une inscription commémorative gravée dans une table de marbre noir, a été enlevé en juillet 1830. L'école de Droit était anciennement située rue Saint-Jean-de-Beauvais. L'école actuelle fut commencée en 1771, d'après les dessins de l'architecte Soufflot. La faculté de Droit en prit solennellement possession le 24 novembre 1783. Comme la salle de la place Sainte-Geneviève ne suffirait pas pour tous les cours, plusieurs ont lieu dans l'amphithéâtre de la Sorbonne.

Bien que les élèves des deux écoles aient toujours fait cause commune quand l'occasion s'en est rencontrée, qu'au premier coup d'œil ils se confondent en une même population, cependant, après un léger examen, il est facile de reconnaître entre les uns et les autres des différences assez notables. Les étudians en médecine appartiennent généralement à des familles moins aisées que les élèves en droit. C'est là une des raisons, sans parler de la nature de leurs occupations, auxquelles il faut attribuer assez ordinairement leur mise moins soignée, leur tournure et leurs manières moins distinguées. L'étudiant en médecine, obligé de fréquenter les salles et les amphithéâtres d'hôpitaux, de s'occuper de dissections continuelles, ne saurait contracter dans de tels passe-temps les habitudes d'un *fashionable*. On en voit qui portent la casquette, dont rougiraient leurs voisins plus élégans de l'école de Droit. Ajoutons, d'un autre côté, que l'élève en médecine est en général beaucoup plus travailleur. D'abord, comme la plupart des élèves en médecine, ainsi que nous le disions tout à l'heure, appartiennent à des familles moins aisées, et que les rebutantes et laborieuses études de pathologie ne sont pas de celles dont on s'occupe seulement par façon de contenance et pour compléter son éducation, il en résulte qu'ils travaillent tout de bon, afin de se faire un état le plus tôt possible.

Pour l'étudiant en droit, au contraire, les trois années d'études n'ont souvent d'autre but que de lui permettre, au bout de ce temps, d'inscrire le mot *Avocat* sur sa carte de visite, et de lui procurer une recommandation pour arriver plus tard à quelque emploi dans la magistrature. L'étudiant en médecine se livre bien davantage à ses études et bien moins à ses plaisirs. Il me souvient d'un billet écrit par un des disciples de Bichat et de Dupuytren à l'un de ses confrères, et conçu en ces termes : « Mon cher ami, ne manque pas de venir ce soir chez moi à huit heures : IL Y AURA UN CADAVRE. » Ces derniers mots étaient là pour remplacer la formule : « *Il y aura un piano.* » Le cadavre à disséquer était en effet un passe-temps de la soirée. Ne vous étonnez pas si, avec ce genre de travaux, les étudians en médecine ont des dehors moins agréables, s'il en résulte dans leurs mœurs une sorte de rudesse, parfois même de cynisme. Ceci, du reste, n'ôte rien au mérite de leur dévouement près du lit des malades, dans les hôpitaux où ils obtiennent au concours la qualité très-recherchée d'internes, et à leur zèle pour pénétrer les secrets de leur pénible et utile vocation. L'on se souviendra long-temps à Paris de la courageuse et noble conduite des élèves en médecine, pendant les ravages du choléra.

Mais c'est plutôt l'élève en droit que nous devons choisir pour résumer les traits généraux et caractéristiques de la vie d'étudiant, cette vie si souvent regrettée, vie de plaisirs faciles, d'espérances et d'illusions, le meilleur temps de notre existence, bien que de nos jours les passions politiques soient venues trop souvent gâter l'heureuse insouciance de ces quelques années jetées entre le collége et le monde, entre l'adolescence et l'âge mûr. Transportez-vous, par une matinée des derniers jours d'octobre, dans la rue de la Harpe, cette rue classique, fière de posséder les Thermes de l'empereur Julien, seul monument romain qui reste encore dans cette capitale, la *Lutetia* d'autrefois. Voyez ces jeunes gens descendus il y a une heure dans la rue du Bouloi, dans la rue Notre-Dame-des-Victoires ou dans le bureau de MM. Laffitte et Caillard, ces trois quartiers généraux où viennent aboutir les diligences de nos quatre-vingt-six départemens. Ils gravissent les pentes escarpées du Pays-Latin, accompagnés d'un commissionnaire qui porte, avec la malle et le sac de nuit, l'indispensable carton à chapeau, bien ficelé. Ce sont des étudians que ramène à Paris la rentrée des cours, fixée au commencement de novembre. On attend ce moment avec impatience dans le quartier ; car les vacances sont pour le Pays-Latin une morte saison. Les hôtels, les cafés et les cabinets de lecture sont vides. Hôtels garnis, cafés, cabinets de lecture, on a tout repeint, tout remis à neuf pour l'arrivée des étudians, à la rentrée des écoles. Observez-le bien, et vous distinguerez les jeunes qui, débarqués à Paris comme dans un monde nouveau, vont prendre leur première inscription, de ceux qui, déjà familiarisés de longue main avec la grande ville, viennent retrouver des habitudes et un train de vie interrompus seulement par les vacances.

Les premiers, quelque peu étourdis de ce bruit, de ce mouvement, qui ne manquent jamais leur effet sur les nouveau-débarqués, luttent entre la curiosité qui leur fait ouvrir de grands yeux, et le souvenir des recommandations paternelles au sujet des escrocs et des dangers de toute espèce qui pullulent dans la capitale. Ils suivent de confiance, à travers des rues inconnues pour eux, le commissionnaire qui les conduit à l'hôtel garni dont on leur donna le nom et le numéro avant leur départ, avec une provision de lettres pour quelques vieux amis chez lesquels ils devront cultiver soigneusement le dîner de famille et le boston patriarcal. L'étudiant qui n'en est plus à sa première année s'avance, au contraire, d'un pas dégagé, dans ces rues qui lui sont familières. Il va retrouver son logement de l'an dernier, où il est attendu, où on lui garde sa chambre; chemin faisant, il lorgne les magasins de modes et cherche, entre leurs rideaux verts, s'il reconnaîtra des minois de connaissance. Patientez seulement quelques jours, et vous verrez si, grace à ses camarades empressés de le former aux manières parisiennes, le nouveau débarqué n'aura pas dépouillé complétement sa tournure provinciale; s'il n'aura pas acquis toute l'aisance des étudians de seconde ou de troisième année, toute leur habitude des plaisirs et des mœurs de Paris. C'est là un enseignement mutuel où les progrès sont rapides.

Dans notre esquisse des écoles, nous ne saurions procéder que par généralités : aussi ne citerons-nous qu'à titre d'exceptions les jeunes gens qui, nés sans aucune fortune, et voulant néanmoins suivre les cours et se faire un état, se soutiennent à Paris en servant eux-mêmes de répétiteurs dans des pensions, ou en donnant des leçons particulières ; estimables et laborieux jeunes gens, que ne rebutent ni les privations ni le travail. Il en est plus d'un qui achète à ce prix l'avantage d'atteindre à des études que sa pauvreté semblait lui interdire ; et ceux-là, vous pouvez croire qu'ils profitent de ces études si chèrement payées.

Mais encore une fois, ce sont là des exceptions. L'étudiant, l'étudiant-type, reçoit une pension de sa famille ; cette pension, vous pouvez, pour prendre une proportion moyenne, la fixer à 1,500 fr., indépendamment des cadeaux extraordinaires des pères, des mères surtout dont le cœur est si tendre ; sans compter ces mémoires de maladies plus ou moins véritables, qui viennent parfois au secours d'une bourse vide, vide parce que l'on s'est au contraire trop bien porté. Parmi les étudians, il en est de plus riches, mais il en est de plus pauvres aussi ; une fois cette moyenne fixée, voici à peu près comment se distribue ce modique budget.

Avant toutes choses, il s'agit pour l'étudiant de se loger. Or, dans le Pays-Latin, il y a des hôtels garnis à choisir, hôtels de *Normandie*, de *Berry*, de *Champagne*, de *Languedoc*, etc., etc. ; car, en général, ces hôtels choisissent de préférence des noms de province, afin d'attirer les étudians par l'appât du nom de leur terre natale. Dans ces hôtels, le prix d'une chambre varie de vingt à trente francs par mois, y compris le service, qui est fait le plus souvent par quelque grosse fille bourguignonne ou picarde, d'un physique tout-à-fait rassurant, dans une *condition* où une trop jolie figure serait un péril. Le mobilier se compose invariablement d'un lit, d'une commode, d'une table et d'un secrétaire, le tout en noyer; d'un fauteuil en velours d'Utrecht, de trois ou quatre chaises, d'un petit tapis; plus quelques gravures enluminées, dans des cadres de bois noir, représentant la mort du prince Poniatowski, les amours de Louis XIV et de madame de La Vallière, ou les aventures de Télémaque. Bien entendu, je ne parle pas des étudians riches, qui donnent dans le luxe d'une petite antichambre et de meubles en acajou : ce n'est plus là l'étudiant tel que vous le rencontrez d'ordinaire, tel qu'il faut le prendre pour trouver en lui les traits caractéristiques de la population des écoles.

Vous sentez qu'avec un budget de 1,500 fr. par an, surtout quand il faut que sur ce budget la part des plaisirs soit largement faite, on ne saurait aller dîner chez Véfour ou au café de Paris. L'industrie, qui sait cela, a ouvert dans le Pays-Latin un nombre prodigieux de restaurans à portée des bourses les plus modestes. Du reste, ne vous imaginez pas que les restaurans du Pays-

Latin aient la physionomie commune et quelque peu ignoble des établissemens au même prix du reste de la capitale; vous pouvez vous asseoir chez les Vatels économiques du Pays-Latin, bien sûr de n'avoir pour voisins que des jeunes gens tout aussi *comme il faut* que les habitués des plus brillans traiteurs, mais qui veulent donner à leurs plaisirs ce qu'ils économisent sur leur dîner. A la tête des restaurateurs en vogue du quartier latin, marche l'illustre *Flicoteaux*, ou plutôt le successeur de ce grand homme, dont la réputation est toujours aussi brillante sur la place Sorbonne et dans tous les environs; puis *Viot*, dans la rue de la Harpe, à droite en sortant de la rue de l'École de Médecine. Le salon de Viot est immense et orné de belles glaces : je ne crois pas exagérer en disant que de quatre à six heures du soir, au moins quatre cents étudians viennent s'asseoir à ses tables, aussitôt garnies que vacantes. Je n'affirmerai pas que la chère y soit aussi bonne qu'au *Rocher de Cancale;* mais un estomac d'étudiant s'en accommode; on y est servi d'ailleurs en belle argenterie, comme dans tous ces restaurans (chose inconcevable pour le prix): de plus, chez Viot, aussi bien que chez Flicoteaux, le service est fait par des garçons, ce qui suffit pour donner à ces maisons un aspect que n'ont pas les restaurans servis par des femmes.

Les dîners y sont à la carte, et beaucoup d'étudians n'y dépensent pas pour leur repas plus de 16 ou 18 sous ; cela vous étonne : le compte est bien facile à faire :

Potage	3 sous.
Entrée de viande	6
Un plat de légumes	3
Dessert	2
Pain	2
Total	16 sous.

Quant au vin, c'est un objet de luxe, que le garçon ne vous propose même pas ; il faut que vous en demandiez pour que l'on vous en serve. Il est d'autres restaurans où les dîners sont à prix fixe : 22 sous ou 26 sous, qui se réduisent encore de 10 centimes, au moyen d'un abonnement par cachets ; et pour ce prix, l'étudiant a trois plats au choix, carafon et dessert : le tout mangeable et potable, ou à peu près. Il faut croire pourtant que les maîtres de ces établissemens y gagnent quelque chose ; car ce n'est pas sans doute par philanthropie qu'ils nourrissent les écoles.

Les heureux du siècle, ceux qui dépensent pour leur dîner quinze ou vingt francs chez un restaurateur à la mode, pourront sourire de dédain en lisant ces détails ; mais ainsi a vécu pendant plusieurs années, les plus heureuses peut-être de sa vie, maint orateur, maint praticien, fameux depuis. Interrogez-les, et ils vous diront si, à ces tables frugales du Pays-Latin, on ne rit pas, on ne cause pas plus gaiement que dans les festins de millionnaires! Presque toujours, trois ou quatre compatriotes, qui logent dans le même hôtel, se réunissent aussi au même écot, et là, comme la conversation est joyeuse et animée! L'un des convives a reçu le matin une lettre du pays ; que de bruyans commentaires sur les événemens de la ville natale, sur les mariages dont on y parle, sur les changemens que l'on y trouvera aux vacances prochaines! Que d'amourettes de jeunes gens joyeusement racontées! Que de discussions littéraires, souvent fort judicieuses et fort piquantes, sur le vaudeville ou la comédie qu'on est allé voir la veille! Au milieu de pareilles conversations, le moyen que l'on s'aperçoive si le fricandeau est dur, si l'inévitable pomme-de-terre est bien ou mal assaisonnée! Il y a, il est vrai, dans le Pays-Latin, des *pensions bourgeoises*, où quelque veuve, quelque femme sans fortune, moyennant un bénéfice bien chétif, donne à ses convives une nourriture plus saine peut-être que celle des restaurans. Mais l'étudiant qui aime avant tout sa liberté, s'accommode mal de l'heure fixe d'une pension bourgeoise. Aussi la très-grande majorité préfère-t-elle les dîners des restaurateurs.

En prenant une moyenne de 25 francs par mois pour la chambre de l'étudiant, de 45 francs pour sa nourriture (les uns déjeunent chez le restaurateur avec un consommé ou un bifteck, les autres chez eux avec le beurre frais ou l'angle aigu de fromage de Brie, que va chercher chaque matin la grosse servante picarde ou bourguignonne), vous aurez pour ces deux articles principaux, le logement et la table, une dépense mensuelle de 70 francs. Avec le reste, l'étudiant pourvoit à son habillement et à ses plaisirs, les dépenses de livres, d'examens et d'inscriptions à l'école étant nécessairement en dehors de la pension. Ces inscriptions, qui coûtent 15 francs chacune, se prennent de trois mois en trois mois, à dater du mois de novembre. Bon nombre d'étudians en droit ne se présentent guère à l'école que pour remplir cette indispensable formalité. Depuis quelques années, les professeurs ont renoncé à faire des *appels*, jugeant sans doute que des cours où l'on vient uniquement pour répondre *présent*, ne sont pas très-profitables, et que des auditeurs, ou, pour mieux dire, des *spectateurs* amenés pour ce seul motif ne servent guère qu'à troubler les leçons. Au reste, l'on conçoit que les études de droit, ne reposant pas, comme celles de médecine, sur des faits positifs, et n'offrant que des abstractions et des théories, ne sont pas très-propres à fixer l'attention distraite d'un auditoire de jeunes gens. Beaucoup d'élèves se contentent de compenser l'oisiveté d'une grande partie de l'année par un ou deux mois de travail forcé, à l'approche des examens ou de la thèse, cette grande et dernière épreuve, qui confère à l'adepte, reconnu *dignus intrare*, par une majorité suffisante de boules rouges ou blanches (1), le droit de balayer la

(1) Aux examens et à la thèse, les professeurs votent par boules blanches, rouges et noires. L'emploi des boules blanches est la méthode la plus flatteuse de réception ; les boules rouges *suffisent* toutefois rigoureusement pour l'admission du candidat : les boules noires indiquent le refus formel. Dans ce dernier cas, il faut tenter une seconde fois la chance. — Voici quels sont en ce moment les professeurs de l'école de droit et leurs attributions :

Institutes de Justinien, MM. Blondeau et Ducauroy. — *Code civil, première, seconde et troisième année*, MM. Beugnet, Morand et Demante. — *Législation criminelle et procédure civile et criminelle*, M. Berryat-Saint-Prix. — *Code de Commerce*, M. Bravard. — *Pan-*

salle des Pas-Perdus avec les plis d'une grande robe, en attendant les cliens.

Et c'est là un jour solennel, ce jour de la thèse. Les émotions ont été vives à chaque examen, la joie bien grande après la proclamation du résultat favorable; mais après cet examen, il y avait encore d'autres épreuves en perspective, au lieu que la thèse vous fait franchir le dernier pas. Il y a à l'Ecole de droit la classe des *piocheurs*, comme on dit, ceux qui, aux leçons, ne perdent pas une parole du professeur, et poussent l'héroïsme jusqu'à *prendre des notes*. Ceux-là se présentent avec sécurité, forts du témoignage de leur conscience et du résultat de leur travail assidu de toute l'année; mais malheureusement ils ne forment pas le plus grand nombre; selon l'usage de ce bas monde, à l'Ecole de Droit, comme ailleurs, la majorité n'est pas du côté des bons. Et j'en appelle à vous tous, mes anciens camarades, à l'approche de cette terrible thèse, de ces rudes examens, le cœur ne vous battait-il pas bien fort? Quand il s'agissait de comparaître devant le redoutable tribunal, de revêtir la robe de rigueur, qui vous semblait la tunique

---

dectes, M. Pellat. — *Droit administratif*, M. Degerando. — *Histoire du Droit*, M. Poncelet. — *Droit des gens*, M. Royer-Collard.

du centaure Nessus, que de fâcheux pressentimens, que de sinistres présages, que de rapports alarmans échangés entre camarades !

— Ils sont très-sévères, cette année!

— Hier, un tel a été refusé, lui troisième, sur quatre!

— Je ne suis pas *ferré* du tout sur mon *droit romain !*

— Ni moi sur mon code de procédure !

— Aye! aye! aye! voici l'appariteur qui vient nous dire d'entrer !

Les examens sont la véritable épine qui vient, une ou deux fois par an, troubler la joie de la vie d'étudiant. A cela près, c'est une bonne et agréable vie : sans soucis d'abord, premier point pour être heureux; puis une vie où l'on s'amuse de peu, où l'on n'est point blasé sur les plaisirs. Au nombre de ceux de l'étudiant, il faut compter, par exemple, les bals de la *grande Chaumière d'été* sur le boulevart Mont-Parnasse, où l'on trouve un orchestre qui fait sauter et valser la vertu, des montagnes suisses ou russes où elle dégringole, des bosquets où elle s'égare, un café où l'étudiant la régale, après la contredanse d'une bavaroise et d'un panier d'échaudés. La *chaumière* du Mont-Parnasse est le paradis des grisettes du quartier, comme il est le paradis de l'étudiant, leur chevalier ordinaire; et c'est qu'en effet il y a sympathie de mœurs et de caractère entre l'étudiant et la grisette; tous les deux insoucieux de l'avenir, prenant le temps comme il se présente, s'étourdissant, avec les plaisirs d'aujourd'hui, de l'incertitude du lendemain. Tandis que dans d'autres quartiers, dans le quartier Saint-Denis, par exemple, c'est le commis marchand, le *jeune homme du commerce*, comme il se fait appeler dans les occasions officielles, qui occupe l'emploi de séducteur auprès des ouvrières en mode et en lingerie du pays, dans le quartier latin, ce rôle appartient exclusivement à l'étudiant; et par le fait, c'est une justice à lui rendre, il possède en général une tenue, une démarche *comme il faut*, qui doivent contribuer beaucoup à ses succès. Ce même jeune homme que vous voyez sortir d'un restaurant à 22 sous, a des manières élégantes et une tournure distinguée. L'habit boutonné jusque sous le menton, il sait manier agréablement sa petite canne d'ébène, tout comme si la pomme était en or ciselé. Puis l'étudiant est maître de son temps; il n'est pas confiné dans un vulgaire magasin comme le commis marchand. Il vit *noblement*, il vit en quelque sorte en rentier, ce ce qui ne laisse pas que d'avoir bon air et de flatter l'amour-propre. Ce sont là des avantages qui préviennent favorablement la grisette, bien plus que des vues d'intérêt ; car l'étudiant n'est pas riche, et ce n'est guère de lui qu'on peut attendre des robes de satin et des châles de cachemire. Mais c'est un hommage à rendre à la grisette : généralement elle n'est pas intéressée. Une soirée au spectacle en hiver, à la Chaumière en été, ou bien encore une partie de campagne à Meudon, une calvacade sur les ânes de la vallée de Montmorency, voilà pour elle l'idéal du bonheur.

Malheureusement, *le temps des amours ne peut durer toujours*, comme dit la chanson, avec l'étudiant surtout ; car, le terme de ses études arrivé, il partira pour retourner dans sa province. Alors viendront les regrets, les pleurs, les pénibles adieux, les sermens de constance ; alors les douleurs de la séparation. La grisette sait tout cela ; n'importe, elle obéit à sa nature. Pauvre fille ! quand sa jeunesse sera passée, que les ans auront fané sa jolie et fraîche figure, si, durant ses beaux jours, tout entière à son amour pour son Léon ou son Gustave, et ne songeant pas au jour qui suivra, elle a refusé la main et le nom de quelque honnête artisan, quel triste avenir lui est réservé ! Hélas ! voyez-la gagnant péniblement sa vie à la pointe de son aiguille, sans bal ni partie de campagne, alors, pour oublier le travail de sa semaine; ou bien encore portière, et tirant le cordon à son étudiant d'autrefois, devenu père de famille, grave magistrat, décoré, que sais-je, qui passe devant elle sans la voir ; tandis qu'à son aspect elle cherche à débrouiller dans sa mémoire quelque doux et mélancolique souvenir !

Voilà ce que la grisette ne saurait se dire, bonne fille qu'elle est. Voilà ce que l'étudiant lui-même ne saurait se figurer, au milieu de ses promesses de fidélité éternelle, souvent, hélas! sitôt oubliées, comme dans le joli vaudeville de la *Semaine des Amours*, ce tableau si vrai et si gai de la vie d'étudiant, auquel nous avons emprunté notre épigraphe.

Après les hôtels garnis, les restaurans, la Chaumière du Mont-Parnasse, nous ne pouvons oublier, dans notre topographie du Pays-Latin, les libraires et les cabinets de lecture; car ceux de ce quartier ont aussi leur physionomie particulière. Chez les libraires du quartier des écoles, ce ne sont pas les romans à la mode, les recueils de contes bleus, rouges, bruns ou verts, les coquets et jolis recueils de poésie, qui sont en majorité dans l'étalage. Autour de l'École de Médecine, à côté de ces charmans magasins d'objets de chirurgie où vous voyez, à travers les carreaux, tous les instrumens nécessaires pour vous couper bras et jambes, abondent les librairies scientifiques, tapissées des œuvres de Richerand, de Bichat, etc.; accompagnées de planches coloriées qui vous représentent des hommes écorchés et disséqués, ou des cerveaux mis à nu. Rapprochez-vous de l'École de Droit, et les librairies ont un autre caractère. Là dominent les œuvres de Cujas, les *Institutes* de Justinien, toutes les éditions des six codes avec ou sans commentaires, toutes celles de Delvincourt, de Pothier, de Carré, de Toullier, et autres lumières de la jurisprudence. De plus, à cause du voisinage de plusieurs colléges, on y voit figurer en grand nombre les auteurs classiques grecs et latins. Dans la rue Saint-Jacques et ses aboutissans principalement, vous rencontrez à chaque pas de respectables bouquinistes, blottis dans leur échoppe comme dans une coquille, derrière un rempart de *Virgiles*, d'*Horaces*, de *Démosthènes*, habillés d'une reliure de vieille basane ou de parchemin jauni. Car tout respire le grec et le latin, dans ce quartier. Il n'y a pas jusqu'au sieur *Châtelet*, rue des Grès, ci-devant rue Saint-Jacques, *coiffeur de MM. les étudians*, comme il s'intitule avec une juste fierté, qui ne vous *ne* coupe les cheveux pour 10 sous, *y compris la frisure*, sous les auspices d'une enseigne grecque et latine. Ailleurs, vous verriez sur une enseigne de coiffeur *Absalon pendu par la nuque* ou tout autre emblème : quant au *coiffeur de MM. les étudians*, au lieu d'une inscription en langue vulgaire et profane, vous lisez au-dessus de sa porte un distique latin et un vers grec : voici d'abord les deux vers latins :

>Hic fingit solers hodierno more capillos
>Dextera, naturæque novos ars addit honores (1).

Puis, le vers grec :

>Κειρω ταχιστα και σιωπω (2).

Certes, il fallait venir dans le quartier savant par excellence, pour trouver sur l'enseigne d'un coiffeur de l'érudition grecque et latine.

Pour ce qui est des cabinets de lecture, ils sont fort nombreux dans le quartier latin. C'est une grande ressource pour les étudians qui, moyennant quatre ou cinq francs par mois, s'approvisionnent de livres, et de plus, avan-

---

(1) Ici une main habile arrange les cheveux d'après les lois de la mode, et l'art se charge d'embellir la nature.

(2) J'ai la main prompte et la langue discrète.

tage fort précieux, économisent dans ces établissemens le bois et la lumière que leur coûteraient les longues soirées d'hiver. Aussi, pendant la mauvaise saison, toutes les places sont prises autour de la table garnie d'un tapis vert, où gisent confondus les journaux de toutes couleurs. Parmi les cabinets de lecture les plus fréquentés des étudians, il faut distinguer ceux de la rue et de la place de l'Odéon. Outre les ouvrages qui composent le fonds des établissemens du même genre dans les autres quartiers de Paris, on trouve dans les cabinets de lecture du Pays-Latin une collection de livres de droit ou de médecine les plus usuels. Il en est même de spécialement affectés à ce genre d'ouvrages. Là sont aussi des salles de conférences, où les élèves laborieux se réunissent pour argumenter en commun sur les objets de leurs études, et préluder ainsi à l'exercice de leur profession. Les galeries qui règnent autour de l'Odéon pullulent aussi de cabinets de lecture, espèce de *camps-volans* où les intrépides amateurs, établis en toute saison sous des arcades ouvertes, soufflent vaillamment dans leurs doigts, pendant l'hiver, en disputant la feuille qu'ils tiennent aux aquilons déchaînés. De ces cabinets de lecture, le plus fréquenté est celui de la *mère Simon*, petite vieille dont l'activité sans égale et les plaisantes réparties sont bien connues de toutes les personnes qui s'arrêtent pour lire un journal, moyennant la somme de cinq centimes, sous la galerie méridionale du théâtre.

Les alentours de la rue de l'Odéon vous offriront plusieurs beaux cafés, fréquentés surtout par les étudians; le café Voltaire, par exemple, et le café Molière, dont la limonadière est en grand renom de beauté dans les deux écoles. Non loin de là, dans la rue des Fossés-Saint-Germain-des-Prés, dont on vient de changer le nom contre celui de *rue de l'Ancienne-Comédie*, est le café Procope, si fameux autrefois, quand le Théâtre-Français était situé vis-à-vis. Ce café fut, on le sait, le premier établissement de ce genre importé à Paris, où l'on ne connaissait précédemment que les *cabarets*. On se souvient de l'épigramme acérée que Piron lança contre le médecin Procope-Couteaux, son fondateur, et dont le nom est venu jusqu'à nous, moins à cause de sa comédie des *Fées* que graces à l'enseigne scrupuleusement conservée depuis cent ans, par toutes les dynasties servant la demi-tasse et le petit verre. Le nom du café Procope est historique dans la littérature. Il se lie aux annales de notre théâtre pendant un siècle entier, alors que les *jugeurs* s'y réunissaient les jours de première représentation, avant d'entrer au théâtre, puis revenaient après la pièce au lieu ordinaire de leurs séances pour casser ou confirmer l'arrêt du public. Là se tenaient Lamotte, Boindin, Danchet, J.-B. Rousseau, qui s'en vit exclu par la trop fameuse aventure des couplets. La splendeur littéraire du café Procope a disparu depuis l'émigration du Théâtre-Français, dont vous avez pu suivre toutes les vicissitudes dans l'intéressant chapitre de M. Samson, qui fait partie du troisième volume du *Nouveau tableau de Paris*. Maintenant, c'est encore un fort bon café, mais qui n'offre rien de particulier, rapproché des cafés des autres quartiers, que la tournure juvénile de la plupart des habitués qui le fréquentent. Mais le nom du café Procope n'a pas perdu tout son prestige, et dans notre description du Pays-Latin nous devions consacrer un souvenir à cette illustration du temps passé.

Au café Procope, nous ne sommes pas loin du Luxembourg, la promenade favorite de la population des écoles. C'est un beau et noble jardin que le Luxembourg, avec sa large avenue de l'Observatoire, ses verts ombrages, sous lesquels on ne respire pas, comme aux Tuileries, une épaisse poussière; de plus, on n'est pas assourdi, au Luxembourg, par ce roulement de voitures qui forme, dans le jardin privilégié de la mode, une sorte de basse permanente. Bref, le Luxembourg nous paraît de tout point beaucoup plus agréable que les Tuileries : mais il est situé loin du centre de Paris, loin du quartier privilégié de la foule; aussi a-t-il l'air un peu désert et un peu province. Les bonnes du faubourg Saint-Germain, des dames qui s'établissent sur une chaise pour lire ou travailler pendant que leurs enfans jouent auprès d'elles, voilà sa population ordinaire, en y ajoutant les étudians qui se promènent par petites bandes de trois ou quatre, un livre sous le bras; puis encore quelque poète égaré dans les allées silencieuses, où il court après la rime qui le fuit. Oh! sous ces vertes et tranquilles allées du Luxembourg, combien de tragédies en cinq actes méditées par de bons jeunes gens à qui la poésie faisait oublier Cujas et Barthole! Combien de fois les oiseaux du Luxembourg se sont enfuis devant quelqu'une de ces tirades que l'auteur se répétait si complaisamment à lui-même, en souriant d'avance aux applaudissemens du parterre et à sa future immortalité; car une tragédie en cinq actes, ou bien un vaudeville, maintenant que le vaudeville remplace la grande littérature de théâtre, est une chose que se permet assez volontiers l'étudiant en droit. Il y a surtout une allée au Luxembourg qui a je ne sais quoi de poétique; celle qui, à gauche en entrant par la grille de la rue de Vaugirard, conduit à une fontaine surmontée d'une Nymphe, que l'on prendrait pour la divinité du lieu, mélancolique et solitaire, dans ce coin écarté. Dans le nombre de ces œuvres de jeunesse, écloses sous les marronniers du Luxembourg, quelques-unes, nées viables, ont obtenu les bravos du public; et quant aux autres, elles ont donné à leur auteur quelques doux rêves. De toutes les fantaisies de jeune homme, une tragédie est assurément l'une des plus innocentes.

Il est vrai que le voisinage de l'Odéon pourrait bien être pour quelque chose dans cette abondance d'œuvres dramatiques nées dans les allées du Luxembourg, alors toutefois qu'il y avait un Odéon pour le Pays-Latin. Hélas! cette belle salle deux fois en vingt ans dévorée par les flammes, et deux fois relevée de ses cendres, est toujours là, debout, mais silencieuse et morne comme ces grands monumens abandonnés que le voyageur aperçoit dans le désert. L'Odéon, qui a répété pour la première fois les vers des

Vêpres-Siciliennes, des *Comédiens*, de *Fiesque*, des *Macchabées*, depuis trois ans bientôt est relégué au rang de ces salles banales, où vient jouer de temps en temps une troupe de passage. On me dira, je le sais, que le faubourg Saint-Germain, qui se plaint de l'absence d'un théâtre quand il n'en a pas, ne s'empresse guère d'y louer des loges quand il en a un. Mais, sans énumérer les bons offices que l'Odéon a rendus à la littérature, le nombre des auteurs et des acteurs qu'il a fait connaître, services qui mériteraient bien quelques sacrifices pour le soutenir, nous nous bornerons à rappeler ce qu'il était du temps de son existence; d'autant plus que la physionomie du quartier Latin et des Écoles ne serait pas complète, sans l'Odéon, qui était pour beaucoup dans la vie de l'étudiant et dont les représentations, les premières, surtout, avaient un aspect si différent de celles des autres théâtres !

Le parterre de l'Odéon était composé à peu près exclusivement d'élèves des écoles, qui même y jouissaient de leurs entrées, moyennant un abonnement fort modique. L'annonce d'une première représentation le remplissait d'ordinaire; car, souvent alors, le drame n'était pas seulement sur la scène, mais aussi dans ce parterre où régnait un formidable esprit de corps, dans ce parterre si ardent, si passionné, si turbulent, si jaloux de ses droits de public venu pour juger. Ces *applaudisseurs* stipendiés qui sont de nos jours une des plaies de l'art dramatique n'avaient pas beau jeu dans un tel parterre; aussi dit-on que les *claqueurs* qui avaient ri quand il fallait pleurer, pleuré quand il fallait rire, enfin qui avaient manqué à leur devoir par quelque bévue ou quelque négligence, étaient, en expiation de leur faute, condamnés par leurs chefs à quinze jours ou un mois d'Odéon. A ce théâtre quand une pièce tombait, ce n'était pas tranquillement, comme il arrive souvent ailleurs, mais avec bruit et fracas, souvent même avec moquerie et insulte. Les annales des diverses directions qui, en peu d'années, se sont succédé à l'Odéon, celles de M. Gimel, de M. Bernard, la plus heureuse de toutes, graces à *Robin des Bois*, au *Barbier de Seville* et autres opéras traduits, de M. Frédéric du Petit-Meré, de M. Sauvage, de M. Lemetheyer, de M. Harel, offriraient au besoin plus d'un souvenir de chutes bruyantes, de tumultes mémorables. On se rappellera long-temps la soirée où cet honnête M. Bernard, qui était presque devenu un orateur, à force de colloques journaliers avec son terrible parterre, vint en personne raconter aux spectateurs curieux de le connaître, le dénoûment d'un drame de *Préciosa*, enterré avant la fin, et le sort du héros et de l'héroïne. Ce sont là de ces choses qui ne se sont jamais vues qu'à l'Odéon.

Il est une autre représentation fameuse entre toutes, et qu'il faut bien raconter, pour présenter au naturel la physionomie de l'Odéon. Ce n'est pas celle de cette pauvre *Amy-Robsart*, ni de l'*Indiscret*, puis de tant d'autres pièces qui formeraient une longue liste funèbre ; mais celle de l'*Orphelin de Bethléem*, tragédie jouée une seule fois en février 1825, et dont on peut rappeler le destin, sans blesser, nous le croyons, l'amour, propre de l'auteur, alors jeune, et maintenant un des meilleurs juges en fait de littérature, un des hommes les plus instruits et les plus aimables que nous connaissions. Nous espérons même qu'il prendra quelque jour une revanche éclatante, en faisant sortir de son portefeuille les œuvres remarquables qu'il y tient trop modestement, renfermées. Il faut dire d'abord que c'était du temps où le mot de *jésuite* servait d'épouvantail à une foule de braves gens qui auraient été bien embarrassés du reste d'expliquer nettement de quoi ils avaient peur. Or, il était bien convenu que l'idée de traiter un sujet sacré ne pouvait tomber que dans une tête *jésuitique*. L'auteur de l'*Orphelin de Bethléem* était donc désigné d'avance comme un *jésuite*, et jugez un peu de l'effet d'une pareille imputation sur la jeunesse des écoles, qui faisait de l'opposition, sans trop savoir pourquoi, et se colletait une ou deux fois l'an avec les gendarmes, espèce de jeu qui avait pour ces jeunes gens le même attrait qu'une première représentation à leur théâtre.

Celle du pauvre *Orphelin de Bethléem* ne se ressentit que trop des dispositions d'un parterre décidé d'avance à siffler. C'est en vain que des scènes dramatiques et de beaux vers demandaient grace pour l'ouvrage. Le terrible mot *jésuite* circulait sur les banquettes du parterre toutes les fois que quelque souvenir, quelque allusion biblique se présentait dans l'ouvrage, et les murmures, les rires ironiques, les marques plus aiguës d'improbation allaient croissant depuis le commencement de la pièce, lorsqu'au troisième acte, un incident tout-à-fait imprévu vint donner plus belle prise encore aux siffleurs. Dans cet acte, on devait voir paraître cet *innocent orphelin*, objet de la rage d'Hérode : mais, au moment d'entrer en scène, l'enfant chargé de ce rôle, effrayé de l'éclat des lumières, du bruit qui se faisait dans la salle, refuse tout net de sortir de la coulisse. C'est en vain qu'on lui prodigue caresses et bonbons : l'enfant persiste, et se met à pleurer : et cependant sa mère était là, qui l'attendait sur le théâtre, pour lui adresser une tirade pathétique, les bras déjà tendrement ouverts. Les bonbons ayant échoué, on a re-recours à un autre moyen ; après la douceur, les mesures de rigueur ; on met en œuvre certain châtiment enfantin plus usité chez nos pères que chez nous. Bien entendu, à l'aspect et surtout au contact des verges, *l'orphelin* se met à pleurer encore plus fort, tandis que la mère infortunée restait toujours en scène, et prenait le parti d'adresser à sa confidente ou aux musiciens de l'orchestre, la tirade à laquelle son fils refusait si obstinément de donner la réplique.

Pendant ce temps, dans la salle, où le bruit de l'aventure, qui n'avait pas échappé aux spectateurs des loges d'avant-scène, placés de manière à voir dans les coulisses, commençait à se répandre, un autre drame se développait. Après maintes et maintes interpellations préliminaires, échangées entre les étudians et les claqueurs, tout à coup un cri de *haro* est poussé par les premiers. En un clin d'œil, chacun d'eux arbore à son chapeau son numéro. Or, il faut savoir qu'à cette époque, à la porte du parterre de l'Odéon, les spectateurs *payans* recevaient un *numéro* pour se faire reconnaître ensuite et obtenir une contre-marque, qui était refusée aux *claqueurs*. Le *numéro* servait donc, en ces grandes occasions, de signe de distinction et de ralliement. Voilà donc le parterre qui se sépare en deux armées ; un espace vide est laissé au milieu ; les deux camps ennemis se précipitent dans cette arène, où s'engage une terrible mêlée à coups de poing, sous les yeux des spectateurs des galeries et des loges. Au bout de quelques momens, la victoire ne demeura plus incertaine. On vit les claqueurs culbutés et assommés sortir par toutes les issues ; après quoi les vainqueurs, essuyant leurs yeux pochés, rajustant leurs chapeaux enfoncés, poussèrent un *hourra* de victoire.

La pauvre pièce, pendant ce temps, était demeurée là, suspendue et pantelante, comme une victime sous le couteau. Les vainqueurs, par une dérision cruelle, pareils au chat qui se joue avec sa proie avant de la tuer tout-à-fait, exigèrent que l'infortunée tragédie fût continuée jusqu'à la fin, pour avoir le plaisir de l'enterrer avec un nouveau fracas ; puis ils s'en allèrent tout joyeux de leur triomphe ; ce qui n'empêcha pas les claqueurs de reparaître furtivement, en dépit des promesses de l'administration, et de reprendre bientôt leur poste accoutumé; mais toujours est-il que cette soirée est demeurée fameuse dans les annales de l'Odéon, sous le nom de *bataille de Bethléem*.

Il est vrai que si à l'Odéon les chutes étaient plus éclatantes qu'ailleurs, les succès par compensation avaient quelque chose de plus chaleureux, de plus vif, de plus spontané devant cet auditoire jeune et ardent. Au temps de la défunte guerre entre les *classiques* et les *romantiques*, le parterre de l'Odéon, encore tout frais émoulu de ses études et de ses grands auteurs, se montrait généralement sévère pour les étrangetés de l'École dite *nouvelle*. En principe, rien de mal à cela; mais il n'en est pas moins vrai que plus d'une fois le parterre de l'Odéon s'est montré trop prompt à sacrifier des ouvrages qui peut-être méritaient un sort moins rigoureux. Si les fantômes des pièces immolées par lui viennent errer quelquefois dans les corridors aujourd'hui déserts et noirs de ce théâtre, ce doit être une évocation plaintive à faire pâlir toutes les fantasmagories de l'Opéra.

Il fallait ces souvenirs de l'Odéon pour compléter la description du quartier Latin. Aujourd'hui que cette salle est fermée, que le quartier qui posséda durant près de cent cinquante ans de Comédie-Française, n'a plus même de théâtre à lui; le Pays-Latin a perdu quelque chose de sa physionomie. Il faut espérer que, tôt ou tard, on sentira le besoin de rouvrir l'Odéon.

Voulant éviter, autant que possible, dans un livre comme celui-ci, toute excursion sur le domaine de la politique, nous n'exprimerons pas notre opinion sur la part que quelques élèves des écoles ont pu prendre aux événemens de 1830; mais nous doutons qu'eux-mêmes se félicitent beaucoup aujourd'hui de ne s'être pas bornés alors à leur vie d'étudiant, si gaie, si facile, si exempte de soucis. A quel âge voulez-vous jouir de la vie, si, en attendant les inquiétudes, les soins, l'ambition de l'âge mûr, vous dépouillez votre gaieté de jeune homme, si vous creusez votre front de vingt ans par des rides prématurées. Heureuse époque que celle où vous étiez étudiant! certes vous vous la rappellerez un jour avec plaisir, quelle que soit la position brillante où vous vous trouverez, fussiez-vous millionnaire ou ministre. Alors vous étiez pauvre, mais vous n'aviez à songer qu'à vous-même; point d'inquiétudes d'intérieur ou de fortune ! Si une telle pauvreté est un malheur, peut-être bien vous direz-vous, en vous remémorant votre petite chambre de la rue Saint-Jacques ou de la rue de la Harpe, vos humbles dîners, vos plaisirs si modestes :

Nous étions malheureux, c'était là le bon temps !

Théodore Muret.

ÉCOLE ET FACULTÉ DE MÉDECINE.

Au centre du Pays-Latin, dans le quartier le plus calme à la fois et le plus orageux de Paris, s'élève, sur une place mesquine, un monument d'un caractère grave, d'une certaine pureté de style, d'une architecture qui ne manque ni d'élégance, ni de richesse ; ce monument est *l'École de Médecine*. Il occupe l'emplacement de l'ancien collége de Bourgogne, entre la rue Hautefeuille et la rue du Paon, sur ces limites où commence un autre ordre de mœurs, d'idées, de vie et de travaux ; seconde cité de cet étrange faubourg, où deux sociétés, deux époques, je dirais presque deux armées, sont depuis si longtemps en présence. La lutte n'avait pas encore pris cette couleur sombre qui devait en faire un drame, le plus grand qu'aient joué les peuples, lorsqu'un roi vint poser la première pierre de l'édifice. L'époque de la fondation, le nom du fondateur sont tous deux remarquables : ce roi, c'était Louis XVI ; ce jour, le 14 septembre 1774, date pacifique comme le monument, et première année d'un règne qui eut si tragique fin ! L'édifice a été plus heureux que le fondateur; réfugié pour ainsi dire de l'état dans l'humanité, il a traversé tous les gouvernemens et toutes les réactions des quarante dernières années ; il a impunément pris et quitté tous leurs drapeaux : respecté et gardé par tous, même par ces révolutions qui bouleversent jusqu'aux pierres, il est resté l'un de ces monumens rares dans notre siècle et notre pays, qui n'ont jamais perdu la première harmonie de leur style et de leur destination ; son institution l'a sauvé ; dédicace votive à cette humanité qui n'a point de partis, et n'a que des souffrances.

Il est peu d'édifices dont l'architecture ait d'ailleurs mieux représenté le but, et mieux fait ressortir la pensée; on en retrouve l'expression jusque dans le caprice des détails.

Le monument s'annonce par une double façade, l'une sur la rue, l'autre sur la cour.

La première est ouverte à jour sur la seconde et la laisse entrevoir, elle se compose de seize colonnes qui ornent les deux côtés de la principale entrée : leur ordonnance est de l'ordre ionique, et forme un élégant péristyle à quatre rangs; un étage supérieur domine cette colonnade; il fait partie du muséum.

Au dessus de la porte d'entrée est un bas-relief de Berruer. On y voit le Génie des arts, déployant le plan de l'école aux yeux du gouvernement, de la Sagesse et de la Bienfaisance; un malade est près d'elles, et sa présence explique la pensée du monument.

La façade sur la cour est d'un style plus élevé, l'effet en est imposant; elle présente un second péristyle; il est de l'ordre corinthien, il en a toute la richesse. Ce péristyle s'élève sur six hautes et belles colonnes couronnées par un fronton; on voit sur le fronton un second bas-relief, ouvrage encore de Berruer. Deux figures allégoriques, la Pratique et la Théorie, entourées de leurs attributs, se donnent la main sur un autel antique : plus bas sur le mur du fond, encadrées dans cinq médaillons que couronnent à demi des guirlandes de chêne, se présentent les graves figures de nos plus célèbres et de nos plus anciens chirurgiens : *Jean Pitard, Ambroise Paré, Georges Maréchal, François de la Peyronie* et notre illustre *Jean-Louis Petit*.

Au centre de ce beau frontispice est la porte de l'amphithéâtre, qu'il annonce avec éclat ; mais sa vue cause une légère surprise. Sa forme est demi-circulaire, son étendue médiocre ; il ne peut contenir plus de mille personnes, quatre cents debout, six cents assises, proportion démesurée pour le nombre croissant des élèves. Il est du reste d'un caractère très-simple : les bancs en sont de pierre, la lumière lui vient du dôme qu'ornent des rosaces sculptées ; une légère grille sépare les élèves de l'enceinte réservée : la chaire du professeur s'élève au centre, un simple buste la domine, celui d'Ambroise Paré ; on lit au dessous de lui cette religieuse et profonde parole :

« Je le pança et Dieu le guarit. »

La porte d'entrée comme ce côté du mur est revêtue d'une draperie verte ; c'est, avec quelques autres bustes et trois peintures à fresque de grande dimension, la seule décoration de cet amphithéâtre.

Le premier tableau est celui d'Esculape expliquant les mystères de la vie sur un cadavre : au bas est l'inscription :

« Ils tiennent des Dieux les principes qu'ils nous ont transmis. »

Le second tableau correspondant de gauche est une scène de guerre. Derrière les combattans, des médecins pansent tranquillement les blessés. Il porte l'inscription :

« Ils étanchent le sang consacré à la défense de la patrie. »

Enfin la troisième peinture, celle du centre, est censée représenter Louis XVI au moment où il va décerner des récompenses, en présence de la Martinière et des autres principaux académiciens.

Au bas est cette troisième inscription :

« La munificence du souverain hâte leurs progrès et récompense leur zèle. »

Il y avait dans le seul choix de ce mot, *Souverain*, comme une prévision des jours qui devaient venir, et des règnes qui devaient passer ; il y avait surtout un sentiment profond des choses ; sans lui, que de noms à changer ! La souveraineté tomba vite du roi au peuple, puis du peuple au consul, du consul à l'empereur, de l'empereur aux rois, et des rois entre les mains violentes et insurgées du peuple, qui l'a jetée par terre mais ne l'a pas ramassée ; métamorphose de mots, où le titre change, et où le fait reste.

La prudence de l'expression a fait le salut du tableau ; elle n'a du reste conservé que des peintures de médiocre exécution, et où n'apparaît nulle trace d'une haute inspiration de l'art.

Sur le mur demi-circulaire, on lit ce distique latin :

Ad cædes hominum prisca amphitheatra patebant ;
Ut longum discant vivere, nostra patent.

Des deux côtés de cet amphithéâtre sont d'autres corps de bâtimens qui tous ont vue dans la cour. Cette cour est vaste et régulière. Au rez-de-chaussée à gauche est un ancien amphithéâtre de Chimie; la bibliothéque au-dessus. Les appartemens du doyen sont à droite ainsi que les salles d'administration et de conseil de la faculté : le Muséum des collections et pièces anatomiques et des instrumens de l'art s'étend sur toute la longueur de la façade de la rue et de l'aile droite du premier étage.

Tel est cet édifice dont le luxe est presque aussi loin que la date des misérables bâtimens de semblable destination qu'il est venu remplacer. Long-temps, même à Paris, les deux branches de l'art de guérir ont manqué de siége spécial d'enseignement, et sont restées sans chaire, sans professeurs et sans local : c'est dire sans principes arrêtés, sans opinions formulées, sorte de religion sans église où chacun sacrifiait selon son caprice à son Dieu. C'est qu'il existe un intime rapport entre l'unité de temple et l'unité de foi, ces deux premiers besoins des institutions qui commencent ; car il en est des sciences comme des gouvernemens et comme des religions ; il est un âge pour elles où la centralisation est leur condition de vie, et leur plus large voie de perfectionnement et de progrès : c'est l'âge utile des corporations, des confréries et des académies, anachronismes de nos jours, où elles joignent au tort immense de survivre à leur époque, celui plus grave qui s'y rattache, de mettre l'esprit de corps à côté de l'esprit de science : il est si rare qu'ils suivent la même voie !

S'il s'est opéré une heureuse réforme dans

l'état des lieux destinés à l'instruction médicale, il ne s'en est pas fait une moins remarquable dans l'ordre des conditions exigées des adeptes, ni dans l'enseignement lui-même.

L'ancienne loi de l'institution voulait que les professeurs et que les étudians fussent prêtres, ou destinés à le devenir; on les nommait, dit Dulaure, *physiciens, mires,* et quelquefois médecins. La médecine dans ce système n'était qu'une branche de la théologie. Les laïques en étaient exclus. Cet état des choses dépendait de la position de la religion de l'époque, qui de toutes parts sortie de l'église s'étendait sur les arts comme sur les pouvoirs, et mettait à la place des principes de la science, les croyances et souvent les superstitions du prêtre. Une seconde cause très-réelle de cette anarchie des attributions tenait à un autre vice du temps, à l'état d'ignorance générale de toutes les classes en dehors du clergé, sans en excepter la noblesse, et la noblesse avait d'ailleurs cette profession en trop profond mépris pour l'embrasser. Ces influences d'époque ne pouvaient lui survivre; rien de pareil n'existe depuis long-temps. La médecine a quitté le domaine des croyances pour entrer dans la science et la sévère observation des faits; la théologie s'est complétement isolée d'elle. Nos mœurs plus éclairées font à chacune sa part; elles appellent de nos jours le médecin au lit du malade, et le prêtre au chevet du mourant, et les séparent pour ainsi dire sur les limites des deux mondes.

Une seconde et immense réforme, d'un caractère tout opposé, a été le rapprochement intime qui vers la fin du dernier siècle s'est opéré entre les deux formes de l'art. La science a reçu de cette fusion des études chirurgicales et médicales une remarquable impulsion de progrès et d'unité. Les unes y ont gagné d'être plus positives, et les autres plus générales et plus étroitement liées à cette connaissance des forces et des facultés vitales, sans laquelle il n'existe en médecine ni lois, ni principes, ni art. L'homme n'est en effet, ni tout à l'intérieur, ni tout à la surface; il est en dedans et en dehors.

L'art de la médecine comprend donc de nos jours la science des maladies externes et internes de l'homme, et la Faculté de Paris, comme les autres Facultés de France, en a réuni l'étude et confondu l'enseignement.

La haute réputation de l'école de Paris a effacé la vieille renommée de l'école de Montpellier. Le nom des professeurs, le caractère élevé des études, la facilité merveilleuse de les varier et de les étendre, toutes les conditions de science et de travail qu'on ne trouve que dans les capitales, mille circonstances ont concouru à l'établissement de cette suprématie. Aussi l'affluence des élèves s'accroît-elle de jour en jour. Leur nombre est de plus de 2,600 cette année, et rien n'annonce que ce progrès continu tende à se limiter.

Considérés en masse, deux grandes et premières divisions s'en présentent : les aspirans au doctorat, les aspirans au grade d'officier de santé.

Les derniers en général représentent à l'école un degré inférieur d'aisance. Ce sont pour la plupart des jeunes gens que la fortune ou l'âge forcent à l'économie des études et du temps. D'autres se trouvent accidentellement placés dans ces conditions à la suite d'années perdues dans les plaisirs, ou de premières épreuves malheureuses. L'économie est en effet réelle.

Les jeunes gens qui se destinent à devenir officiers de santé ne sont même pas obligés par la loi à suivre les cours d'une faculté de médecine. Il leur suffit d'avoir été attachés pendant six années, comme élèves, à des docteurs, ou d'avoir suivi cinq années consécutivement la pratique des hôpitaux. S'ils s'inscrivent dans une faculté, il leur suffit, pour jouir des mêmes droits, d'une étude de trois années.

Une autre économie pour eux, aussi sérieuse que celle du temps, est celle des frais et des épreuves.

Ils sont examinés par un jury spécial dont l'organisation est déterminée par la loi.

La durée des études est pour le doctorat fixée à quatre années, le nombre des inscriptions à seize, celui des examens à cinq. La thèse forme une sixième et dernière épreuve.

Ces examens sont ainsi divisés.

Le premier comprend : 1° la chimie, 2° la physique; 3° l'histoire naturelle; 4° la pharmacologie. Les trois premières sciences y sont plus spécialement envisagées dans leurs rapports avec l'art médical.

Le second, l'anatomie et la physiologie, ou la science de l'organisation humaine à l'état sain et de ses fonctions régulières.

Le troisième, la pathologie externe et la pathologie interne, ou la connaissance des désordres organiques et fonctionnels qui établissent les signes et les symptômes des maladies externes et internes de l'homme.

Le quatrième comprend : 1° l'hygiène, ou l'étude des conditions physiques et morales d'alimentation, d'habitation, de vêtement, de climat, d'administration et de gouvernement même, nécessaires à l'établissement et au maintien de la santé individuelle et publique.

2º La matière médicale, ou la science des forces et des propriétés médicatrices des agens destinés à suppléer l'activité des forces et des propriétés vitales; la connaissance des doses où on les administre, celle de leur préparation, et des lois qui doivent en régler l'ordonnance, ou l'art de formuler.

3º Enfin la médecine légale, ou la science des rapports de la médecine avec la législation, et de la détermination des divers élémens de la criminalité, porte immense qui l'introduit dans le domaine des plus hautes questions de jurisprudence et de philosophie.

Le cinquième et dernier examen se compose de la clinique externe, de la clinique interne, et des accouchemens, ou de la connaissance des principes généraux et des indications particulières de traitement et d'opération à suivre dans ces deux ordres de maladies, de celle des phénomènes et des manœuvres de l'enfantement.

A ces cinq ordres d'épreuves en succède une dernière, la thèse. La question à traiter demeure aux choix de l'élève; il est maître d'en déterminer et d'en régler la matière; il doit seulement trouver un professeur qui lui donne sa signature et veuille bien accepter la présidence de la discussion. C'est une heureuse et sage disposition que cette liberté du sujet remise entre les mains de l'élève. On a bien vite senti qu'elle était un puissant ressort pour transformer l'idée d'une formalité en celle d'un sérieux et utile travail. La Faculté lui doit de bonnes monographies et de belles études.

Toutes les épreuves sont livrées à la publicité d'un auditoire d'élèves. On classe les candidats par quatre et par ordre d'inscription et d'examen. Les juges sont au nombre de trois, un agrégé et deux professeurs titulaires. L'interrogatoire est de deux heures, ou d'une demi-heure par candidat; à la thèse il est d'une heure; le candidat est seul, et ses juges au nombre de six. Cette cérémonie a perdu le luxe et l'appareil qu'elle avait dans l'ancienne école; elle n'a plus de solennité, et ne se distingue des autres examens que par le titre, la robe de l'aspirant, le plus grand nombre des juges, et la plus longue durée des questions.

De l'état des choses, je passe à l'état des personnes.

Les étudians en médecine, proprement dits, ou aspirans au doctorat, se divisent en quatre classes :

1º Les élèves de première et de seconde année;
2º Les élèves de troisième;
3º Les élèves de quatrième année et au-delà.
4º Enfin les élèves amateurs, sorte de protées de toutes les divisions que l'on ne peut renfermer dans aucune.

Ces classifications vont s'expliquer d'elles-mêmes ; elles reposent sur le caractère dominant et l'ordre successif des études.

Les élèves de la première ne s'occupent que des sciences dites accessoires, de celles qui font l'objet du premier examen : la chimie, la physique et l'histoire naturelle.

Les sciences réellement médicales entrent à peine dans leurs études, et ces études absorbent près de deux années. On me dira : cela ne doit pas être. Je répondrai : cela est. J'exposerai plus bas les avantages et les inconvéniens d'un pareil état de choses ; quant à la cause elle est surtout dans l'étendue, la diversité des matières, et la sévérité du premier examen. Sa préparation exige réellement un travail immense, et ne permet à l'élève de vaquer à d'autres études qu'à la condition de l'habileté la plus méthodique dans l'emploi du temps et d'une distribution presque impossible des heures.

Il est d'autres causes qu'il ne faut pas taire : c'est que les sciences physiques et chimiques ont, pour l'intelligence, l'attrait de la poésie pour l'imagination, et que la jeunesse, ardente de savoir comme elle est avide de sentir, s'y livre avec entraînement : ce qu'il faut dire encore, c'est qu'elles sont professées dans les deux Facultés par des hommes d'un haut savoir et d'un talent remarquable.

Vers la fin de la deuxième et au début de la troisième année, les élèves forment la seconde des divisions que j'établis. Les plus heureux ont franchi l'écueil du premier examen ; il se fait une complète révolution dans leurs études. La chimie, la physique, la botanique, toutes les connaissances de ces sciences accessoires, si laborieusement acquises, sont mises au rebut et à l'oubli; le temps presse. Les élèves se retournent brusquement vers l'étude de l'anatomie et de la physiologie, les deux matières du second examen. Deux professeurs, MM. Cruvelhier et Bérard, en démontrent les principes dans de savantes leçons qu'ils font, le semestre d'hiver, trois fois par semaine à l'École; mais ces deux sciences, élémens et racines de l'art, en dehors desquelles il flotte, pour ainsi dire, incertain et sans base, ce ne sont pas des cours, ni des leçons orales et démonstratives même qui les peuvent transmettre. Il ne suffit pas de voir, il ne suffit pas d'entendre, il faut les pratiquer et y mettre la main.

Les élèves en même temps se livrent donc aux dissections, ou du moins cherchent à s'y livrer, car ici les meilleures intentions ne suffisent pas : elles rencontrent un sérieux obstacle, la rareté des sujets et la difficulté croissante d'en obtenir. La recherche des causes m'entraînerait trop loin ; quelles qu'elles soient, les élèves en souffrent, et, je l'ai dit, le temps les presse. Il en est toutefois de plus favorisés, ce sont ceux des hôpitaux, et de l'école pratique, cette institution corollaire de la Faculté de Médecine, où les élèves passent à l'application des sciences et des théories exposées dans la première. Ces élèves privilégiés de droit par l'épreuve du concours réussissent à s'en procurer chaque hiver un certain nombre. Ils mènent alors la vie d'amphithéâtre, rude et pénible vie par les froides journées d'hiver. Les élèves sont au nombre de cinq ou six rangés autour d'une table de pierre ; sur la table est un cadavre, enfant, vieillard, homme ou femme. Son nom générique est *sujet*, métamorphose d'expression qui s'étend jusqu'à l'idée, et met celle de l'étude à la place de celle de la mort. Le plus habile et le plus ancien dans le maniement du scalpel sert de préparateur aux autres. C'est-à-dire qu'il se réserve la dénudation et la dissection des parties les plus fines à découvrir et les plus délicates à ménager; il est aidé par ses voisins dans les détails plus grossiers du travail. La préparation finie, et les parties mises à nu, un élève lit à haute voix la description qui s'y rapporte dans un des principaux ouvrages d'anatomie : Boyer, Marjolin, Jules et Hippolyte Cloquet, puis, si le temps le permet, on passe à une autre préparation, et la séance se prolonge plusieurs heures. Je le répète, c'est un dur travail, et il faut au début toute l'ardeur curieuse de la science, toute la persévérance de la nécessité pour s'y soumettre : l'atmosphère est infecte, on manque d'eau, souvent de feu : les salles, surtout à la Pitié, sont peu ou ne sont pas chauffées; il y a des jours où, à la lettre, on a les pieds gelés sur la pierre, et les mains raidies dans le sang; et cependant il arrive un moment où ces pénibles impressions de vue, d'odeur, et de toucher s'effacent; l'habitude parvient à les vaincre, et l'intérêt du sujet reste seul. Il est de grandes leçons dans cette étude de la merveilleuse charpente humaine, dans cet admirable mécanisme d'organes sans mouvement et de fonctions éteintes! c'est un retour de l'homme vers lui-même, où l'esprit marche de prodige en prodige, et qui ne fait pas seulement penser, qui fait sentir.

Est-il besoin de dire que ce spectacle est grave et ne présente point ces scènes de cynisme et de révoltans excès dont on cause dans le monde? Il peut échapper sans doute quelques inconvenances de gestes et de langage, mais ce sont des écarts aux yeux même de ceux qui s'y livrent, et ils sont vite réprimés; car si ce respect de la mort ne s'étend pas toujours à l'objet de l'étude, l'étude, dès qu'elle est sérieuse, a ses nécessités de silence et d'attention qui le remplacent.

Mais l'hiver s'écoule vite et le temps des dissections avec lui; elles ont trop peu duré pour donner aux élèves les notions suffisantes : l'anatomie ne s'apprend pas en six mois; et cependant ils vont toucher au moment de l'examen. Ils ont alors recours aux dernières ressources, les collections du Muséum, les pièces d'anatomie en cire, les planches et les manuels. J'ai vu et entendu diriger bien des attaques contre ce système économique d'études; dans l'état des choses, ce système est forcé. J'irai plus loin, il donne des connaissances que les élèves ne pourraient acquérir sans lui. Non certes qu'il suffise de pièces de cire, ou de carton, de planches et de manuels pour connaître l'anatomie; on n'acquiert pas la science à si bon compte; mais les élèves, qui ne peuvent accorder qu'un temps limité aux dissections, et qui ne sauraient rien ou presque rien par elles, peuvent, à l'aide de ces moyens, se faire une idée plus nette des choses qu'ils ont mal vues, reconnaître les organes et les parties des organes dans des positions et des détails restés inaperçus, et donner une sorte de lien et d'unité à leurs connaissances éparpillées. Il en est en un mot des collections, des planches et des manuels en anatomie, comme des résumés en histoire; s'ils ne font pas savoir, ils empêchent d'ignorer.

Tel est l'emploi du semestre d'hiver des élèves de troisième année. Ils subissent au printemps leur second examen; et de cette seconde épreuve passent rapidement à la troisième, qui roule sur les symptômes des maladies externes et internes de l'homme. Comment s'y préparent-ils? On répondra sans doute, par la visite des hôpitaux, c'est-à-dire par l'examen et l'observation des malades? il n'en est rien. Un très-petit nombre d'élèves seulement commence alors à s'y livrer et à suivre irrégulièrement les principales cliniques *chirurgicales*, car les cliniques *médicales* ne les occupent pas encore, bien que sous le rapport des signes et des symptômes, le troisième examen les comprenne. Les autres, c'est dire presque tous, sont beaucoup moins exclusifs, et traitent les deux cliniques avec la plus impartiale indifférence. Ils s'en reposent, et ici sans excuse, sur le secours des manuels d'examen, seuls livres à peu près qu'ils achètent, et sur les cours professés à l'école, où les leçons de pathologie de MM. Andral et Duméril, Marjolin et Gerdy, leur tiennent lieu des ouvrages qu'ils n'ont pas. C'en est assez pour la troisième épreuve. Le jugement, la mémoire, le bonheur des questions font le reste. Ils entrent alors dans la troisième classe, ou dans la quatrième année.

Il en est de cette année comme de la troisième : le caractère des études la divise en deux semestres; le premier est consacré à une revue rapide des diverses matières qui lient la médecine à la législation, et à la détermination de la criminalité. C'est là le nœud gordien de la quatrième épreuve, celui qui oblige à un retour sérieux aux principes des sciences accessoires, et à l'acquisition de connaissances précises. Il peut retenir quelque temps les élèves, mais cette difficulté vaincue, ils effleurent à peine les élémens d'hygiène et de matière médicale, et subissent heureusement le quatrième examen.

Reste pour le second semestre le cinquième et la thèse.

Le dernier examen est le plus facile à franchir ; on ne le penserait pas à l'inspection des questions qu'il soulève, c'est-à-dire toutes les questions de la médecine proprement dite, signes et symptômes des maladies, indications et traitemens. Mais d'abord, les élèves sortent à peine de passer le troisième examen, et, à l'exception de la thérapeutique et des accouchemens, il agite les mêmes matières. On me dira qu'un immense intervalle sépare les deux épreuves : que l'une demande seulement la science théorique, tandis que l'autre exige la science pratique de l'art : il est vrai. Mais les conditions actuelles de l'examen et le mode jusqu'à présent suivi d'interrogation, font de la seconde une sorte de doublure de la première, et les réduisent toutes deux à n'être qu'une simple histoire des maladies (1). Que s'ensuit-il ? que cette histoire s'apprend comme toutes les histoires, avec le se-

(1) Un arrêté tout récent de la Faculté de Médecine vient de supprimer cet abus et de transformer l'épreuve jusqu'ici théorique du cinquième examen en épreuve pratique.

cours des livres aussi bien qu'au lit des malades, et que des deux systèmes, si l'un est le seul vrai, comme l'autre est le seul rapide, l'immense majorité des élèves l'adopte et fait ses études *cliniques* non point dans les amphithéâtres, ni dans les salles d'hôpitaux, mais aux cours de la Faculté et dans le salon d'un cabinet de lecture.

Il suffit pour s'en convaincre de calculer le nombre des élèves qui fréquentent les cliniques.

Les cliniques chirurgicales ne réunissent guère plus de trois cents élèves.

Les cliniques médicales n'atteignent pas ce nombre.

La thèse vient clore enfin la série des épreuves; mais la thèse, pour le plus grand nombre, n'est qu'une simple formalité; il est facile de s'en convaincre. Il suffit de comparer au nombre annuel des dissertations, celui des dissertations qui portent un cachet vrai de travail et d'observation. Le nombre en est très-médiocre. Les élèves qui n'ont plus qu'un dernier pas à franchir, tiennent surtout à le franchir vite, et ne se mettent, la plupart, ni en quête d'idées, ni en verve d'études; ils veulent des études faites, et des idées faciles. La pneumonie, la pleurésie. la péritonite, et les affections en général les plus franches et les mieux connues, sont les maladies qu'ils préfèrent *éclaircir* : ils en savent de mémoire les signes, les symptômes et les lésions, ils les énumèrent rapidement, y joignent des développemens qu'ils ont fait l'effort de transcrire, choisissent leur président, subissent leur imprimeur et attendent leur jour, et, de la discussion de ce travail d'une semaine, s'élèvent au titre de docteur.

C'est ainsi que se conquiert, ou plutôt que s'emporte le doctorat *en quatre années*.

Je n'ai rien exagéré ; les faits se passent de cette manière. Est-ce la faute des élèves, est-ce la faute des juges ? Non ! c'est la faute du système. Juges et élèves sont ce que le système les fait.

Le premier vice est dans la durée des études. Il est impossible d'obtenir de plus sérieux résultats d'études de quatre années, dont les sciences accessoires absorbent presque les deux premières.

Le second vice est dans l'ordre actuel des examens. Les élèves, dans l'ancien système, ne subissaient aucune épreuve avant l'expiration des quatre années d'études et la révolution complète de leurs inscriptions. Ils se trouvaient ainsi dans la nécessité de revenir continuellement des matières à approfondir à leurs connaissances acquises, de n'en oublier et de n'en négliger aucune; les examens, arrivant coup sur coup et l'un après l'autre dans le cours d'une seule année scolaire, les condamnaient à une revue tout à la fois volontaire et forcée de toutes leurs études : ils étaient obligés d'en embrasser l'ensemble et de mettre ainsi de l'harmonie et de l'unité dans leurs travaux. Mais il résultait de cette unité même, qu'à mesure qu'ils approchaient du but, tous ces travaux n'avaient pas à leurs yeux une importance égale : les sciences médicales proprement dites dominaient, et les sciences accessoires disparaissaient au-dessous d'elles. Ils sortaient de l'École moins physiciens et moins chimistes, mais beaucoup plus praticiens.

Sans doute c'était une lacune, et les progrès de l'art faisaient une loi de la combler. On y a réussi, mais par un plus grand mal, aux dépens des connaissances constitutives de l'art lui-même, en l'éloignant de son but final et de sa réelle destination : la connaissance et le traitement des maladies. Le nouveau système n'a fait que transporter aux sciences accessoires l'importance exclusive des sciences médicales dans l'ancien.

Dans l'attente d'urgentes réformes, les élèves

qui veulent rendre leurs études sérieuses, et à qui le permettent leur état de fortune et la sage indulgence de leur famille, s'imposent volontairement la prolongation d'une ou deux années de travail. Une notable partie entre par le concours au service des hôpitaux, et y reste trois ou quatre années; dans l'intervalle, ils passent leurs examens, et recueillent de loin dans des observations cliniques les matériaux de leur dissertation. Ce sont eux qui publient les meilleures monographies. Le nombre est petit de celles qui ne leur appartiennent pas.

D'autres élèves restent indépendans. Ils se hâtent de s'affranchir des chaînes des examens, pour rester maîtres de leur temps et de la direction de leurs études. La variété des matières qui constituent l'enseignement médical leur laisse sous ce rapport une grande liberté. Tous arrivent au doctorat, mais tous n'y arrivent pas dans l'intention de s'en créer une carrière. Ils font un choix des sciences accessoires; les uns cultivent spécialement les sciences chimiques, les autres les sciences physiques, d'autres enfin l'histoire naturelle, botanique ou zoologie. Ils deviennent presque tous des hommes d'une grande capacité, et plusieurs, des savans de premier ordre. C'est que sous quelque rapport que l'on envisage l'ensemble des connaissances médicales, organisées et enseignées comme elles le sont de nos jours, elles forment une série d'admirables études, et une savante et belle introduction à la plupart des carrières.

Mais la prolongation, au-delà du terme ordinaire, de ces études, n'a point toujours cette gravité de motifs ni cette utilité de but. Une dernière classe d'élèves s'en empare comme d'une excuse aux yeux de leur famille, et comme d'un voile qui couvre avec bonheur l'oisiveté et parfois le désordre de leur vie. Les parens croient à une extension de travail, et il n'y a de prolongement que dans la durée du séjour à Paris; ils croient à un redoublement d'activité, il n'y en a que de dépenses. Il est impossible de ranger ces élèves-amateurs par dates d'inscriptions, ni par ordre d'examens. Les examens, ils n'en ont pas subi; les inscriptions, ils n'en prennent pas, ou les prennent sans suite et en si petit nombre qu'ils échappent à tout classement et à toute division. On ne les trouve pas aux cliniques; ils n'entrent aux hôpitaux que les jours d'opération, et ils y vont alors comme à un spectacle. Ils se perchent en général sur les bancs les plus élevés, crient s'ils ne voient pas, rient s'ils voient, gênent l'opérateur, irritent le malade, et s'en retournent sans avoir rien étudié, rien compris, rien appris. S'ils s'aventurent dans une salle, ils se tiennent à distance, derrière les autres, et flairent plutôt qu'ils ne voient; on ne s'aperçoit de leur présence qu'à la dispute et qu'au bruit. Rarement paraissent-ils aux cours; ou si le caprice les y conduit, c'est dans une arrière-pensée de trouble et dans le pressentiment d'un désordre à causer, et ils se rejettent, au sortir, dans de folles dissipations ou de crapuleuses débauches. Il en est dont les excès dépassent toutes les limites. Des familles touchent à peine à ce degré d'aisance où il ne reste pas des désirs, mais des besoins : une sœur, une mère s'imposent, pour ouvrir cette carrière à un fils, des sacrifices et des dépenses énormes; il n'est pas jusqu'à la dernière pièce du capital qu'elles leur remettent, qui ne soit pour ainsi dire l'expression d'une souffrance : eh bien! on voit de ces élèves que tant de résignation et de dévouement n'émeuvent pas. Ce prix des sueurs et des privations, qui devrait donner à leurs études une inspiration grave et un caractère à la fois élevé et touchant, ils l'ont en deux ou trois mois dissipé dans tous les excès et toutes les formes d'orgies, dévorant ainsi d'un cœur sec le présent et l'avenir de toute une famille.

Par bonheur le nombre en est rare; l'immense majorité de l'École est laborieuse, pleine d'intelligence, d'activité, d'ordre même et d'économie. Le seul principe de trouble qui ait empire sur elle, et qui vienne par instans la distraire de ses travaux, est celui des discussions et des événemens politiques; on est allé, sous ce rapport, ou trop loin dans le blâme, ou trop loin dans l'éloge.

Et d'abord est-il possible que ces violentes commotions de nos orages civils ne retentissent point du peuple dans sa partie la plus vivante et la plus remuante, la jeunesse! Ses sentimens et ses idées tiennent aux sentimens et aux idées des masses par de trop vieilles habitudes et de trop puissantes sympathies! C'est une contagion que rien ne peut éteindre, et qu'il y a même de l'irréflexion à blâmer.

On ne saurait ainsi chasser la jeunesse des Écoles du domaine de la politique, pour la renfermer dans le cercle exclusif des études. Les élèves des Facultés ne sont pas des échappés de collége; ce sont déjà des citoyens, quelques-uns électeurs, un plus grand nombre peu éloignés de l'être, presque tous d'âge de raison et de capacité aux yeux de la charte et de la loi. C'est leur présent, c'est leur avenir que la politique met en cause, et il est de leur droit et de leur devoir d'y veiller.

Mais un reproche vrai qu'on peut leur adresser, c'est de transporter trop souvent le domaine des questions et des débats politiques sur la scène des discussions et des études médicales : c'est de prétendre jouer à l'amphithéâtre je ne sais quelle parodie de chambre aux clameurs étourdissantes et aux ridicules motions. Eh ! sans doute, il vient parfois à surgir dans la vie d'un peuple de ces mouvemens solennels, et de ces crises terribles qui, tant qu'elles durent, absorbent l'homme entier dans le citoyen et le soldat : mais ces crises, qui donnent des droits et des devoirs grands comme elles, ce sont des révolutions. L'École, dans la dernière, a noblement payé sa dette : mais ces ébranlemens des masses ne se renouvellent pas tous les jours : le peuple s'en fait économe, ils lui prennent trop de force, de sang, et surtout trop d'illusions. Le tort de cette ardente jeunesse est de les considérer comme des faits ordinaires, et de regarder chaque jour de la fenêtre si elle ne les voit pas venir. C'est une première erreur, une erreur de temps. Elle y joint une erreur de lieu : toutes les deux sont funestes à ses études, et cependant naturelles toutes deux à des hommes qui ont beaucoup moins des opinions que des sentimens politiques. — Et puis vient l'entraînement de l'exemple, et de l'âge, et des assemblées; sources communes de ces fautes bien dignes de pardon, à côté de ces erreurs de conscience qui vivent l'ame si tranquille, et la tête si haute en ce temps.

Ces désordres momentanés ont dû plusieurs fois réclamer l'intervention du doyen, M. Orfila; il est une justice à lui rendre : si sa conduite a été à la fois digne et ferme, tout homme investi des mêmes fonctions, quels que soient du reste son drapeau et ses convictions politiques, placé dans les mêmes circonstances, ne pourrait que suivre son exemple. Ce n'est point ici le citoyen qui agit, mais le doyen qui intervient; et sa conduite est impérieusement commandée par la nature du pouvoir qui lui est confié.

Comme doyen, il ne peut connaître des événemens du dehors ni des faits politiques; il ne connaît que des faits de l'enseignement et des questions de science et d'administration; ce n'est donc pas seulement son droit, c'est son devoir de ne pas permettre que l'amphithéâtre se transforme en *Forum* où le professeur seul ait la bouche fermée, et où les théories et les intérêts de l'art cèdent la place aux débats de la rue et à la discussion des intérêts généraux du pays.

L'École de Médecine doit, sous d'autres rapports, à l'installation de ce nouveau doyen, le bienfait de réformes qui ne sont pas contestées; il a compris qu'elles devaient commencer par être matérielles. C'est dans ce but qu'il s'est occupé d'une complète restauration des bâtimens de l'École pratique : la transformation est brillante, une métamorphose de ruines en monumens. Il est à souhaiter que les perfectionnemens des études y répondent, et que de nouvelles institutions donnent à cette dépendance de la Faculté de Médecine ce caractère pratique, que la vérité ne permet pas de lui reconnaître jusqu'aujourd'hui. Il serait honorable pour l'administration de M. Orfila d'achever l'œuvre morale de cette réforme, et de faire *une réalité* de l'allégorie de Berruer.

Il poursuit, en attendant, son plan d'améliorations physiques; la Faculté elle-même en réclamait d'urgentes. L'amphithéâtre, on l'a vu, ne peut contenir plus de 900 à 1,000 personnes, 1,500 élèves de première et de seconde année sont obligés d'y suivre simultanément des cours.

Interprète immédiat des intérêts de l'École, le doyen a fait approuver, par le ministre de l'instruction publique et le conseil académique, les trois propositions qu'il leur avait soumises, savoir : 1° la construction d'un nouvel amphithéâtre ; 2° celle d'une salle d'actes pour les examens ; 3° et enfin l'agrandissement de la bibliothèque et des salles de collection. L'estimation des dépenses est de 500,000 francs ; les chambres en ont voté l'allocation sur la fin de la session dernière.

Nous avons parlé déjà de quelques améliorations à introduire dans l'enseignement de l'École: une très-importante nous reste à réclamer. Est-il croyable que la première faculté médicale de l'Europe n'ait pas de chaire consacrée à l'histoire de la médecine? L'absence de cette institution est une immense lacune : la presque unanimité des élèves est étrangère aux annales de l'art, sans notion des révolutions qui en ont constitué les diverses époques, ignorante des élémens des plus célèbres doctrines, ignorante même des noms des plus habiles maîtres et des plus puissans novateurs : la science pour eux n'a pas d'âge; elle est du jour où ils l'ont rencontrée. On ne sait de quel nom flétrir cette répudiation du passé. Si c'est de l'oubli, il est inexcusable; si c'est de l'orgueil, c'est de l'orgueil en démence, car il ne peut regarder en arrière sans se heurter aux plus beaux et aux plus vigoureux génies. Ne sommes-nous même pas d'hier, et de toutes ces sciences où l'esprit humain ne marche, a-t-on dit, qu'en spirale, la médecine est-elle la seule qui n'ait point d'intérêt à remonter vers sa source, et qui n'ait ni vie ni lumière à repuiser à son berceau ? non ! De toutes les branches des connaissances humaines, c'est celle qui a peut-être le plus de biens à recueillir, et la plus riche récolte à faire sur les premiers chemins qu'elle a suivis. Ne reconnût-elle la trace de ses pas qu'à celle de ses erreurs sur cette route du passé, où trouver une plus belle, une plus philosophique étude ? Mais elle y rencontrerait des vestiges d'hommes et de systèmes qui, vus de leur époque, le point exact pour les juger, si haut que s'élève la vanité du siècle, nous réduirait à une estimation plus humble et plus juste de nos temps, et cette étude est une de celles qui ne peuvent être spontanées. Élèves, les jeunes gens manquent de l'occasion ; praticiens, du temps de la faire. Il faut qu'elle rentre dans l'ordre de leurs premiers travaux, et que l'institution d'une chaire répare promptement cette étrange lacune.

Le nombre de celles établies s'étend aujourd'hui à dix-sept ; celui des professeurs à vingt-quatre. La plupart des derniers ont reçu l'investiture de la nomination royale, les autres ont subi l'épreuve du concours. Depuis la révolution de juillet, il est devenu la loi d'avancement de l'École. Les opinions, divisées sur ces deux modes si distincts d'élection, ne le sont guère sur leurs résultats ; les deux, en général, ont donné de bons choix ; ils peuvent l'un et l'autre ouvrir carrière à la faveur, ou faire place à la justice : si la substitution du jugement du concours à la nomination faite par ordonnance a pour fin d'éviter la brigue, il faut le dire, le concours ne remplit point son but ; il n'a point détruit l'intrigue, il ne l'a que déplacée : l'intrigue est de l'essence de toute candidature. La question n'est pas là ; elle est dans la comparaison des autres avantages des deux modes d'élection, et là elle n'est point jugée : c'est un problème dont le temps seul peut donner la solution.

Je passe à une rapide revue des professeurs, en commençant par ceux des sciences accessoires. Le premier qui se présente est M. Orfila ; il cumule à l'École les fonctions de doyen et les fonctions de professeur de chimie. Les intérêts de la Faculté n'en souffrent pas plus que ceux des études ; il est l'homme même de la matière, et je veux dire par-là celui qui a le mieux saisi le caractère d'un cours de chimie à l'École. L'ouvrage qu'il a publié sur les élémens de cette science est une lucide exposition des rapports qui l'unissent à l'art médical ; il n'y suit pas le plan du Traité de M. Thénard ; il a dû le modifier dans l'intérêt d'un ordre plus synthétique. Ses deux qualités dominantes sont la méthode et la clarté : on les retrouve au plus haut degré dans son cours et dans son livre. Le premier n'est que le développement du second ; les professeurs eux-mêmes ne dédaignent pas d'y assister, et la foule des élèves s'y presse comme le peuple aux portes d'un théâtre. La partie faible du cours est celle des expériences. Ce n'est pas qu'elles échouent toujours, mais c'est qu'elles sont très-souvent invisibles.

L'ouvrage de M. Orfila sur la chimie n'est pas toutefois son premier titre scientifique ; il en est un second plus réel, *ses Leçons sur la Médecine légale*. Le livre qu'il a publié sous ce titre est le traité le plus neuf, le plus complet et le plus généralement consulté sur la matière ; il en avait du reste exposé les questions dans son cours de médecine légale à l'ancienne Faculté de Médecine : il exerce sur ce sujet une autorité spéciale.

Les élémens de la physique médicale sont développés par M. Pelletan ; il a subi deux nominations : l'une de l'ordonnance et l'autre du concours. C'est un homme d'une brillante facilité d'élocution et d'une grande variété de connaissances ; il a publié un ouvrage en deux volumes sur la physique, où, comme dans ses cours, il insiste particulièrement sur les principes qui présentent l'application la plus directe à la médecine.

M. Deyeux est chargé des leçons de pharmacologie. Mais le savoir incontestable de l'honorable professeur a de la peine à triompher de l'esprit de négligence qui éloigne les élèves de suivre cette étude. Ils donnent la préférence sur l'amphithéâtre aux livres et au travail solitaire du Muséum.

Le quatrième professeur des sciences accessoires est M. Richard. Il était depuis long-temps agrégé à la Faculté, quand il a été appelé à la chaire d'histoire naturelle. Ses ouvrages et ses cours sur la physiologie végétale et la botanique avaient de loin préparé sa nomination, et viennent de lui ouvrir les portes de l'Institut.

Nous arrivons aux professeurs des sciences directes et radicales, MM. Cruvelhier et Bérard.

La nomination du premier remonte au ministère de M. Frayssinous. Ce fut lui qui le désigna pour remplir la vacance ou plutôt la lacune de la mort de Béclard. Il se trouvait, je m'en souviens, dans une position difficile. Appelé à succéder dans une chaire importante à un esprit de premier ordre, fardeau déjà lourd à porter, il avait de plus à subir la rude hostilité de l'École tout entière contre les principes et les hommes dont on le savait l'adepte. Le jour même de son installation, tout était préparé pour une explosion d'enceinte. L'auditoire était immense, tous les esprits prévenus, toutes les têtes exaltées : les ressentimens avaient besoin de se faire jour. Quand il s'avança, pâle et ému, au centre de l'amphithéâtre, devant ces murs où vibraient encore les dernières paroles de Béclard, il se fit un mouvement, mais qui s'arrêta tout à coup comme par magie. La convenance de son maintien avait suspendu l'explosion. Il y a souvent de la pudeur et d'admirables éclairs de justice dans les passions les plus entraînantes des assemblées où la jeunesse domine : on ne voulut pas paraître condamner un homme sans l'entendre. On l'écouta, mais sur bonne espérance qu'il ferait jaillir l'étincelle, l'esprit tendu sur chaque phrase, sur chaque idée, sur chaque mot. Son discours fut simple, bref, convenable, et surtout anatomique; ce qui le sauva. On sortit mécontent de ne l'avoir pas sifflé d'abord, et de n'avoir pu le siffler après. Il n'a pas fallu moins du talent de M. Cruvelhier pour triompher de ces préventions générales. Mais justice est de dire qu'il y a réussi, et quand sous l'influence de la révolution de juillet, révolution pourtant presque aussi oublieuse qu'elle est maintenant oubliée, un commencement de réaction vint à éclater, et à faire fermenter d'anciennes répugnances, il s'éleva de tous côtés des élèves pour le défendre, et sauver en quelque sorte sa capacité reconnue du naufrage de ses opinions. M. Cruvelhier est ainsi resté professeur à l'École, et continue de diriger ses travaux vers l'étude de l'anatomie, qu'il a envisagée dans les deux principaux aspects, l'état sain et l'état morbide. C'est la tendance qu'expriment les deux livres qu'il a publiés : l'un sur l'*Anatomie descriptive*, l'autre d'une plus haute importance et d'une plus grande étendue, sous le titre d'*Anatomie pathologique du corps humain*.

La nomination du second professeur, M. Bérard, est encore récente. Il avait depuis longtemps un nom parmi les agrégés les plus distingués de l'École, et s'était fait connaître des élèves par des cours particuliers d'anatomie et de physiologie. Ses premiers essais dans cette dernière science furent des études psycologiques; il fournit à M. De Montègre les documens, et même les développemens des principaux articles que ce savant praticien a publiés dans le *Dictionnaire des Sciences médicales.* M. Bérard doit sa nomination au concours. Il a le désavantage, auprès de son collègue, d'être appelé à l'exposition d'une science bien moins claire et bien moins positive : la physiologie est loin d'être fixée, et, au milieu des nuages qui l'enveloppent, souffre tout à la fois de l'obscurité de la controverse et de l'expérimentation. Les liens intimes du reste qui l'unissent à l'anatomie ont dû forcer M. Bérard à une étude spéciale et solide de cette branche essentielle de la médecine; et il a la réputation d'un très-habile et très-minutieux anatomiste.

Une transition naturelle nous conduit aux professeurs de pathologie et de clinique externes, les deux branches de l'art où les principes des sciences dont nous venons de parler sont d'une plus nécessaire et plus constante application.

Ces professeurs, pour la pathologie externe ou chirurgicale, sont MM. Marjolin, Gerdy et Richerand.

Le premier est chirurgien en chef de l'hôpital Beaujon, opérateur et médecin-consultant. La publicité de son nom s'étend presque à sa personne. Il est connu de Paris comme de la Faculté. C'est un homme plein d'abandon dans sa pose et dans ses manières, mais d'un abandon où perce une nuance légère d'indolence. Il est généralement aimé et estimé des élèves. Son cours est un des plus encombrés de l'École; il n'en est pas où l'homme se réfléchisse avec plus de naturel dans le professeur. C'est bien M. Marjolin qui parle. Et tout dans sa personne concourt au même effet : son abord ouvert, ses traits rudes et presque durs, mais d'une dureté qui ne dépasse pas l'épiderme, sa voix profonde et grave, sa diction simple et convaincue; le plus grand ordre dans la disposition et la division des matières, du naturel dans les transitions, de l'à-propos dans les détails; sur toutes choses une bonne foi, une candeur parfaites; une très-remarquable propriété d'expressions, les mots chez lui font voir et font toucher; art tout d'instinct, qui n'est jamais acquis et ne tient qu'au bonheur des dispositions natives. Historien vrai des impuissances et des erreurs de la médecine, il produit à la longue l'impression d'un homme à qui l'expérience a donné moins de principes que d'incertitudes, et plus de doute que de foi. D'une impartialité complète, qu'il s'agisse de lui ou des autres, il raconte leurs fautes ou les siennes avec une naïveté qui saisit : ce sont des accidens de triste conclusion et qu'il termine la plupart par une sorte de formule sacramentelle : *et le malade mourut;* puis après une pause, il la répète encore : *et le malade mourut.*

A coté de M. Marjolin, et appelé avec lui au partage du même cours, se présente M. Gerdy, physionomie méridionale, pleine d'aspérité, de vie et de mouvement, comme son caractère; homme d'action dans la science, et de foi dans l'art; d'une érudition vaste et laborieuse : esprit positif, qui a non-seulement des idées, mais ses idées. Avant d'être élevé par le concours au professorat, il s'était fait connaître par ses ouvrages et par ses cours sur la physiologie et sur l'anatomie; on lui doit des études neuves sur ces deux sciences, et il s'est attaché à expliquer et à déterminer les rapports de la dernière avec les beaux-arts; rapports qui, il y a plusieurs siècles, avaient vivement frappé l'ardente observation de Léonard de Vinci.

Vient ensuite M. Richerand, chirurgien en chef de l'hôpital Saint-Louis, ancien élève de Boyer dont l'École déplore la perte : il est chargé du cours d'opérations et appareils.

Il y a en lui deux hommes, le professeur et l'auteur. Le premier est médiocre, embarrassé, diffus, malgré une connaissance profonde de la matière ; le second est un très-habile écrivain ; peut-être est-il, de toute la Faculté, le professeur dont la plume est le plus heureusement exercée; son style a de l'élégance, de la richesse, de la pureté; ces qualités ressortent avec éclat dans ses ouvrages. Les principaux sont au nombre de deux ; sa *Physiologie* et sa *Nosographie*.

Quatre professeurs dans les amphithéâtres et les salles des hôpitaux sont appelés à instruire et à diriger les élèves dans l'application des principes de chirurgie ou de clinique externe : ce sont MM. Dupuytren, Roux, Jules Cloquet et Velpeau.

M. Velpeau est l'élu du dernier concours de l'École, concours brillant par le nombre et le talent des candidats ; il est élève du célèbre Bretonneaux, de Tours, mais il est avant tout fils de ses œuvres et du travail : il est peu de médecins de son âge dont la vie ait été plus laborieuse et plus riche en résultats. Dans l'intervalle d'un petit nombre d'années il a publié trois ouvrages ; un premier en deux volumes, sous le titre de

Traité d'anatomie chirurgicale, ou *Anatomie des régions considérée dans ses rapports avec la chirurgie;* un second, aussi en deux volumes, sous celui de *Traité élémentaire de l'art des accouchemens;* enfin un troisième et dernier, consacré à de belles et neuves investigations sur l'embriologie. Il n'est pas un de ces ouvrages qui ne lui ait mérité une haute estime scientifique : le dernier surtout, plein d'idées et de considérations nouvelles sur le développement de l'œuf humain, révèle un talent et une patience d'observation remarquables; il a soulevé une partie des voiles qui recouvrent cette grande et mystérieuse question.

De date moins récente dans le professorat, M. Jules Cloquet est entré, pour ainsi dire, dans la Faculté comme dans sa famille; c'est un enfant de l'École qui s'est fait rapidement le collègue de ses anciens maîtres. Le concours lui a donné une honorable place à leurs côtés. Ce n'est pas seulement un opérateur habile, c'est un jeune praticien d'une vieille expérience, plein de tact et de coup d'œil ; il est un des médecins qui ont fait avec le plus de succès l'application de l'acupuncture et de l'électricité au traitement des névroses et de quelques autres maladies. Son premier titre dans la science est un immense ouvrage d'anatomie descriptive, un des plus beaux que nous ayons encore sur la matière : il embrasse, dans un vaste tableau historique et figuratif, toutes les parties constituantes de l'organisation humaine. Le texte est plein de concision et de clarté; les planches, remarquables d'étude et d'exécution, le suivent avec une fidélité parfaite dans l'exposition et la démonstration des plus minutieux détails anatomiques.

La mort du célèbre Boyer, cette grande et vieille illustration chirurgicale, avait laissé dans l'enseignement clinique et dans les Académies un vide difficile à remplir ; l'hérédité du talent en a, pour ainsi dire, transmis le soin à sa famille ; et le professeur Roux, son gendre, s'est vu appelé de droit à la succession de son plus bel héritage scientifique : le vœu de l'Académie des Sciences lui a légué sa place à l'Institut. M. Roux avait long-temps partagé avec son beau-père le service chirurgical du second hôpital de Paris par son importance, l'hôpital de la Charité. Il s'y trouvait plus spécialement chargé de la médecine opératoire; mais depuis plus de deux années le dépérissement de la santé du savant vieillard l'avait investi de fait de tout le service chirurgical et de tout l'enseignement clinique.

M. Roux est d'une habileté rare dans le maniement des instrumens : elle va jusqu'à la grace, et presque la coquetterie. Il ne se borne pas à porter de l'exactitude dans les plus minutieux détails des pansemens ; il y joint de l'élégance et de la manière. Les opérations les plus délicates sont celles peut-être où il réussit le mieux : telle est l'extraction de la cataracte ; il y montre une dextérité, une précision, une sûreté de main incroyables ; le bonheur du résultat y répond presque toujours. Il n'en a pas été ainsi dans d'autres cas moins heureux, où il lui est échappé des erreurs graves ; mais une justice à lui rendre, est de reconnaître la bonne foi parfaite qu'il a mise à les avouer, et à les faire tourner au profit de l'enseignement; qualité rare et précieuse! Dans toutes les branches des sciences et des arts, il est commun de voir des hommes de talent faire des fautes, et il l'est si peu d'en trouver de sincères qui les avouent!

Enfin sur un autre théâtre, à la tête du premier hôpital de Paris, brille un génie de premier ordre, et le représentant le plus élevé de l'art de la chirurgie moderne, M. le professeur Dupuytren. Grande et imposante figure, il n'est pas d'homme dont la physionomie porte une plus haute expression de son art ; l'idéalité même n'irait pas au-delà. De quelque point de vue qu'on l'envisage dans la science où est son domaine, il s'y présente sous toutes les faces, opérateur, professeur, praticien, philosophe, avec la même hauteur et la même supériorité. Une affluence immense se presse à ses leçons ; il porte dans son service, ce devoir de tous les jours, une exactitude uniforme et cette activité tranquille d'un homme qui voit vite, de haut et de loin. Graces à ses soins et au concours des chirurgiens distingués qui le secondent, MM. Samson et Breschet, l'Hôtel-Dieu a subi une rénovation complète, et presque une métamorphose de constitution médicale.

M. Dupuytren joue en chirurgie le rôle de Bentham en droit public et en législation. Trop actif de pensée et de main pour écrire, il lègue à ses élèves la publication de ses leçons et l'expression de ses idées. Il n'existe point de lui d'ouvrages autographiques, à l'exception de mémoires et de rapports lus à l'Académie ; mais dans ces derniers temps on a successivement imprimé sous sa direction ;

1° Ses leçons orales de clinique chirurgicale, faites à l'Hôtel-Dieu, de l'année 1831 à l'année 1833 ; 2° les leçons cliniques sur les blessures par armes de guerre, recueillies par MM. Paillard et Marx ; et enfin différens mémoires sur les étranglemens des hernies, sur le choléra-morbus, sur une nouvelle méthode de traiter les anus contre nature, etc.

Aux professeurs de pathologie et de clinique externe succèdent les professeurs de *tokologie* ou d'accouchement ; ils sont au nombre de deux, MM. Paul Dubois et Moreau. Le premier vient de conquérir sa place par le concours : il est fils du précédent doyen de la Faculté de Médecine, le chirurgien-accoucheur de l'impératrice Marie-Louise, le célèbre et honorable M. Dubois. Le second appartient depuis plusieurs années à l'École; sa nomination est de date antérieure à la révolution de juillet; c'est un des choix heureux de la restauration qui le désigna pour remplacer une des spécialités les plus distinguées de la Faculté de Médecine, feu Désormeaux, de savante et regrettable mémoire, foudroyé plutôt qu'enlevé par la mort. Son avénement à l'École reçut l'accueil alors si rare de l'acquiescement général des élèves ; il a continué de le justifier depuis.

Peut-être convient-il de placer ici les professeurs des sciences en quelque sorte communes aux deux formes de l'art, et comme intermédiaires entre elles : la matière médicale, l'hygiène et la médecine légale.

L'exposition de la matière médicale et des

principes généraux de thérapeutique est confiée à M. le professeur Alibert : mais ce cours n'a pour lui qu'un intérêt secondaire, malgré l'étude spéciale qu'il en a faite; le sujet est aride, il le sait bien, et il l'effleure. Il vient tard, sort vite, et il a le talent de se faire attendre et regretter, par son aimable et gracieuse causerie. Un autre cours a sa prédilection, le cours clinique des affections de la peau, dont il a fait une longue et spéciale étude ; il le recommence chaque année, à l'hôpital Saint-Louis. C'est là qu'il a puisé, de 1807 à 1826, les documens de son bel ouvrage sur cette classe de maladies : ouvrage où il expose leurs hideuses altérations dans une série de planches admirables d'exactitude et de travail. M. Alibert est l'auteur d'un grand nombre d'autres publications : d'un *Traité des fièvres pernicieuses*, d'un *Précis historique sur les eaux minérales*, d'une *Nosologie naturelle,* etc., et enfin d'une *physiologie des passions*, ou *nouvelle Doctrine du sentiment moral.*

L'hygiène est professée par M. Desgenettes, le médecin en chef de l'armée d'Orient, dans cette fabuleuse expédition d'Égypte. Il en a gardé mémoire ! Bon et digne vieillard, dont la carrière fut belle, dont la vie est restée sans tache ! Il faut lui pardonner si d'involontaires souvenirs lui font par trop souvent recommencer la campagne ; s'ils le ramènent, sans y songer, à cette terre, à ce général, à ces temps extraordinaires, âge de l'éclat de sa vie et de la grandeur de son pays. L'Égypte ! c'est là qu'un médecin français s'inocula la peste pour arrêter dans l'armée la contagion de la peur, en la niant au péril de sa vie, et ce médecin a bien acquis le droit de ne pas l'oublier.

La Médecine légale enfin, cette branche toujours si sérieuse, et souvent si pénible et si obscure de l'art, a M. le professeur Adelon pour organe ; M. Adelon est un homme dont les connaissances sont à la fois solides, variées et progressives. C'est un des professeurs qui travaillent ; il a le bon esprit de ne pas s'en cacher, et d'avouer par ses études que, pour les hommes les plus éclairés et les plus capables, la science a toujours des degrés. La froideur de son débit nuit au succès de son cours : il manque de verve et d'entraînement d'idées. C'est le seul reproche qu'on puisse adresser à ses leçons : méthodiques et approfondies, elles remplissent toutes les autres conditions d'instruction et d'intérêt ; car ce n'est ni la clarté, ni la facilité d'élocution, c'est la chaleur qu'on y regrette. M. Adelon est l'auteur d'un ouvrage étendu sur la physiologie de l'homme ; histoire complète des faits, et critique savante des opinions divisées sur leur nature et sur leur mécanisme.

Il nous reste à passer la revue des professeurs de pathologie et de clinique internes, ou de médecine proprement dite.

Ils sont au nombre de sept : MM. Broussais, Andral et Duméril pour la première : pour la seconde, MM. Bouillaud, Fouquier, Rostan et Chomel.

Dans la rapide esquisse que je viens de tracer, je n'ai pas jusqu'ici prononcé le nom de système. La science chirurgicale ne les comporte pas. Elle a ses lois, et même mieux que ses lois : elle a, pour ainsi dire, sa constitution de principes généraux faite. Les opinions et les progrès s'y divisent en s'y renfermant : mais les systèmes y manquent à la fois de base et d'espace; ils portent sur des améliorations, sur des méthodes de traitement, en un mot sur des accidens, et ils sont ainsi réduits à des proportions trop exiguës pour s'y étendre.

Mais il est impossible de faire la plus petite excursion dans le domaine des sciences médicales, sans les heurter : les hommes y sont inséparables de leurs idées : et comme ces idées portent sur les principes et la génération élémentaire des faits morbides, je suis forcé d'en dire un mot; j'éviterai du reste de m'écarter en rien du caractère de cet article : je continuerai de me souvenir qu'il s'adresse à un public d'étrangers et d'hommes du monde, et non à une académie ou à une assemblée de médecins.

On distingue dans les maladies :

1° Les signes et les symptômes, des désordres ordres de fonctions qui les caractérisent;

2° Les lésions, altérations de l'organisation, qui naissent d'elles ou les déterminent;

3° Les causes qui semblent les produire;

4° La nature qui paraît les constituer;

5° Enfin le traitement, ou les indications à remplir pour les combattre.

La médecine n'a pas toujours obéi, dans ses études, à cet ordre important des faits; son attention s'est, il est vrai, d'abord portée sur les symptômes, car c'est par les symptômes, que les maladies préludent : mais, au lieu de s'abaisser des symptômes aux lésions, elle est immédiatement remontée des symptômes aux causes, et de l'impuissance où elle s'est vue de trouver leurs rapports absolus, elle s'est égarée à la poursuite de leur principes générateurs, et à l'inquisition de leur nature.

Et où l'a-t-elle étudiée? Dans l'interprétation

des phénomènes morbides présentés pendant la vie : elle a successivement fait élection de celui qui lui a semblé le plus souvent prédominer et revenir, et l'a constitué l'élément dont toutes les affections dérivent; cette marche à *priori* ne pouvait conduire qu'au système, c'est à dire à un ordre de faits, de principes, ou d'opinions.

Mais les dernières ont eu la grande part. Elles ont presque partout régné et gouverné seules : et, dédaignant de s'avancer par ordre, des signes et des symptômes aux lésions, des lésions aux causes, et de toutes à la recherche de la nature inconnue qu'elles poursuivaient, elles ont pris la plupart une marche opposée, abstractivement déterminé une nature et un siége hypothétiques des maladies, et de cette nature et de ce siége arbitraires, conclu à leur principe, à leurs lésions, à leurs symptômes, et dédaigné d'aller au-delà de la mort; la médecine a ainsi perdu des siècles à élever une pyramide sur sa pointe.

Il en était résulté une effroyable confusion : bien peu de bons esprits, tout en sacrifiant à cet irrésistible entraînement des systèmes, surent conserver, au moins dans leurs interprétations, la saine observation des faits. Le désaccord était partout : il était tout à la fois, et dans le sens intime, et dans l'ordre des symptômes, et dans la correspondance de ces derniers avec les lésions.

Pinel veut le premier arracher de nos jours la science à cette anarchie; il s'attache d'abord à rendre leur valeur aux symptômes, à saisir leurs rapports avec les lésions connues, à les classer, à les grouper, à en faire en un mot des familles générales, ayant un caractère distinct et déterminé, et à les renfermer dans un cadre plus philosophique. Ce cadre établit cinq divisions ou classes des maladies internes : la première comprend les fièvres ou réactions générales de l'économie indépendantes dans leur principe d'une lésion locale primitive; la seconde comprend les phlegmasies ou inflammations : la troisième les hémorrhagies ou les diverses pertes de sang; la quatrième les névroses ou affections du système nerveux sans altérations distinctes; la cinquième enfin les maladies organiques, ou modifications morbides de la nature intime des organes. Cette seule division fut un immense progrès : elle a commencé la réforme, et pour ainsi dire institué la science médicale.

L'ordre dans les maladies est bientôt devenu de l'ordre dans les opinions, et elles ont fait le premier pas vers une unité possible : la reconnaissance des faits. Si opposés que les médecins de nos jours soient encore sur la nature, et le siége primitif, et le mécanisme des diverses affections, au moins tombent-ils généralement d'accord sur deux groupes de faits, les lésions et les symptômes ; mais cependant à une condition : de les considérer en eux-mêmes et non dans les rapports de cause à effet qui les unissent. Arrivés là, les systèmes naissent et les opinions se divisent.

Quels sont les élémens de ces divisions? 1° Le principe originaire et le caractère réel des maladies ; 2° Le rôle primitif ou consécutif que jouent les symptômes et les lésions.

D'une dissention sur ces deux points, les médecins arrivent à la plus complète opposition sur la nature des affections morbides, sur leur siége et sur leur traitement.

De là les deux grandes scissions des opinions médicales de nos temps, toutes les deux représentées par des esprits d'un ordre élevé. La discussion est surtout dans la définition des fièvres continues, le premier ordre de la nosographie philosophique de Pinel.

Avant le Docteur Broussais, il y avait unanimité sur cette question dans la science. Tous les les médecins attribuaient aux fièvres un caractère essentiel, c'est-à-dire les considéraient comme des affections générales et vagues, sans siége déterminé, sans nature bien connue, indépendantes dans leur principe de lésions locales qui les expliquassent : les lésions, dans ce système, ne sont point l'élément, mais le résultat plus ou moins prochain de la maladie. C'est dans la répudiation absolue de cette opinion que l'école du Docteur Broussais a pris naissances. Il a commencé par nier, dans tous les cas, cette nature essentielle des fièvres : il ne les a envisagées que comme des symptômes généraux sympathiquement déterminés par une affection locale. Tel est son premier pas, pas immense dans la carrière : c'est la partie critique de sa doctrine, celle qui a eu dans la science d'incalculables résultats.

Le second, plus hardi encore, a porté sur la détermination du siége même et de la nature de l'affection locale. Renversant d'un bond la nosographie de Pinel, il a fondu, dans un seul ordre ses cinq ordres de maladies, et les a toutes rattachées à un même principe ou cause. Cette cause, à ses yeux, est l'irritation. L'irritation est l'élément tout à la fois unique et multiforme des affections morbides, suivant la nature des organes et des fonctions ; et le siége, ou primitif ou secondaire de son action, est l'estomac et les voies digestives. Ce travail perturbateur est, dans son opinion, le premier degré de la maladie. Il détermine vers les organes un afflux irrégulier du sang, qui constitue l'inflammation, second degré de la maladie; et l'inflammation, à son tour, détermine une série de symptômes et de lésions qui ont aussi leurs symptômes, et dont la gravité dépend de l'intensité de l'irritation et des influences auxiliaires qui la favorisent. Telle est, en peu de mots, la partie constitutive ou dogmatique de son système. On voit quel rôle immense y joue l'intervention sanguine, et, comme conséquence, l'importance, dans le traitement, des saignées pour la combattre, et de la diète pour s'opposer au cours et au renouvellement du sang sous l'influence d'une impulsion morbide.

Il faut avoir suivi M. Broussais dans ses ouvrages, il faut avoir lu surtout le célèbre *Examen des doctrines médicales* et son Traité des phlegmasies chroniques pour sentir tout ce qu'il y a de verve, d'entraînement, de logique et de supériorité dans ce vigoureux génie; presque toute la partie critique est admirable de hauteur de vues et de sûreté de jugement, elle a fait une révolution dans l'art; la partie dogmatique, beaucoup plus contestable, beaucoup plus contestée, mais d'une force et d'une unité qui arrivent pour ainsi dire à se soutenir sur elles-mêmes, a dû profondément diviser les esprits : elle a jeté jusqu'aux fondemens des écoles qui de nos jours sont nées d'elle pour la combattre.

La révolution de juillet a ouvert à M. Broussais les portes de la Faculté. Il est chargé du cours de pathologie générale : on l'y trouve tout entier. C'est un de ces hommes qui n'abdiquent pas : ce sont toujours ses mêmes principes, c'est toujours cette nature si eminemment volontaire, toujours cette expression chaude et cette mimique passionnée qui communiquent et répandent d'autorité sa foi dans sa voix, dans son regard, dans sa pantomime entière. On l'a accusé d'avoir mis le désordre dans la médecine : il n'y a mis que le mouvement. Les hommes de repos et de station dans l'art, ceux qui vivent de la science faite, comme les héritiers de l'industrie de leurs pères, ne comprennent pas assez ce qu'elle doit aux systèmes; presque toujours le progrès lui vient d'eux : ils la poussent par des secousses, même par celles qui les renversent. Le professeur Broussais est encore trop près de nous. A l'égard de pareils hommes, il ne suffit pas d'avoir les yeux sur eux et sur leurs œuvres, il faut suivre leur route dans le temps et regarder devant et derrière; là est un intervalle rempli par une révolution, et cette révolution est souvent leur plus bel ouvrage. Quand on considère de ce point l'état où M. Broussais a trouvé et où il a laissé la science, qui donc oserait nier la grandeur de son rôle? Mais ainsi que la plupart des supériorités et des plus puissans novateurs, il subit de ses contemporains l'expiation de son génie; la justice dans la science comme dans la pénalité n'arrive guère que sur des tombes.

Des professeurs de la Faculté de Médecine et des médecins de notre époque, les uns ont adopté, les autres modifié, les autres complétement rejeté son système. De là trois écoles distinctes :

L'école *physiologique* ou de Broussais :

L'école *organique*, ou anatomico-pathologique :

Et enfin l'école qui admet l'existence des fièvres essentielles.

MM. les professeurs Fouquier, Duméril et Chomel, et les célèbres praticiens MM. Louis et L'herminier, appartiennent à la dernière : je saurais dire au même degré. Les plus positifs les plus avancés dans cette doctrine sont MM. Lo et Chomel : le premier, médecin de l'hôpital de la Pitié, le second, professeur de clinique médicale : tous les deux se confondent dans cette opinion que les lésions locales, quand elles existent dans les fièves continues, n'en sont *point le foyer primitif*, mais une *altération secondaire et consécutive*. Quelque opinion qu'on ait sur leur système, il est impossible de ne pas rendre justice à deux esprits d'un ordre si élevé, et d'une aussi patiente observation. Tous les deux ont publié des ouvrages remarquables : M. Chomel, en 1821, son *Traité des Fièvres et des Maladies pestilentielles;* en 1824, des *Élémens de Pathologie générale;* et enfin cette année même, ses *Leçons de Clinique médicale*, recueillies et publiées sous ses yeux par M. Genets, ouvrage qui résume l'histoire de ses convictions et de ses recherches scientifiques sur l'affection typhoïde, et où il l'envisage sous toutes ses faces, dans ses symptômes, dans ses lésions, dans ses causes, dans ses formes, dans son diagnostic, son pronostic, son traitement, et sa nature. M. Chomel est, comme praticien, un homme d'un grand discernement et d'une méthode rigoureuse et raisonnée dans l'appréciation et la répression des faits morbides : comme professeur, il présente beaucoup de suite et de facilité dans l'expression de ses idées.

M. Louis est connu par un plus grand nombre d'ouvrages et de mémoires : tous roulent sur des recherches d'anatomie pathologique : les plus célèbres à juste titre sont celles qu'il a publiées sur la phthisie, et sur les fièvres graves; le premier surtout jouit d'une haute réputation; c'est une savante et belle monographie de cette affection désespérante. Son dernier ouvrage date de 1830, et se rattache à un souvenir honorable pour son auteur : les documens recueillis sur la fièvre jaune à Gibraltar. Un reproche qu'on adresse à cet observateur, et que dans notre opinion il paraît mériter, c'est de pousser l'inquisition des faits jusqu'à l'éparpillement, et d'imprimer à l'analyse un mouvement qui tend moins à leur distinction qu'à leur dissociation, suivant l'expression du docteur Broussais.

MM. Fouquier, l'Herminier, et Dumeril, tout en adhérant aux principes de la même école, n'y portent pas au même degré l'absolu de la conviction : ils semblent sur une sorte de terrain intermédiaire, et paraissent plutôt ne pas nier qu'admettre l'existence des fièvres essentielles; ils en sont presque au doute, où du moins à l'hésitation, et étendent davantage le domaine des phlegmasies. Depuis 1830, le premier est professeur de clinique médicale, après l'avoir été long-temps de pathologie interne à notre faculté. Son immense clientèle, qui l'absorbe tout entier, ne lui laisse pas le temps d'écrire ; on n'a de lui que des mémoires, et la traduction de Celse, concurremment publiée avec le docteur Ratier. C'est un des médecins qui se sont livrés avec le plus de persévérance et de succès, à la pratique de la médication, et de l'expérimentation médicale ; il a surtout fait une étude spéciale de l'hydropisie et de son traitement, et de l'action curative des poisons végétaux et des plantes vireuses dans les névralgies.

M. le professeur Duméril, que ses opinions médicales rapprochent de celles de ces derniers, occupe depuis long-temps une place distinguée dans l'enseignement de l'École ; mais il est beaucoup moins célèbre comme praticien que comme naturaliste : c'est peut-être l'homme du savoir le plus étendu de la faculté ; ses immenses connaissances dans les sciences physiques et la zoologie, auxquelles il a consacré plusieurs ouvrages, en font une des premières et des plus anciennes notabilités de l'Académie des sciences.

La seconde École, ou *l'École organique*, est celle qui compte peut-être, en dehors de la faculté, le plus de représentans : elle en a de distingués au sein de la faculté même ; à leur tête est M. Rostan. Le fondement de cette doctrine dont il est un des chefs, repose sur la négation absolue des fièvres essentielles. Toutes, dans son opinion, ne sont que des symptômes d'une lésion inconnue ou connue des organes, et cette lésion n'est point toujours l'inflammation, mais une altération très-diverse dans sa nature, dans son siége et dans sa cause, comme elle l'est dans ses signes, et doit l'être dans son traitement. On doit à M. le professeur Rostan la formule générale et complète de ce système ; elle a été l'objet de son principal ouvrage, ou de son *Cours de Médecine clinique*, l'un des meilleurs titres à l'appui de sa nomination récente à la troisième chaire de clinique. Le concours vient ainsi d'introduire à la faculté un nouvel élément de division et d'hostilité, dans le chaos de principes et de croyances qui s'y combattent ; M. Rostan est le premier des médecins en autorité et en nom dans la science, qui de nos jours ait eu l'élévation d'esprit de se ranger du côté des faits dans l'immense question de ces phénomènes de haute psycologie, et de physiologie nerveuse, désignés sous le nom de phénomènes magnétiques ; il y a joint une qualité plus rare, le courage de se montrer et de rester de son opinion, et il est dans le progrès inévitable de la science, c'est à dire de l'observation mieux éclairée sur la nature des faits, de lui rendre bonne justice.

D'une conviction théorique bien opposée sur cet ordre de phénomènes, un autre professeur de clinique, M. Bouillaud, expose dans ses leçons, des principes intermédiaires entre l'école de Broussais et l'école organique ; il ne diffère de la dernière que par la plus grande part qu'il accorde à l'inflammation en général, et à celle du tube digestif en particulier dans le développement des maladies. M. Bouillaud est l'auteur d'un grand nombre d'ouvrages publiés depuis 1825 jusqu'en 1833, sur les affections cérébrales, les fièvres prétendues essentielles, les généralités de la clinique médicale et le choléra-morbus ; on lui doit de très-belles recherches sur les maladies du cœur et les hydropisies. C'est un homme à qui l'on peut faire le reproche d'une foi trop étroite dans le rationalisme, et dans l'état présent des lois et des connaissances médicales ; mais il est impossible de mettre en doute le talent et le savoir dont ses écrits font preuve.

Une seconde modification, bien remarquable, de l'école organique, est celle que représente à la Charité le docteur Rayer, médecin de cet hopital. Cette modification porte sur la thérapeutique ; d'une trop grande portée d'intelligence pour vouloir constamment trouver et établir un rapport absolu entre la nature intime et le traitement des maladies, M. Rayer substitue les indications pratiques aux indications théoriques, et dans les prescriptions ne suit en général qu'une règle : *l'empirisme expérimental.* C'est la méthode d'observation mise dans le traitement à la place de la méthode rationnelle, système philosophique, mais qui repose sur des conditions d'une application délicate : il ne s'improvise pas, l'expérience vient à la suite; il demande du temps, de la hardiesse, du coup d'œil; il exige surtout plus qu'un autre, le don de ce sens intime, beaucoup moins intelligent qu'instinctif et naturel, que l'on nomme tact médical ; en un mot, toutes les qualités dont jouit à un si haut degré l'homme distingué dont je parle. On a de M. Rayer un principal ouvrage sur les maladies de la peau dont il a fait l'objet d'études approfondies, et une monographie de la suette miliaire.

Il est enfin une dernière École, dont le principe est commun à toutes les branches de la philosophie, et que l'on voit presque toujours surgir des ruines et des violentes secousses des grands systèmes. Ce temps d'arrêt après le mouvement, et de doute après la foi, appartient à *l'éclectisme*. Il est alors un besoin des esprits, et une sorte d'état de repos et d'expectation des intelligences au sortir des révolutions d'idées. Cette méthode de conciliation et d'alliance entre les doctrines devait trouver sa place dans le vide laissé par l'école de Broussais : elle a le professeur Andral pour organe à la Faculté ; les belles et savantes recherches qui enrichissent ses leçons, l'esprit philosophique qui les caractérise, le point de vue élevé sous lequel y apparaît l'art ; les faits intéressans, les idées neuves dont elles abondent, tout concourt à leur succès et à leur retentissement. Le professeur Andral y jouit d'un immense avantage, celui d'y développer les deux matières auxquelles il a consacré ses travaux : la clinique médicale et l'anatomie pathologique ; mais si grande que soit l'importance de la dernière à ses yeux, on lui doit cette justice qu'il a su résister à l'entraînement d'en faire la médecine elle-même, et de vouloir tout en induire, et tout expliquer par elle. C'est qu'elle est en effet loin de tout dire et de tout expliquer ; elle n'a pas plus donné le dernier mot de l'être malade, que la physiologie de l'être intelligent, que la psycologie de l'être volontaire.

Mais dans cette anarchie des opinions et des

principes, où donc, me demandera-t-on, est le corps de la science, où donc est l'ame de l'École de Paris? Le caractère spécial de l'École de Paris est dans la scrupuleuse investigation des phénomènes et des lésions morbides, et par suite, dans la découverte progressive de leurs rapports : partout ailleurs elle en reste où en restent de nos jours les doctrines, les opinions, les intérêts, les croyances ; elle critique, recherche, renverse, et fait halte dans l'incertitude. Ainsi marche notre siècle, au milieu des débris, préparant le sol par la destruction, et jetant de toutes parts autour de lui dans la religion, la politique, l'industrie, la science, sur des ruines d'hommes, de jours et de systèmes les mystérieux fondemens, d'un avenir qu'il ne verra pas (1).

Dr Prosper Lucas.

(1) Les bornes déjà bien étendues de cet article ne permettaient point d'y admettre l'histoire de l'origine et du développement de la Faculté de Médecine. On en trouve une complète exposition dans l'ouvrage plein de faits et de documens curieux que le docteur Sabatier vient de publier sous le titre : *Recherches historiques et statistiques sur la Faculté de Médecine de Paris.*

PETITES MISÈRES PARISIENNES.

Mais, si Paris la bonne ville, est remplie d'innocens petits plaisirs, n'allez pas croire qu'elle n'ait pas aussi ses petites misères! Où donc est la joie sans mélange? où donc est la patrie du parfait bonheur dans ce monde, et quelle est la belle voix qui n'ait pas ses notes douloureuses? Ainsi est fait Paris. Il a ses joies, à condition qu'il aura ses douleurs, ses chagrins; à condition qu'il aura ses plaisirs. Paris a d'abord le grand inconvénient de s'éveiller de très-bonne heure, s'il est vrai que jamais Paris s'endorme. Vous êtes plongé dans le doux repos de la nuit, l'aurore commence à peine à ouvrir le ciel avec ses doigts de roses, sur lesquels elle met souvent ses gants de nuages, que tout à coup vous êtes réveillé en sursaut par le commerce parisien. A Paris le commerce s'éveille avant l'intelligence, il n'y a pas un mortel dans le monde qui soit levé avant le marchand de vin; c'est le marchand de vin qui ferme le dernier sa boutique, c'est encore lui qui l'ouvre le premier, c'est lui qui attèle à leurs charettes respectives, la marchande de la halle et le gros chien du boucher; chez le marchand de vin commence tout l'espoir de la journée; c'est le point de départ du grand voyage de douze heures que font chaque jour les petits marchands à travers les petits consommateurs; que de rêves se font là les yeux tout éveillés! Celle-ci, la vieille femme qui n'a plus rien à vendre que de l'amadou et des allumettes, calcule ce que lui rapportera son bois souffré; celle-là, la jeune femme qui a faim et froid chauffe ses doigts à la brioche chaude qu'elle doit vendre par la ville pour acheter un pain dur; le fort de la halle avance en se dandinant sur ses deux talons et présentant ses robustes épaules à qui veut les louer ; il a rêvé qu'il portait cinquante sacs de charbon dans la journée, et il ne demande pas mieux que son rêve s'accomplisse ! Voyez plutôt quelles épaules et quelle large poitrine et quelle énorme tête et quels bras ! Il est bien heureux que ce taureau porte-médailles ait l'ame d'un mouton, d'autant plus qu'il y a à Paris une armée de ces tranquilles colosses qui portent quinze cents sur leurs épaules, et qui sont les plus honnêtes gens du monde. Toute cette foule commence sa journée chez le marchand de vin, elle arrive en silence autour du comptoir de plomb ; on croirait voir autant de chrétiens primitifs qui font leur prière du matin ; hélas ! c'est là aussi une prière ; ce sont les travailleurs de la journée qui boivent *le petit vin blanc* du matin.

Mais aussitôt que cette première libation est faite : écoutez ! Voilà tout ce monde qui crie à briser les vitres. Qui en veut ? qui veut de moi ?

Le porteur d'eau crie son eau, le marchand de mottes, pauvre poussière qui n'a du bois, ni l'apparence, ni la flamme, ni la chaleur, crie ses mottes ; mais depuis long-temps on a fait une chanson sur les cris de Paris. Adieu donc le sommeil ! Il faut que le Parisien se lève, et en effet il se lève. S'il a peu dormi ce matin-là, il dormira mieux la nuit prochaine. Et en effet le voila levé. En général le Parisien est matinal; pour dormir à Paris il faut avoir une maison à soi, dans un lieu disposé, tout exprès, entre cour et jardin, dans un beau et tranquille quartier, il faut être très-puissant, très-jeune ou très-riche; pour dormir à Paris, il faut être également à l'abri des petits plaisirs et des petites misères de Paris. Or, c'est là justement que commence notre sujet.

Nous ne parlons que des médiocres, des petits, des faciles, des innocens plaisirs du Parisien retiré, qui est assez sage pour avoir la campagne en horreur et pour traiter la province comme une vaste campagne habitée. Voilà donc mon Parisien debout. Et autrement le moyen de dormir? Du bruit dans la rue, et au-dessus de sa tête du bruit, et dans son escalier du bruit, et à sa porte du bruit, et entre ses deux cloisons du bruit. Car c'est là une des misères parisiennes : on ne peut pas vivre seul à Paris ; on se trouve malgré soi le membre d'une immense famille dont on partage les chagrins et les joies. Quelle vie parisienne est à l'abri de ces détails? A peine levé, vous entendez au-dessus de vous une voix gémir : c'est un pauvre malade qui se réveille en poussant un cri plaintif; l'instant d'après vous entendez une grosse voix qui roucoule, c'est l'élève du Conservatoire, espoir futur de l'Ambigu-Comique qui répète sa leçon en attendant son lait froid du matin. A vos côtés une mère gronde sa fille, un mari gronde sa femme, tout cela mêlé d'un certain bruit insupportable de poterie et de ferblanc : c'est le café au lait qu'on prépare. Le café au lait, cette drogue malsaine qui creuse l'estomac sans le nourrir, cet horrible préjugé parisien qui énerve les hommes et qui pâlit horriblement les femmes; le café au lait, cette insipide nourriture qui empêche l'enfant de grandir, qui étiole la jeune fille, mais qui est un usage général à Paris pour le riche et pour l'épicier du coin, pour la marchande de lait de la borne, pour la portière, pour le portier, pour le chat et pour le roquet de la maison. Soumets-toi donc au joug, malheureux Parisien, ne te révolte pas contre ton épicier, il est sergent dans la garde nationale; ne résiste pas à la laitière, de la laitière dépend la bonne renommée audehors, dans le grand monde des cochers, des cuisiniers et des femmes de chambre; ne résiste pas à ta portière, de ta portière dépend ton repos, ta considération, l'estime de tes voisins et la confiance de ton propriétaire au dedans ; ne résiste même pas à ton aimable chat au poil si luisant, ne vois-tu pas, dans la mansarde voisine, madame Argant qui le guette comme le chat suit la souris, qui en est jalouse, qui l'aime de toute sa vieille passion, qui ne demande pas mieux que de s'approprier le bel animal, et qui s'empresse de lui donner, pour le séduire, tout son lait, tout son sucre, tout son café de quinze jours !

Mais qu'importe? si on dort mal, si on déjeune mal à Paris, en revanche on dîne mal, et ainsi s'entretient la santé, et ainsi on éloigne l'apoplexie, ce coup de foudre, par lequel finit tout homme qui mange beaucoup et qui digère bien. D'ordinaire, après le déjeuner revient le calme dans une maison parisienne : l'employé est déjà à son bureau, le courtier est à la Bourse, l'artisan travaille ; seulement, ce qui gâte quelque peu ce repos et ce silence, c'est que l'heure du maître de musique est arrivée ; heure fatale s'il en fut. Tous les pianos de la maison sont en branle. Gare à vous ! Un épouvantable déluge de notes sans harmonie, va tomber et pleuvoir dru comme grêle sur vos deux oreilles. Armez-vous de courage ! la sonate est là qui vous menace. Entendez-la : elle vacille, elle balbutie, elle ne va plus en mesure, elle prend toutes les allures et tous les tons, c'est bien le cas de dire comme Fontenelle : *O sonate que me veux-tu ?* Quand le maître de piano entre dans une maison c'est bien le cas de prendre son chapeau et d'aller se promener aux Tuileries, au Luxembourg, ou sur les boulevarts.

Mais voilà la chance! à l'instant même où vous allez sortir, votre chapeau est aussi luisant que votre chaussure, votre habit est net et propre, votre gilet est blanc, vous trouvez sur votre joue, je ne sais quel épanouissement qui vous flatte vous même; enfin, vous être votre maître et vous allez sortir! Tout à coup on frappe à votre porte, — on entre! — O ciel! c'est la province qui entre chez vous suivie de son mari, de sa fille aînée, de son gendre futur et de ses deux petits garçons. Voilà en effet un des plus horribles petits malheurs qui soient à Paris. Le provincial de Paris sent sa vie chaque jour, à toute heure, attachée par mille fils invisibles à toute une ville qui peut à toute heure débarquer chez lui, sous prétexte qu'elle l'a reçu, quand il vint au monde, sur les registres de son état civil; sous prétexte qu'elle lui a prêté son église pour son baptême, et son collége communal pour son éducation. — Voilà donc la province qui débarque chez notre Parisien ! c'est quinze jours d'ennui, d'esclavage et de captivité pour le malheureux Parisien.

Le moyen en effet de s'en défendre? On est de Paris, il faut bien faire les honneurs de sa ville ; en revanche on vous fera les honneurs de la ville d'Argentan ou de la ville de Nevers, quand vous irez. Donc mettez-vous en route pour promener tous ces provinciaux qui ont compté sur vous pour les traîner à la remorque à travers toutes les curiosités parisiennes. La première chose que le provincial voudra voir, c'est le Jardin-des-Plantes. Un beau jardin si vous voulez, mais perdu, désert, sentant la botanique et la bête fauve, lieu d'asile qui sert de rendez-vous aux amours bourgeois de l'école de droit et de l'école de médecine. C'est au Jardin-des-Plantes que l'étudiant mène la femme qu'il respecte, de même qu'il conduit au jardin du Luxembourg la femme qu'il affiche. Au Jardin-des-Plantes nos gens de province ne veulent rien perdre ; ils contemplent toutes choses, depuis la carcasse de la baleine jusqu'au léopard récemment venu d'Afrique ; depuis le cèdre du Liban apporté dans un chapeau, jusqu'à la modeste renoncule. Ils se promènent dans le jardin dont ils lisent directement les étiquettes accrochées aux plantes médicinales. Quand ils ont tout bien vu, tout flairé, quand ils ont jeté de la brioche à cet innocent ours Martin, dont ils vous racontent d'épouvantables histoires, l'envie leur prend d'aller voir l'hôpital de la Pitié, qui est très-proche. Il faut tout voir. Vous avez beau dire que vous ne connaissez personne à l'hôpital, nos provinciaux ne sont pas au dépourvu. — Chacun son tour, notre cher Parisien, vous disent-ils, vous nous avez montré les bêtes curieuses, nous allons vous montrer les malades. Et tout justement nos provinciaux ont dans leur portefeuille, outre leur brevet de capitaine de la garde nationale et leur passeport, une lettre du médecin de leur endroit qui les recommande à quelque interne de la Pitié, en faisant remarquer à l'interne, dans un *post-scriptum*, la physionomie piquante de mademoiselle Joséphine (la fille aînée du provincial) : grace à cette triste précaution, vous entrez donc à l'hôpital, ce triste recueil de tant de douleurs. Là arrive l'homme pour souffrir, pour mourir. Là tout est silence et gémissemens. Quel horrible plaisir de se faire un spectacle de ces souffrances ! Notez bien que l'homme de province a dans sa ville natale un hôpital dans lequel il n'est jamais entré ; mais un hôpital de

Paris, c'est bien autre chose! Ainsi ils parcourent ces longues salles de la Pitié, où meurt un homme à toutes les heures; ils vont dans les cuisines, où ils s'extasient sur l'immensité du pot-au-feu; ils ne se refusent même pas l'amphithéâtre tout sanglant, où la dissection a laissé ses horribles vestiges. Toutes ces choses, horribles à voir, le Parisien les regarde de sang-froid, mademoiselle Joséphine elle-même les regarde, elle ne veut pas qu'il soit dit que celle qui a lu *Han* d'Islande sans sourciller, recule devant deux ou trois hommes disséqués. Ainsi se passe cette journée du Parisien, trop heureux si quelque imprudent ne parle pas devant ses provinciaux de la Salpêtrière qui est proche, autrement il serait forcé d'aller voir les folles de la Salpêtrière. — Horrible spectacle encore celui-là, qui vous attriste l'ame pour huit jours!

De toutes les misères parisiennes, le débarquement du provincial est la plus grande misère. Le provincial vous force de voir ce qu'on ne veut pas voir. Autant le provincial est endormi chez lui, autant il s'éveille et se remue une fois qu'il est à Paris. Nul relâche, aucune trêve, rien; il faut aller. Aujourd'hui c'est le Panthéon qu'on visite depuis la tombe de Jean-Jacques Rousseau, tombeau de bois blanc qui s'en va en moisissure, ô honte de la France! jusqu'au dôme qui a changé si souvent de croix, de bannières et d'étendards. Le Panthéon, ce grand mensonge, cette immense vanité, cette gloire impossible dans une nation changeante qui est la proie des révolutions, le Panthéon dont le provincial ne voit que la pierre. Laissez aller le provincial. Du Panthéon il vous conduira tout droit à la chambre des Pairs dont il vous explique la nouvelle salle provisoire. A la chambre des Pairs il demandera : *Où sont les pairs?* comme il a demandé au jardin des Plantes : — *Où sont les bêtes?* Et si on lui répond : — Il n'y a pas de pairs aujourd'hui, il se promettra bien de revenir quand le Luxembourg sera au grand complet. Sorti du Luxembourg, il passe sous les galeries de l'Odéon, et il vous dit : — *Quel dommage, qu'un si beau théâtre soit fermé!* et *Ce n'était pas ainsi du temps de Picard.* En même temps il tire son *vade mecum*, et il s'écrie : — *Diable! et Notre-Dame de Paris que j'allais oublier!* A ce mot mademoiselle Joséphine pâlit et tremble, elle s'est rappelé Claude Frollo et Quasimodo le sonneur. O malheureux Parisien! Après avoir grimpé sur le dôme du Panthéon il te faut faire escalader les tours de Notre-Dame. Et ils montent, et ils grimpent, et ils s'arrêtent, et ils remontent, et ils cherchent sur les murailles ce mot grec qui veut dire : la *nécessité*, et qui a donné le sujet du roman de M. Hugo ; et ils vont toujours ainsi, et enfin arrivés tout en haut, ils tirent un couteau de leur poche et ils écrivent leurs noms. Pierre Bigonnes, sa femme et sa fille et ses deux garçons, propriétaire, électeur-éligible ; *anno* 1835 !

Des tours de Notre-Dame à la Morgue le chemin est facile. On entre à la Morgue, dont malheureusement les tréteaux noirs sont privés de cadavres ; mais en revanche tous les haillons des morts sont là étalés si horriblement ! mademoiselle Joséphine est fâchée qu'on ait badigeonné la Morgue, elle était bien plus pittoresque auparavant. Mais où vont-ils, ou plutôt où ne vont-ils pas ? Tout leur est bon ! Le Palais-Royal et le château des Tuileries, l'Académie des sciences et l'Académie Française, le Louvre et les eaux de Versailles, le Musée égyptien et le Panorama, les marchandes de modes et la boutique de Véro-Dodat. Menez-nous voir, disent-ils, *la* Taglioni et *la* Mars.—Voulez-vous accepter une bouteille de bière au *Café des Aveugles ?*—La belle limonadière doit être bien vieille à l'heure qu'il est ?—Et le sauvage, est-on parvenu à l'apprivoiser ? Et autres questions du même genre. O hélas! malheureux Parisien, ainsi attaché à la curiosité de tes compatriotes, tu regrettes de tout ton cœur la cabane recouverte de chaume, dans quelque beau vallon au pied d'une montagne chargée de sapins toujours verts.

Je n'en finirais pas si je voulais énumérer tout ce que le Parisien est obligé de voir dans l'année malgré lui et pour faire plaisir aux autres : par exemple, il faut qu'il descende dans les Catacombes tous les dix ans, il faut qu'il aille voir les figures de cire tous les six mois ; il est en outre chargé toute l'année de ridicules commissions:— acheter un chapeau de femme au Palais-Royal; —souscrire aux œuvres complètes de M. de Kock; — aller réclamer une gravure de *l'Artiste ;* — classer des feuilles pittoresques.—Quoi encore? Le pauvre homme est l'intendant et le domestique de sa province qui le pousse si fort à bout, enfin, qu'il se demande s'il ne lui vaudrait pas mieux renoncer aux bénéfices de la vie parisienne si chèrement achetés, et redevenir tout simplement un provincial.

Ce sont là les grandes petites misères de la vie de Paris: — vivre seul au milieu de ses voisins; —partager, sans qu'ils s'en doutent, leurs misères et leurs douleurs, et savoir qu'à leur tour ils vont entrer complétement dans les secrets intimes de votre existence ; — vivre sous la loi de son portier, et voir toujours là cet impitoyable Argus qui sait ce que vous faites mieux que vous, qui sait ce que vous pensez mieux que vous, qui lit dans l'ame de votre ami qui entre, et dans la lettre cachetée qu'il vous apporte ; — ne dormir que jusqu'à une certaine heure chaque jour ; — être exposé à tant d'envahissemens de provinces qui vous laissent à peine trois mois de liberté sur douze : voilà les vrais malheurs. Je ne parle pas de l'impôt, qui est toujours la même misère, et qui est toujours la même qu'on soit à Paris ou qu'on soit en province : je ne parle pas de la garde nationale ; c'est là le plus horrible impôt de la vie parisienne ; c'est là le tourment de toute existence bien faite, le désespoir caché dans tousl es cœurs de ce monde, la menace toujours renaissante qui vous poursuit dans les momens les plus doux et les plus tranquilles ; c'est là une misère qui doit être mise au rang des plus tristes, et des plus grandes, et des plus horribles misères. La garde nationale, grand Dieu ! Mais je suppose que mon honnête Parisien est assez heureux pour avoir quelque bonne infirmité, ou tout au moins quelque bonne soixantième année qui l'exempte du service national.

Il est bien encore d'autres petits inconvéniens parisiens qu'on ne doit pas passer sous silence dans une histoire complète des petites misères de Paris. Par exemple :

Vous sortez par un beau temps, et vous rentrez par une pluie battante ;

Vous vous croyez au beau mois de mai, et vous pensez que les roses vont venir : vous êtes obligé de mettre votre manteau fourré d'hermine ;

Vous avez un habit neuf, un cabriolet vous éclabousse ;

Vous voulez prendre une prise de tabac, et vous ne trouvez plus votre tabatière.

Vous allez au théâtre pour voir une pièce qu'on annonce et un acteur aimé, on a changé le spectacle ;

Vous achetez une belle pomme, et vous êtes obligé de la faire cuire si vous voulez la manger mûre ;

Votre dîner ne vous coûte que vingt-cinq sous, mais les huit jours suivans vous dépensez vingt-cinq francs chez votre médecin ;

Vous allez aux Champs-Élysées, et vous prenez l'omnibus de la barrière d'Enfer.

Vous allez à la promenade, vous tombez dans une émeute et vous vous trouvez entre deux feux ;

Vous êtes membre du jury et vous condamnez un homme aux galères, et, rentré chez vous, vous ne trouvez plus le sommeil, le doux sommeil, la vie de chaque jour, comme dit Macbeth.

Et mille autres chagrins de toutes les heures avec lesquels on ferait un volume. Mais qu'importe? N'êtes-vous pas, avec tous ces désagrémens, le plus libre, le plus heureux, le plus indépendant, le plus délicieusement oisif, de tous les êtres créés ou à créer, n'êtes-vous pas un Parisien de Paris? Si Paris n'était pas ce grand pêle-mêle, s'il était libre de tout impôt, dégagé de toute entrave; si la province ne venait pas à Paris, s'il n'y avait à Paris ni curieux à conduire, ni romans à acheter, ni cabriolets à éviter, ni filous à arrêter, ni voleurs à condamner, ni portes et fenêtres à l'impôt, ni portier à redouter, ni garde nationale à monter, Paris ne serait pas seulement l'Eldorado de cette terre ; mais encore Paris serait le paradis sur cette terre, car il n'y a de paradis que là-haut dans le ciel, et là seulement, on ne retrouve ni visiteurs importuns, ni jurés, ni voleurs, ni gardes nationaux!

JULES JANIN.

LE LANGAGE A LA MODE.

Paris donne à la province des cuisiniers et des préfets, des procureurs-généraux et des marchandes de modes : il lui prête de plus les mots qu'il invente pour son usage personnel, qu'il frappe à son coin, auxquels il imprime cours forcé pendant quelque temps, et que la province ne lui rendrait plus ensuite, s'il voulait les reprendre, que démonétisés et presque sans valeur.

Ces mots qui servent à tout et à tous, qui prennent leur place d'autorité, dans toutes les occasions et dans tous les discours, qu'on retrouve dans les salons et dans les ateliers, ces mots nés sous une heureuse étoile, qui finiront par s'emparer d'assaut du dictionnaire de l'académie française, que j'appellerai, je ne sais trop pourquoi, mots à la mode, parce qu'il faut bien leur donner un nom, Paris seul en a, depuis une époque immémoriale, la fabrication à peu près exclusive et sans partage.

Ce n'est même qu'à Paris qu'on en conserve le véritable accent, tandis que la province, initiée incomplétement et trop tard, à leur sens malin et mystérieux, n'arrive, dans sa plus grande perfection, à les répéter que comme un écho.

Aussi, là-bas, forment-ils comme une langue à part, la langue des doctes, des lettrés, des privilégiés, ainsi qu'on a le bonheur d'avoir, dit-on, en Chine, la langue des Mandarins : il n'est jamais difficile d'ailleurs, d'apercevoir, dans leur manière de dire, ce je ne sais quoi de raide et d'affecté qui devait bien certainement trahir le Macédonien, dans Isocrate, devant la marchande d'herbes de la halle d'Athènes.

A Paris, au contraire, avec quelle facilité

merveilleuse tout le monde échange, dans la conversation, ces mots trouvés, comme une monnaie commode et de bon aloi ; marchands, banquiers, artistes, artisans, grands seigneurs, en supposant qu'il en reste, tous vont puiser à cette tire-lire inépuisable de verts propos et de vives plaisanteries ; l'homme du peuple, avant tous, possède l'intelligence la plus rapide et la plus sûre de ces découvertes quelquefois périlleuses, dont le secret doit enrichir plus tard le vocabulaire le mieux choisi de la conversation parisienne.

Dumarsais, homme d'un grand sens quoique grammairien, prétendait, assure-t-on, qu'on devait consommer en un jour, plus de métaphores dans les marchés de Paris, que dans une année tout entière à l'académie française : c'était, on le voit, une idée comme une autre, quoiqu'elle eût presque, dans ces temps-là, le mérite de la nouveauté.

Qu'aurait-il donc dit, bon Dieu, de ces mots étranges, enfans de la verve, de la colère et des caprices populaires, dont la hardiesse et dont l'éclat attestent incontestablement l'origine, éclos en si grande abondance, sous le soleil de nos révolutions.

C'est du peuple en effet qu'ils nous viennent, tous ces mots qu'on est tout surpris de trouver, dès le lendemain, dans la bouche des gens comme il faut : le véritable inventeur, lorsqu'il les emprunte ensuite avec tant de bonheur et d'audace, ne se doute guère qu'il ne fait que reprendre son bien.

Le langage de Paris ! il y a, là-dedans, toute une histoire philosophique, morale, politique, littéraire, qui devrait toucher par tous les côtés et par tous les bouts, à tous les événemens de la grande histoire de notre grande ville, que je ne ferai pas conséquemment par d'excellens motifs qu'il serait peut-être un peu long d'énumérer ici.

En attendant *qu'un plus savant le fasse*, comme aurait dit La Fontaine, bon homme dont a trop exagéré la bêtise, et qui n'avait pas les mêmes droits que moi pour être modeste, me serait-il permis, au moins, de faire entrevoir un tout petit coin du tableau dont je ne me sentirais même pas la force de barbouiller la surface?

N'est-ce pas une chose singulière, et dont je n'ai jamais pu m'étonner assez, qu'on veuille absolument tout savoir de Paris : comme il mange, comme il digère, comme il s'amuse, comme il s'ennuie, tout enfin, excepté comme il parle.

La parole ne serait-elle plus ce qu'elle a toujours été? le trait le plus caractéristique et le plus saillant de la physionomie morale d'un peuple.

Quoi qu'en ait dit M. de Buffon, l'écrivain à manchettes et à veste de velours, qui ne savait, emprisonné dans ses magnifiques solitudes de Montbard, que faire de beaux romans sur l'histoire de la nature, le style n'est pas l'homme; le style, miroir menteur et poli, qui peint en beau, ne vous représente qu'en buste, et ne dit jamais que ce qu'on veut bien lui faire dire.

L'homme, c'est la pensée, et la pensée, c'est la parole qui la réfléchit soudainement, sans mensonge et sans apprêt, avec tous ses entraînemens et toutes ses aspérités. Si M. de Talleyrand a soutenu le contraire, en prétendant que la parole n'avait été donnée à l'homme que pour déguiser sa pensée, ce n'a jamais été de sa part qu'une plaisanterie diplomatique, à laquelle les secrétaires d'ambassade étaient seuls tenus de trouver un sel bien piquant. En dépit de M. de Talleyrand, le verbe incarné, pieux symbole, n'en reste pas moins le symbole le plus complet de l'humanité.

Aussi, par un inexplicable mystère de la Providence, chaque peuple, comme chaque individu, porte-t-il dans son langage et dans son accent le signalement irréfutable de ses instincts cachés, de ses inclinations et de son caractère.

Et non-seulement les grandes familles de la race humaine sont séparées entre elles par des différences profondes, mais chaque province se fait, dans la langue générale, une sorte de langue à part, où viennent se peindre la finesse narquoise du Normand, la solennité gasconne, l'imagination provençale, l'esprit goguenard des Bourguignons, et le bon sens épais des Alsaciens.

A ce titre-là, Paris, ce grand peuple, mélange incessamment renouvelé de toutes les nations et de tous les peuples, cet individu géant, au million de bras, qui se répand comme un torrent, sur ses boulevarts, sur ses quais, dans ses rues et sur ses places publiques; chantant dans les jours d'émeute et dans les jours de fête, devait avoir, plus qu'aucun autre, sa langue à lui seul, traduction vivante et animée de tout ce qu'il y a d'original et d'inattendu dans l'imagination, l'esprit et le bon sens des Parisiens.

Dans cet échange continuel de mots et d'idées, par lequel les peuples s'enrichissent, Paris a donné beaucoup, sans beaucoup recevoir; il a partout éparpillé les trésors de son langage, sans penser qu'on pourrait un jour l'accuser de plagiat lorsqu'il voudrait en rétablir l'inventaire.

Où retrouver, en effet, aujourd'hui le langage parisien? et n'a-t-on pas la crainte de mutiler, en l'isolant, ce curieux chapitre de notre histoire nationale?

Grace à Dieu, je n'ai pas voulu m'imposer une tâche aussi démesurément au-dessus de mes forces; le temps est passé des Budé, des Baïf, de Henri Estienne, et de tant d'autres, ouvriers laborieux, pour la plupart complétement inconnus aujourd'hui, qui consumèrent leur vie enterrés, pour ainsi dire, dans la mine d'où fut extrait, par leurs soins, l'or de notre vieille langue française.

D'ailleurs, quoique je fisse, un chapitre de mœurs ne pourrait jamais être qu'un ridicule travail d'érudition; je me contenterais fort bien, pour ma part, de la moitié de l'éloge décerné si finement par la reine Christine à Ménage, lorsqu'elle lui disait qu'il savait non-seulement d'où venaient les mots, mais où ils allaient.

Ainsi je ne m'inquiéterais guère d'aller troubler les mots dans la possession usurpée d'une noblesse souvent fort douteuse, si je pouvais savoir du moins où ils veulent aller.

Mais encore ici, que de difficultés insurmontables! et le moyen de suivre, à travers leurs sinuosités infinies, des mots appelés à des destinées diverses?

Comment distinguer les mots du langage que la conversation prête à la littérature, des mots que la littérature ne rend elle-même, qu'après les avoir usés, à la conversation familière.

Sans m'arrêter bien haut, qu'on me permette seulement de m'arrêter, un seul instant, à l'entrée du grand siècle de Louis XIV.

Quelle dépense, s'il vous en souvient, de mots à la mode? l'Hôtel Rambouillet, ce rendez-vous calomnié des beaux-esprits de ce temps-là, n'en était-il pas une fabrique en mouvement continuel? C'était de l'Hôtel Rambouillet que partaient tous ces mots, qui nous semblent maintenant ridicules, parce que la langue qu'on y parlait n'est plus pour nous qu'une langue morte, et cependant elle était celle des hommes les plus distingués, et des femmes les plus brillantes d'une époque où l'esprit courait vraiment les rues, comme on l'a si bêtement répété depuis.

Pour le dire en passant, je n'aime pas les proscriptions en masse, et j'imagine qu'il a dû périr plus d'un innocent, dans ces réactions du bon goût, dont Racine et Boileau surtout furent les instrumens inexorables.

On aurait bien dû tâcher de réhabiliter quelques-unes de ces divinités du second ordre, qui paient peut-être trop cher aujourd'hui, par l'oubli qui pèse sur leurs noms, l'éclat resplendissant de leur gloire viagère.

Quoi qu'il en soit, les vainqueurs s'efforcèrent d'anéantir la langue des vaincus, si bien que les mots à la mode, complétement effacés dans Boileau le janséniste, et dans Racine qui ne les avait pas lus dans Euripide, ne reparaissent, de loin en loin, que dans le vieux Corneille. Il était resté quelque chose de l'hôtel Rambouillet dans ce romain-là.

Molière aussi fut de la conspiration : il n'imagina rien de mieux que de prêter le langage de l'hôtel de Rambouillet à ses précieuses ridicules, à ses femmes savantes, à ses comtesses d'Escarbagnas ; et les spectateurs riaient, ceux-là mêmes qu'avaient séduits si long-temps les beaux romans de mademoiselle de Scudéry et de M. d'Urfé.

Les cinq ou six grands rois littéraires de cette époque ont cruellement abusé du privilége du génie : prenant exemple sur le grand roi leur maître, accaparant tous les honneurs de la renommée, ils ont impitoyablement condamné les autres à l'oubli. Aussi, de ces temps-là si remplis de dévotions galantes, de galanteries dévotes, d'existences aventureuses, il n'est arrivé jusqu'à nous qu'un parfum un peu fade de sévérité littéraire, de pruderie de mœurs et d'antiquité classique.

La régence, drôle d'époque, époque de pêle-mêle, de confusion et de désordre, inventa deux mots qui seuls auraient suffi pour la peindre. Les *roués* quittèrent la place de Grève pour le Palais-Royal, et M l'abbé de Saint-Pierre, un jour qu'il était éveillé, donna la *bienfaisance* au dictionnaire nouveau de la langue philosophique; on laissa la charité, comme par grace, aux catéchismes et aux sermons des curés de village; le beau monde ne voulait plus de la charité.

Le XVIIIme siècle, qui remuait des idées, inventa des mots pour les rendre ; chaque écrivain apportait au trésor commun le tribut de ses efforts et de ses travaux; on forgeait de nouvelles armes pour les combats qui devaient bientôt se livrer : Voltaire seul, le général de la grande armée, combattait aux premiers rangs, sans cuirasse, avec la vieille armure des écrivains qui l'avaient précédé.

Un seul mot, pour lequel Voltaire avait une prédilection manifeste, qu'on lit dans ses ouvrages les plus graves et dans les œuvres les plus légères et les plus abandonnées, pourrait indiquer les tendances de son esprit, et surtout la nature assez mal appréciée des innovations qu'il projetait ; c'est le mot : *bonne compagnie.*

Voltaire qui croyait à peu de chose, comme chacun sait, croyait à la bonne compagnie ; il n'a peut-être jamais eu d'autre superstition que celle-là.

Comme il sait ramener, à tout propos, le mot favori qui résumait à lui seul les extases de sa foi religieuse et politique !

Je ne puis me dispenser d'en citer un exemple que je puise dans son *Dictionnaire Philosophique.* C'est d'adultère qu'il s'agit, vilain mot, suivant Voltaire, et qui dit trop crûment la chose : aussi, voyez comment il le proscrit singulièrement.

« La bonne compagnie, c'est Voltaire qui parle, ne se sert plus de tous ces vilains termes, et ne prononce même jamais le mot d'adultère. Elle ne dit point : Madame la duchesse est en adultère avec M. le chevalier ; madame la marquise a un mauvais commerce avec M. l'abbé ; elle dit : M. l'abbé est cette semaine l'amant de madame la marquise ; quand les dames parlent à leurs amies de leurs adultères, elles disent : J'avoue que j'ai du goût pour lui. »

Voltaire est tout entier dans cette curieuse distinction grammaticale; il abandonnait l'adultère aux procureurs ou aux marchands *des six corps;* la bonne compagnie avait trouvé mieux.

C'est bien sérieusement encore qu'il termine ainsi l'un de ses badinages les plus élégans et les plus libres :

Il n'est jamais de mal en bonne compagnie.

Il le disait, comme il le croyait; c'était pour lui la morale de la fable.

Il est encore un mot que Voltaire n'a peut-être pas inventé, mais qu'il répète, au moins avec une complaisance extrême; *les honnêtes gens,* voilà un de ces mots qui, sous un air de simplicité apparente, cachent un sens admirable de dédain et d'exclusion. Les partis qui le savent bien, l'ont tous successivement revendiqué pour eux seuls, depuis cinquante ans; c'est une histoire à faire que celle des *honnêtes gens.*

Royalistes, constituans, constitutionnels, robespierristes, thermidoristes, directoriaux, consulaires, impérialistes, bourbonnistes, ultrà-royalistes, cazistes, villélistes, martignacistes, orléanistes, les *honnêtes gens* ont été les courtisans de tous les régimes et les serviteurs empressés et fidèles de tous les maîtres.

M. Marat devait avoir les *honnêtes gens* à son petit lever; M. de Barras les avait, sans aucun doute, dans son antichambre; M. de Barras, jacobin-gentilhomme, sardanapale sans-culotte, prêt à livrer la révolution française, comme une prostituée, à l'or du prétendant.

Depuis, les *honnêtes gens* ont fait leur chemin, comme on sait, à genoux sous le consulat, à plat-ventre sous l'empire, essayant de mordre le talon du colosse, lorsque le colosse est tombé.

Alors, ils dansaient devant les baïonnettes étrangères, comme le saint roi David dansa devant l'arche, couvrant de fleurs les drapeaux prussiens, et chantant en chœur les vertus du général Blucher et de lord Wellington.

Les *honnêtes gens* ont marché d'ailleurs avec le siècle; ils sont décorés de juillet, officiers d'état-major de la garde nationale, pairs de France, ou journalistes subventionnés; ils suivent le roi dans ses voyages; montent dans les carrosses; vont *courre le cerf* avec M. le duc d'Orléans; portent des culottes, et dansent aux Tuileries.

Les rois s'en vont; les *honnêtes gens* restent pour les menus plaisirs des rois qui arrivent.

Aussi, lorsque Courrier le misanthrope s'avise, dans un accès d'humeur sauvage, de nous appeler brutalement un peuple de laquais, Courrier se trompe; c'est un peuple d'honnêtes gens qu'il aurait dû dire; ce qui aurait été tout à la fois plus exact et plus poli.

Ce mot appelé d'abord à des destinées si modestes, n'a pas sans doute épuisé la fortune que le sort lui réserve : j'aime à croire que l'avenir ne sera pas privé d'*honnêtes gens*.

D'ici-là, que de mots, couronnés par la mode et détrônés par elle, seront retombés, sans même laisser de traces, dans le gouffre, toujours ouvert, où vont s'engloutir les mots insignifians ou les mots ridicules.

Je n'en voudrais pas d'autre exemple, qu'un mot qui, lui aussi, eut la vogue pour esclave : il s'agit de la *nature*.

Qui s'avise maintenant d'en parler? qui s'avise même d'y penser ?

Et cependant, la *nature* eut un beau moment dans les dernières années du 18e siècle, lorsqu'une société mourante se réveillait en sursaut, aux éloquentes et fougueuses apostrophes des grands écrivains de cette époque; alors, c'était la *nature* avec tout ce qu'il y avait en elle de vague et d'incompris, dont on évoquait, sans cesse, l'image mystérieuse : il semblait qu'elle fût comme un fouet armé de pointes aiguës, avec lequel on châtiait les décrépitudes d'un peuple usé qu'il fallait rajeunir violemment.

Dans ces temps-là, la *nature* avait son temple et son piédestal partout : à l'Opéra-Comique, à l'église et à l'académie : chacun, effrayé des bruits précurseurs de la tempête, allait chercher un asile dans *la nature*.

Ce fut bien mieux encore lorsque l'orage vint à gronder sur toutes les têtes : l'*Être-Suprême*, espèce de juste-milieu créé pour remplacer Dieu dont personne ne voulait plus, ne satisfit pas cependant tout le monde : *la nature*, fétichisme sans nom, conserva ses adeptes obstinés, qui ne voulurent pas s'accommoder, à toute force, de l'Être-Suprême.

Quel abus on fit alors de *la nature* dans les romans imités des romans d'outre-Rhin, où *la nature* pleurnichait sans cesse, et dans les drames champêtres, où la *nature* était condamnée à toutes les vertus à perpétuité !

On connaît le culte pieux des grandes dames du directoire pour la *nature*, au point que l'une d'elles ne voulait même pas, dit-on, porter de chemise, afin de ne pas altérer, par un contact indiscret, la pureté native des formes corporelles.

Alors on montrait à peu près tout, par respect pour *la nature*, et le comédien Dazincourt ne trouva pas de meilleure réponse à cette idolâtrie de *la nature*, qu'un mot, passablement cynique, qui signalait sans façon toutes les conséquences du système à la mode.

Que les temps sont changés! La *nature*, alors glorieuse, est aujourd'hui triste et délaissée : le siècle l'a reléguée, avec ses guirlandes de roses, ses bergères sentimentales, ses paysans langoureux, parmi les vieilles idoles auxquelles il prend seulement la peine de donner, comme par aumône, un coin obscur dans son Panthéon.

Il lui restait encore le théâtre, où *la nature* était, depuis une époque immémoriale, en possession exclusive de toutes les vertus; M. Scribe l'en a chassée, et l'a remplacée par l'or qui n'est pas une chimère, quoi qu'il en ait dit; l'or, Dieu jaloux qui doit régner désormais en maître sur le siècle, sur l'Opéra, sur le Vaudeville, et sur la Comédie-Française.

Depuis le fameux vers que la postérité se gardera bien d'oublier :

Et toujours la nature embellit la beauté.

On n'a plus entendu parler d'elle : c'a été le dernier cri de *la nature*.

Je me trompe : elle a reparu, mais furtivement pour ainsi dire et sous un nom supposé : de reine qu'elle était, elle est devenue esclave.

C'est aux ateliers qu'est due la création d'un mot heureux et énergique, dont on a sans doute abusé, parce qu'il est convenu qu'on abusera de tout, mais qui n'en méritait pas moins, à plus d'un titre, la brillante et rapide fortune qui l'avait accueilli.

C'est naturel! voilà ce que d'abord ont dû dire les artistes, devant quelques-unes des reproductions saisissantes des effets et des beautés de la nature : le mot frappait juste, parce qu'il exprimait, mieux qu'aucun autre mot, cette vérité vraie et cette spontanéité d'imitation, tellement parfaite qu'elle s'identifiait avec l'objet imité.

Aussi le mot est-il resté, consacré par la mode, qui n'a pas manqué de l'appliquer à tous les sujets, et d'en faire, dans presque tous, une locution prétentieuse et tourmentée.

Ce mot-là, qu'il fallait réserver, comme un éloge de bon goût, pour MM. Decamps, Scheffer, Gudin, Barye; qu'on aurait pu quelquefois ne pas refuser, comme une appréciation équitable, aux inspirations échevelées de madame Dorval, ou bien aux charges parfaites de Dantan, de Vernet et de Bouffé; la mode a pris le soin envieux de le démonétiser, en le prodiguant avec une facilité desespérante, si bien qu'il ne restera guère de cet essai fait par les arts, que le souvenir d'un mot heureux dont nous n'aurons pas su nous servir.

Mais quel est le mot, s'il vous plaît, qui vient de se glisser sous ma plume? un de ces mots vieillis qui sont proscrits avec le plus de rigueur, à la douane de la mode.

Les arts! Qui parle aujourd'hui des arts, des *beaux-arts*, comme on disait il y a vingt ans, alors que l'alexandrin régnait encore, et que le poème épique comptait sous ses drapeaux quelques soldats courageux et fidèles? Hélas! *les beaux-arts*, le front ceint de lauriers, tout resplendissans de l'éclat que jetèrent sur eux les grands siècles de Périclès, de Léon X et de Louis XIV, rois maintenant déchus, sont allés rejoindre le cortége fané des vieilles divinités olympiques, dont il n'est même plus permis de porter le deuil.

Au lieu des beaux-arts que nous connaissions tous par leurs noms de famille ou par leurs noms de baptême, nous avons *l'Art*, roi nouveau, que le siècle a porté sur ses pavois, et qui le gouverne en despote ombrageux.

C'est de *l'art* qu'il est question dans toutes les poétiques à la mode, dans les romans intimes et dans les préfaces des livres qu'on ne lit pas ; c'est *l'art* qui ne permet plus que de bâiller aux drames de l'école nouvelle ; c'est de *l'art* que nous attendons, avec tant de patience, le Messie déjà promis tant de fois par des saints Jean qui n'étaient que des compères plus empressés qu'habiles.

Enfin, il s'en est trouvé qui, soudainement épris d'un noble dédain pour les *choses d'ici-bas*, ont agité, sans rire, la question de savoir s'il ne serait pas bien à propos de faire *de l'art pour l'art*, ce qui ne laisserait pas que d'être fort utile. Le public, meilleur enfant qu'on ne pense, s'est contenté de rire, sans siffler, devant la coalition innocente d'une douzaine de grands hommes en disponibilité.

En attendant qu'on puisse savoir au juste ce que c'est que *l'art*, tout le monde en parle, et c'est, sans contredit, le meilleur moyen qu'on puisse employer pour qu'on le sache jamais ; on n'a pas eu de nouvelles, depuis bien long-temps, des Argonautes partis, avec tant d'orgueil, voilà cinq à six ans, pour la conquête de *l'art ;* le mot d'ailleurs est fort utile, car il fournit des idées à ceux qui n'en ont pas, et du style à ceux qui n'en ont guère.

A côté de celui-là, il en est un autre qu'il ne serait pas plus permis d'oublier, car il trahit une des prétentions les plus divertissantes de notre temps.

Aujourd'hui que chacun se cramponne, comme il le peut, aux intérêts de la vie positive, que la célébrité s'escompte, que la gloire se vend lorsqu'elle trouve à se vendre, que les succès ne s'estiment plus par ce qu'ils valent, mais par ce qu'ils rapportent, que la poésie s'est envolée à tire-d'ailes vers des climats plus doux, n'a-t-on pas eu l'idée de l'attacher à la terre, et de vouloir la mettre absolument partout ?

Il y a de la poésie là-dedans! Qui de nous n'a pas entendu cette plate bêtise appliquée à toutes les circonstances et dans toutes les occasions ? que de dupes elle a faites ! combien ont cru, sur la foi de leur amour-propre, qu'il suffirait d'un mot sans vérité pour justifier des paradoxes sans esprit !

Avec cela, on contemple la misère sans émotion, le vice sans dégoût, le crime sans effroi; pourquoi non ? *il y a de la poésie là-dedans.*

On se drape en indifférent; on étale avec satisfaction une sorte d'impuissance morale, qu'on veut bien appeler du scepticisme; on trouve que tout est à peu près bien, puisqu'il y a de la poésie partout; et les grands calculateurs n'ont imaginé rien de mieux qu'un zéro pour servir de balance de compte au grand-livre de la moralité humaine.

Ensuite, on a été déterrer je ne sais quelle école épileptique et cadavéreuse, dont les bourreaux sont les principaux acteurs, en compagnie des filles de joie; l'inceste et l'adultère, qui se voilaient dans la tragédie antique, se sont montrés tout nus; ils ont été traduits, en langue vulgaire, pour le plus grand agrément des femmes de chambre et des cochers de cabriolet; c'était tout simple : *il y a de la poésie là-dedans*.

Plusieurs sans doute ont dû regretter sincèrement de voir la place du faubourg Saint-Jacques, si loin, si loin du beau Paris; ou que la place de Grève ait perdu, pour une révolution inutile, le monopole précieux des échafauds et des assassinats par ordre. On n'aura peut-être pas, selon eux, tiré tout le parti possible de la *toilette* et du *panier à salade;* en effet, *il y avait tant de poésie là-dedans!*

Ne vous souvient-il plus des *besoins du siècle*,

et de tous ces apôtres innombrables, surgissant de toutes parts, avec la mission expresse de satisfaire aux *besoins du siècle?*

A les en croire, le siècle, jusque-là si bon prince, qui s'accommodait assez bien du présent, s'était vu tout d'un coup assailli par une foule de besoins qui se révélaient chaque jour, dans une progression effrayante.

Les besoins du siècle! tel fut pendant vingt ans le cri des journaux, des livres, des prospectus, des dictionnaires, des philanthropes patentés, et des fondateurs de religions nouvelles.

Grace à Dieu néanmoins, le siècle est beaucoup moins exigeant, et je ne connais guère que les éditeurs de livres à deux sous, et les marchands de bouillon hollandais, qui se croient encore obligés à satisfaire aux *besoins du siècle.*

Puisque je parle ici des mots qui s'en vont, me sera-t-il permis d'en indiquer un que nous avons eu l'irréparable malheur de perdre? Les peuples qui laissent ainsi se dissiper les trésors les plus précieux de leur langue, ne peuvent jamais les remplacer.

Qu'est devenue, pour nous, la *patrie* avec sa magnifique consonnance qui remuait dans nos ames tant d'émotions ineffables, et ce sens mystérieux et profond qu'on est assuré de retrouver le même dans toutes les langues?

Voyez plutôt comme les anciens savaient en parler :

> Di patriæ indigetes......

La *patrie!* il n'y a pas d'autre mot pour peindre, et les humbles et doux souvenirs du lieu natal, et les nobles souvenirs de grandeur et de gloire, qui sont comme le patrimoine commun des enfans du même sol.

La *patrie!* voilà le mot magique dont l'invocation entraînait seule, il y a quarante ans, tout le peuple de paysans et d'ouvriers, soldats d'une croisade nouvelle.

Eh bien, nous avons si bien fait que nous avons perdu la *patrie*, jusqu'à ce qu'il plaise à nos beaux esprits de nous rendre quelque chose qui la vaille.

D'abord, on en avait ri, par forme de passe-temps; on laissait la *patrie*, comme par aumône, aux faiseurs de vaudevilles et de tragédies, pour leur venir en aide, dans leurs alexandrins et dans leurs couplets : ces messieurs, après en avoir fait un assez large usage, ont fini par s'en passer, et maintenant il n'en est pas plus question que si la *patrie* n'eût jamais existé.

Je n'en voudrais pas d'autre preuve qu'un fait assez curieux, quoique je ne l'aie vu signalé nulle part : il y a déjà long-temps que je n'ai lu la *Parisienne*, et je n'ai pas de raison particulière pour la relire aujourd'hui : je parierais cependant que, dans les six ou huit strophes qui la composent, on n'y trouverait pas une seule fois le mot de patrie : M. Delavigne n'était pas homme à commettre un semblable anachronisme ; M. Delavigne a trop d'esprit pour cela.

Il est fort heureux, pour ceux qui l'aiment, qu'on ait pris la peine de faire la *Marseillaise*, car assurément on ne la ferait plus.

Qui pourrait se risquer à dire :

Allons, enfans de la patrie ?

Au lieu de la *patrie*, nous avons le *pays*, mot parlementaire, que nous aurions bien fait de laisser à l'Angleterre, avec tant d'autres larcins, dont l'objet ne nous a pas enrichis.

Le *pays*, mot prude et bourgeois, avec lequel on ne court pas le risque de faire vibrer les ames et d'exciter involontairement quelques chaudes et généreuses sympathies, est venu prendre une place d'honneur dans le grand dictionnaire constitutionnel ; vous ne rencontrez plus que lui dans les œuvres de nos publicistes et dans les discours de nos orateurs et de nos hommes d'état.

Mais le peuple, roi de la langue, qui donne aux mots, lorsqu'il lui plaît, des lettres de grande naturalisation, n'a pas encore adopté celui-là parmi ses sujets, et rien ne porte à croire que le peuple soit prêt à déserter la *patrie* pour le *pays*.

C'est que le peuple est plus fidèle qu'on ne veut bien le dire, à ses vieilles adorations, et qu'il ne brise pas en riant les mots puissans qui composent, presque à eux seuls, tout son bonheur et toute sa richesse ; voyez plutôt la *gloire* et la *victoire*, mortes d'épuisement et de fatigue, après avoir défrayé, jusqu'en 1825, les soldats laboureurs des Variétés, les soldats fidèles du Gymnase et les colonels du Vaudeville ; on pouvait les croire tuées sans retour sous le feu roulant de tant de sarcasmes délicieux et de plaisanteries agréables ; il n'en était rien cependant : le peuple a cassé vos arrêts, messieurs les gens de goût ; pour lui, la *gloire* et la *victoire* sont restées ce qu'elles étaient et ce qu'elles seront longtemps encore, c'est-à-dire l'objet de nobles souvenirs et de nobles espérances, jusqu'à ce que le peuple soit conduit naturellement par le progrès des lumières à filouter à la bourse, à tricher à la bouillotte, et à bâiller aux bals de l'Opéra; alors la révolution sociale sera consommée; on n'aura plus besoin de gloire et de victoire; il n'y aura plus qu'une langue nouvelle à faire, et nous n'en sommes pas là.

En attendant, j'accroche en courant, dans ma chasse aux mots, un de ceux que la mode à pris tout de suite sous sa protection.

Viveur! voilà ce qu'on dit partout, à la Courtille comme à la Chaussée-d'Antin, sans que personne se soit avisé de savoir comment est né ce mot admirable que le luxe de notre civilisation rendait nécessaire et qu'il faudrait inventer s'il n'existait pas; nous n'avions plus qu'un mot ridicule dont le moindre tort était de vouloir peindre un type tellement usé, vieilli, défiguré, qu'il en était devenu méconnaissable : je veux parler du mot *bon vivant*.

Or, qui connaît parmi nous le *bon vivant?* vous savez, cette espèce d'être fantastique, à la figure rubiconde, au ventre arrondi, portant religieusement des cravates blanches brodées au coin et des lunettes en similor, avec sa gaieté innocente, ses calembours héréditaires; pour lequel chantait feu Désaugiers, dont il répéta si long-temps les joyeux refrains (style du caveau); esprit-fort à huis clos, admirateur fanatique de M. Pigault-Lebrun et du *Mérite des femmes.* Le *bon vivant* était bon époux, bon père et surtout bon oncle, ainsi qu'on peut le voir dans une foule de drames, mélodrames, mimodrames, vaudevilles, comédies, où le *bon vivant*, avec la canne à bec à corbin et la perruque, a joué si long-temps un rôle fort honorable.

Hélas! le *bon vivant* n'existe plus : on assure qu'il a été une des victimes de la révolution de juillet, ou du moins, l'espèce en devient tellement rare qu'on peut sans témérité pronostiquer sa disparition prochaine; encore un demi-siècle, et le naturaliste moral s'efforcera peut-être en vain, avec les débris fossiles, de recomposer un bon vivant.

Mais le mot était resté, ce qui ne tendait rien moins qu'à perpétuer dans les idées une confusion déplorable : aussi l'apparition du mot *viveur* fut-elle saluée par des acclamations unanimes; tout le monde comprenait qu'il ne fallait rien moins qu'un mot nouveau pour exprimer une chose nouvelle.

Le *bon vivant* ménageait sa vie; le *viveur* la dépense comme un prodigue; on le dirait pressé d'en connaître tous les secrets, et sa gaieté maladive, exaltée par le vin de Champagne, et par les orgies, s'avise quelquefois d'un pistolet comme d'une conclusion assez commode.

Était jadis *bon vivant* qui voulait; c'était une carrière ouverte à toutes les ambitions en retraite auxquelles le monde faisait peur, et qui venaient s'abriter, avec une quiétude parfaite, sous le renom facile de *bon vivant*.

Maintenant, au contraire, quelle différence ! être *viveur*, bon Dieu ! mais c'est là qu'aspirent tant de jeunes héros en espérance, qui ne vous feraient pas grace d'un jour de leur immortalité. C'est que, pour porter dignement ce nom de viveur, il faut un rare et précieux assemblage de qualités contraires; Alcibiade fut un viveur ; César, *si méchamment mis à mort* par Brutus, n'était guère que cela lorsqu'il passa le Rubicon ; l'histoire ne dit pas non plus que ce jour-là précisément le Rubicon était à sec.

Aujourd'hui, le nombre des véritables *viveurs*, de ceux qui composent le collége des *Viveurs*, est singulièrement restreint, et je ne voudrais pas trahir, en les divulguant, l'incognito dans lequel s'enveloppent nos célébrités contemporaines.

J'ai bien peu de chose à dire d'un mot prétentieux, devenu tout de suite un mot ridicule.

Madame Malibran, mademoiselle Taglioni ont été *délirantes*, dans la fraîcheur du mot; ensuite Odry a été *délirant* : enfin il n'y a pas jusqu'à Debureau qui n'ait été *délirant* à son tour; Debureau, cette grande mystification d'un homme d'esprit qui en a fait quelques autres, sans compter M. Jean Fréron, qu'on reblanchit et qu'on remet à neuf à l'Athénée.

Puis-je te passer sous silence, ô Mayeux! type populaire qui eus l'honneur d'être un mot à la mode; Mayeux est mort, comme on sait, bien avant M. de La Fayette, presque en même temps que M. Benjamin-Constant : Mayeux croyait aux promesses de l'Hôtel-de-Ville.

Mayeux, c'était Figaro grisonnant et misérable: sa guitare ne résonnait plus; ses rasoirs avaient perdu le fil; Mayeux se soûlait au cabaret avec du vin à douze sous.

Le mot du siècle, entendez-vous, ce n'est pas tout cela.

Le mot par excellence, qu'il jette à ses amis et à ses ennemis, comme un appât ou comme une menace, dont il se sert comme d'une lance ou d'un bouclier, avec lequel il a vaincu déjà dans tant de rencontres, c'est le mot *rococo*.

Combien sont morts sous le coup, grands hommes en enfance, qui réclamaient des arrérages de gloire sur leurs tragédies sifflées et sur la publication inachevée de leurs œuvres complètes; peintres, poètes, musiciens, chanteurs sans voix, acteurs sans ame, qui boudent leur siècle parce qu'ils l'ennuient, et croient se venger du présent en faisant des agaceries au passé !

Rococo ! rococo ! drôle de mot que celui-là, qui se replie, comme un serpent, sans qu'on puisse l'atteindre, échappe à toutes les définitions, se livre à toutes les fantaisies, se prête à tous les caprices, proscrit, tous ensemble, les genres les plus opposés et les hommes les plus contraires, et permet d'accoupler David à M. Dubufe, et M. Viennet à Racine: on n'ignore pas qu'avant d'être un polisson, Racine était *rococo*.

Tel qu'il est cependant, ce mot semblait destiné dès l'origine à sa brillante fortune : c'est si commode, en effet, un mot qui ne demande pas plus de façon, qu'on prend et qu'on abandonne, qui vous tient lieu de demande et de réponse, et qui vous laisse presque toujours l'avantage du terrain !

Dire ensuite qu'on n'en a pas abusé, ce serait mentir : hélas! de quoi n'a-t-on pas abusé ?

Il me souvient à ce sujet d'une histoire fort drôle que je conterai fort mal, parce qu'on n'en fait jamais autrement des histoires drôles ; mais que je donne au moins pour vraie, et ceci est bien quelque chose en fait d'histoire.

C'était chez madame Z..... dont je ne veux pas désigner plus clairement le nom qui rappellerait les plus brillans souvenirs de la cour impériale : on s'entretenait de l'exposition, lorsque quelqu'un dit à propos de certains meubles qu'on avait vantés : Ne m'en parlez pas : c'est *rococo*.

Sur-le-champ un de mes voisins que je connaissais depuis long-temps, homme fort bien élevé, qui n'avait qu'un tort, celui d'habiter une petite ville de la Bourgogne, se penche vers moi, me disant : qu'est-ce, je vous prie, que *rococo?*

Si la demande me parut originale, la réponse n'en était pas moins fort difficile, et je ne crus pouvoir mieux faire que de soumettre le tout à l'aréopage assemblé.

C'est alors que nous fûmes témoins d'un pêlemêle inqualifiable d'opinions contradictoires, qui toutes revendiquaient exclusivement *rococo*, pour en frapper leurs adversaires.

Rococo, dit l'un, c'est l'antique : vous vous trompez, dit l'autre; *rococo*, c'est le gothique: c'est le moisi des vieilles chapelles, des basiliques en ruine et des cathédrales.—Vous n'y êtes pas : le *rococo* véritable, celui pour lequel le mot fut créé, c'est Boucher, Vatteau, Dorat, Crébillon fils, c'est le style mignard et maniéré de Louis XV. — Je vous demande bien pardon, *rococo*, c'est le style sec et froid de l'empire; David, Girodet, Gérard et tous leurs pâles imitateurs, voilà des rococos !

Mon homme écoutait sans rien comprendre à des définitions aussi contestées; cela aurait pu durer long-temps, car ils avaient tous raison.

Cette histoire qui ne serait qu'une assez mauvaise plaisanterie, si du moins elle n'avait l'incontestable mérite de la vérité, m'a paru le plus éclatant hommage qu'on ait pu rendre à la puissance d'un mot.

Aujourd'hui qu'on ne sait plus que faire des prix fondés par M. de Monhtyon, je proposerai, comme ouvrage essentiel au progrès des mœurs et des lumières, un traité complet du *rococo*, avec toutes les *dépendances* qui s'y rattachent. Quelqu'un, jadis, s'est avisé de faire un traité *du sublime*, qui n'a jamais dû servir à beaucoup de monde ; assurément, la chose en valait moins la peine.

Il est un mot par lequel je veux clore cette trop longue litanie, mot qu'on pense tout haut et qu'on prononce tout bas. *Vieux blagueur!*

Qui n'a pas eu le malheur de le dire quelquefois de son voisin dans ces temps de blague diplomatique, gouvernementale, politique et littéraire?

A tous ceux qui racontent avec naïveté les succès qu'ils n'ont pas eus, et prédisent avec aplomb les succès qu'il n'auront pas ; aux courtiers marrons qui prélèvent de si riches pots de vin sur les révolutions qu'ils n'ont pas faites ; à tous les hypocrites de toutes les opinions et de tous les partis, il n'est plus qu'un mot à répondre : *Vieux blagueur!* pourquoi faut-il que le mot ne soit pas parlementaire?

Charles Dégleny.

LA DOMESTICITÉ.

Nos pères et nos grands-pères ont assisté à une longue lutte commencée long-temps avant eux, préparée plus long-temps encore auparavant. C'était la lutte du faible contre le fort, du petit contre le grand, de l'opprimé contre l'oppresseur. Plusieurs révolutions ont été le produit de cette lutte dans laquelle les faibles ont été les plus forts. Nous sommes venus au monde pour constater les résultats et recueillir les fruits de la victoire. Ce n'est pas précisément ici le lieu de considérer quels sont ces fruits, quels sont ces résultats; d'examiner si les utopies qui ont entraîné nos pères se sont réalisées. Toujours est-il que voici aujourd'hui quelle est la situation de la littérature militante : cette guerre mise en train par la philosophie du 18ᵉ siècle lui traçait une marche fort commode à suivre; les philosophes marquaient les arbres à abattre *dans la forêt des préjugés*, comme ils disaient; — ce qui les faisait accuser par une femme d'esprit de *débiter des fagots*. — Puis les moutons venaient à la suite, et chacun donnait son coup de hache plus ou moins fort sur chaque arbre marqué. Et tout le monde détruisait des préjugés, renversait des abus, brisait des jougs — rien de mieux, — sans se faire faute, de temps à autres, de frapper à droite et à gauche quelques arbres qui n'avaient pas été marqués : ainsi font d'ordinaire les chasseurs qui ont une licence de chasse dans les forêts de l'état; cette licence les autorise à tuer « les lapins, les lièvres, les oiseaux de passage, et *les animaux nuisibles* » et ils abusent à l'envi de cette qualification un peu générale d'animaux nuisibles, — en confondant sans scrupule tout chevreuil surpris à brouter les jeunes bourgeons des arbres, tout cerf convaincu d'avoir, en bramant, troublé le silence de la forêt, tout daim soupçonné d'avoir porté atteinte à la paix publique en se battant contre un rival.

Chacun a voulu avoir son abus ou son préjugé tué sous lui, chacun a voulu en appendre les dépouilles à sa maison — comme les fermiers font des belettes et des fouines. Puis il est arrivé aujourd'hui que tout a été détruit, brisé, renversé, et que la pauvre littérature militante s'est partagée en trois corps. — Les uns ont continué de frapper les ennemis à terre, et non contens d'avoir coupé les chênes à la racine, il les ont haché au point de les réduire en allumettes. — Les autres frappent dans le vide de l'air, espérant toucher par hasard quelque chose en frappant toujours et en frappant partout. La troisième division s'est assise, a posé sa hache émoussée, cherche et attend.

C'est à ceux-ci que je m'adresse.

Votre œuvre est finie — ô redresseurs de torts !

Ce qui gênait trop à droite, vous avez voulu le repousser, vous l'avez jeté trop à gauche. Aussi réjouissez-vous et dites hosanna, — car vous avez de nouveaux jougs, — de nouveaux abus, de nouveaux préjugés. — Il faut combattre aujourd'hui l'oppression des faibles, la tyrannie des petits, le joug des opprimés, les forts sont foulés aux pieds, les tyrans gémissent dans un insupportable esclavage, les grands sont dans la poussière : ayons pitié d'eux et protégeons les contre les petits, les faibles et les opprimés.

Aujourd'hui — et peut-être en était-il déjà de même autrefois, tout semble être fait pour les petits.

Les voitures publiques où l'on ne peut allonger les jambes.

Les fonctions politiques où l'on ne peut étendre une idée utile, renfermé que l'on est dans la voie de ceux qui marchent devant.

Les portes auxquelles un homme un peu grand brise sa tête ou défonce son chapeau.

Les théâtres ou tous les petits se réunissent contre un homme de cinq pieds sept pouces qui se trouve au parterre, et, malgré ses efforts pour se faire petit lui crient, de *s'asseoir* quand il est assis depuis long-temps.

La royauté qui doit avoir les mains à la hauteur des mains de tout le monde — ce qui doit être fort ennuyeux.

Nous allons, aujourd'hui, commencer cette réaction dont la nécessité est évidente ; nous allons donner le signal du combat, risque à combattre seul et à être écrasé ; car on peut dire des petits ce qu'un philosophe disait des sots : « Il faut composer avec eux comme avec un ennemi supérieur en nombre ». Si nous étions allé aux colonies nous n'hésiterions pas à prendre le parti des colons contre les noirs; il y a assez longtemps que ceux-ci servent de prétexte à de longues et lourdes pages contre les infortunés colons. Faute de pis, nous allons élever la voix en faveur des maîtres contre les domestiques.

Notre ennemi c'est notre maître, — a dit La Fontaine. — Nous modifierons un peu cet adage pour nous faire une épigraphe; — car nous tenons à avoir une épigraphe, c'est un moyen d'apprendre au lecteur et de bien savoir soi-même d'où l'on part et où l'on va. — Nous dirons donc :

Notre ennemi c'est notre domestique : et c'est un ennemi dangereux, car c'est un ennemi intime; c'est un ennemi qui sait nos secrets, qui connaît nos goûts et nos défauts, qui sait nos chagrins et nos joies, qui sait nos momens de bonne fortune, nos momens de détresse, — c'est un ennemi qui couche sous notre toit.

Pour justifier notre épigraphe, nous n'emprunterons pas à *Gazette des Tribunaux*, les récits plus ou moins effrayans de maîtres assassinés par leurs domestiques, de familles entières empoisonnées par une cuisinière. Nous ne rapporterons pas la mort funeste d'un homme trop vanté peut-être, mais homme cependant de mérite et de talent, de Paul Louis Courrier. — Quelques argumens que nous en puissions tirer, nous abandonnerons ces narrations de Cours d'assises, pour ne parler que des choses de tous les jours, des choses d'autant plus dangereuses que la loi ne les atteint pas. — Qu'est devenu *l'ancien serviteur* dont le type est si répété dans les romans; ce domestique vertueux, sensible et désintéressé, — qui pleure des chagrins de ses maîtres, qui pleure de leurs joies; qui pleure en embrassant l'enfant de la maison, qui pleure en conduisant le grand-père au cimetière, qui pleure en suivant la petite fille à l'autel ? Où est-il cet homme qui, sans doute, suggéra à M. de Monthyon, l'idée de ses prix de vertu ? — lesquels prix de vertu ont peut-être, à quelques-uns, suggéré l'idée de la vertu, — car il serait aussi difficile de déterminer si le premier prix de vertu a été suggéré par une vertu, ou la première vertu par un prix Monthyon, que de décider si le premier œuf est venu d'une poule ou la première poule d'un œuf, c'est-à-dire, s'il y a eu des vertus avant les prix, des poules avant les œufs.

Où est-il ce domestique, presque toujours un vieillard à cheveux blancs, qui, lorsque la fortune de ses maîtres vient à s'écrouler, — pleure encore pour qu'on lui permette de servir sans gage, — et vient, encore *avec des larmes de joie*, offrir le résultat de ses petites économies. — Où es-tu, domestique?

Faites un essai sur celui que vous avez, quel qu'il soit; — refusez-lui une augmentation de gages, et il restera chez vous précisément jusqu'au moment où il trouvera une autre place, et il saisira, pour s'en aller, le jour où vous donnez à dîner, le moment où vous êtes malade. Avant de partir, il ne négligera pas une occasion de vous faire du tort, de vous décrier, de vous calomnier; et il trouvera d'autant plus de croyance à ce qu'il lui plaira de dire de vous, qu'il est mieux placé pour savoir.

A très-peu d'exceptions près, tout domestique vole son maître, depuis le niais fraîchement arrivé qui remplace l'eau de Cologne par de l'eau, — jusqu'au plus fort qui a des marchés à l'année avec vos fournisseurs, conduit le public dans votre cabriolet, à deux francs l'heure, annonce à vos créanciers, moyennant un pot-de-vin, que vous venez de recevoir de l'argent, et que c'est le moment de vous poursuivre.

Procédons avec ordre : Commençons par les maîtres d'hôtel. — Un maître d'hôtel, placé dans une bonne maison, doit se retirer au bout de dix ans, et aller vivre de ses rentes aux Batignolles. — Un mot du prince de Conti vous expliquera parfaitement le maître d'hôtel. On lui conseillait d'en chasser un qui le pillait outre mesure ; « je m'en garderais bien, dit-il, celui-ci, est gras, il me faudrait en engraisser un autre. » Le maître d'hôtel est important ; mais c'est une importance particulière, il se sent utile, indispensable, il se considère comme savant, il se sait riche ; il fait la cour aux servantes de la maison, mais, pour réussir, il compte moins sur ses avantages extérieurs que sur des promesses de bien-être et d'avenir. Ce n'est plus là l'importance du valet de chambre, du cocher, du chasseur ; ceux-là sont beaux et frisés, et veulent être aimés pour eux-mêmes.

A propos de valet de chambre ; il y a une chose à laquelle nous n'avions jamais pu nous accoutumer entièrement, c'est à entendre donner ce titre de valet de chambre à des hommes des meilleures maisons de France ; le valet de chambre du roi réveille toujours l'idée d'un valet.

Le valet de chambre est fat à l'office et dans l'antichambre, hors de la maison c'est un *mon-*

sieur. — Il porte l'habit bourgeois et fait des visites dans sa famille qui s'en trouve fort honorée; il conduit ses cousines à Tivoli. En parlant de son maître, il dit nous : « Nous allons demain à la chambre : — nous étions hier au bois. »

La femme de chambre porte un chapeau et un cachemire français; elle est nerveuse et petite maîtresse; elle craint les sociétés mêlées. Une des femmes distinguées de Paris, madame la comtesse d'H..., était un jour partie pour la campagne. Assez jolie pour se permettre un caprice, elle s'ennuya le soir, et se fit conduire à l'Opéra. Presque en face d'elle, une femme attirait tous les regards; madame d'H... fit comme les autres, et la lorgna; la femme objet de tant d'attention avait en effet une mise élégante, riche et distinguée, et madame d'H. remarqua avec quelque surprise que la robe de l'inconnue ressemblait singulièrement à une robe qu'elle même avait mise la veille; un cachemire couvrait négligemment ses épaules; madame d'H... vit avec chagrin que ce schall était entièrement semblable à un schall qu'elle croyait unique et dont elle s'enorgueillissait. Mais je vous laisse à penser quelle fut sa stupéfaction, quand l'inconnue, en tournant la tête, lui laissa reconnaître mademoiselle Sophie, sa femme de chambre. Le véritable type de cocher serait le cocher du roi, ce cocher inamovible qui monte sur son siége, paré et poudré au moment de partir, en descend quand il est arrivé, abandonnant à des *subalternes* le soin d'atteler et de dételer les chevaux, de sortir et de rentrer la voiture. Le cocher est fort et gros, sa figure doit être impassible; sa voix grave ne se fait presque jamais entendre. Descendons au cocher de maison bourgeoise; celui-ci est un inflexible tyran; il passe toute la journée dans la cour à laver une bride; la tête couverte d'un foulard, et sifflant tous les airs qu'il connaît; cette apparente nonchalance a un but que le cocher ne perd pas de vue un instant : si on le voyait inoccupé, on pourrait l'employer à quelque autre chose, à tirer de l'eau, à faire une commission, et sa dignité en souffrirait. En général le cocher boit et boit beaucoup. Du reste vous ne pouvez sortir que quand il lui plaît; au moment de partir; l'alezane boite; le cheval bai est déferré d'un pied. Il faut que vous sortiez à pied ou en fiacre.

Si vous êtes quelquefois allé vous promener le matin au bois de Boulogne, vous avez joui d'un spectacle assez curieux; une foule de domestiques arrivent de toutes parts montés sur de fort beaux chevaux; ils se saluent, se pressent la main, font piaffer les chevaux comme leurs maîtres feront cinq ou six heures après quand il y aura de la poussière; ils viennent boire le vin blanc, prendre le frais, et fatiguer les chevaux sous prétexte de leur faire faire une promenade salutaire. En les voyant ainsi gais et insoucieux, il nous est toujours venu à l'esprit que peut-être au même moment, leurs maîtres étaient inquiets des moyens de soutenir le train de leur maison, que peut-être ils voyaient approcher avec chagrin le moment où il faudrait vendre les chevaux pour payer l'avoine.

Le chasseur a cinq pieds huit pouces et des moustaches; on l'habille de vert; M. Aguado l'habille de bleu de ciel. Le chasseur tient, par son costume et son attitude, le milieu entre le militaire et le marchand de vulnéraire suisse.

Nous allons quitter les domestiques des grandes maisons pour descendre aux domestiques des maisons bourgeoises, depuis *la bonne* jusqu'à la femme de ménage et au portier de l'étudiant. Mais il faut auparavant mettre en rang *le domestique de place*. Vous descendez à l'hôtel Meurice ou à quelque autre hôtel en renom; vous trouvez là des domestiques tout prêts qui resteront à votre service pendant le temps que vous séjournerez à Paris; vous partez, les domestiques restent et attendent un autre maître; ils ont un peu l'air de chasseurs à l'affût des oiseaux de passage que, pour suivre la métaphore, ils plument de bon cœur, au risque de les faire un peu crier.

C'est ici que commence le rôle des petites affiches et des bureaux de placement. Le bureau de placement a été inventé par M. Willaume.

On lisait alors, sur les murs de Paris, des affiches où M. Willaume, en offrant aux célibataires des femmes de tout âge, de toute couleur et de toute fortune, annonçait en *post-scriptum* que *son secrétaire* plaçait des domestiques.

Depuis, les agences matrimoniales et les bureaux de placemens ont odieusement pullulé. Tous les murs, toutes les maisons, sont salis de leurs petites affiches imprimées à la main; ce qu'ils ont tous à offrir est tellement identique, que l'un des propriétaires de ces cavernes a imaginé d'envoyer un afficheur chargé seulement de petites bandes où est écrite son adresse; les afficheurs de ces *maisons* ont d'ordinaire mission, tout en placardant leurs affiches, d'arracher celles des *maisons* rivales; celui-ci laisse subsister l'annonce des autres; il se contente de se l'approprier, en superposant la bande où est son adresse et en la substituant à celle de ses émules; par ce moyen ingénieux, il fait du tort à ses compétiteurs et s'épargne des frais d'impression.

C'est des bureaux de placement; c'est de chez M. Brunet *qui ne fait luire que dans les hautes classes de la société le flambeau de l'hyménée,* c'est de chez ses émules que sortent *les bonnes pour tout faire;* elles s'adressent aux petits ménages, elles font la cuisine, frottent, savonnent, gardent les enfans, vont à la provision, coiffent madame, battent les habits et cirent les bottes de monsieur, le tout pour 150 francs par an de gages convenus; plus, le double environ qu'elles trouvent moyen de voler, de connivence avec l'épicier et la fruitière.

Il y a la bonne de garçon, de vieux garçon; celle-là est maîtresse dans la maison; le dimanche, son maître lui donne le bras et la conduit au restaurant; elle fait des économies et compte que son maître en mourant lui laissera cent écus de rente, plus, ce qu'elle enlèvera au moment où il fermera les yeux, car elle aura soin d'écarter les parens et les amis à cette heure suprême, et le pauvre moribond se croira abandonné de gens qui sonnent dix fois par jour à sa porte. Pour plus de détails, nous vous renvoyons à la chanson de M. de Béranger que l'on est convenu d'appeler notre poète.

La femme de ménage est vêtue de noir; elle a éprouvé des malheurs, des revers de fortune. Si elle ajoute qu'*elle n'est pas faite pour servir,* vous vous en apercevrez bien, car vous serez horriblement servi; *elle tient aux égards* et emporte la graisse et les bouteilles laissées en vidange. Elle fait les ménages dans trois ou quatre maisons, et colporte dans chacune les affaires et les secrets des autres; elle donne de l'éducation à ses enfans; son fils est caporal dans un régiment de ligne; sa fille est au Conservatoire.

Il nous reste à parler du portier et de la portière; et, je l'avouerai, c'est avec une sorte de terreur que j'aborde ce sujet. Car ce sont les arbitres de notre destinée, et pour rien au monde je ne voudrais me mettre mal avec eux; cependant :

Ils m'ont fait trop de mal pour en dire du bien;

Ils m'ont fait trop de bien, pour en dire tout le mal que j'en pourrais dire.

Si vous prenez la femme pour faire votre ménage, l'homme pour cirer vos bottes, c'est un contrat à vie : quand on ne balaierait vos chambres que tous les quinze jours, quand on ne vous monterait vos bottes qu'à midi ; quand on ne balaierait pas du tout, quand vous seriez forcé d'aller chercher vos bottes vous-même ; quand vous ne pourriez lire votre journal qu'après le portier et les amis du portier, —souffrez, mais ne vous fâchez pas avec lui, ne le chassez pas, car alors vous êtes perdu.

Tous les maux de la boîte de Pandore vont fondre sur vous. De ce jour, vous n'y êtes jamais pour vos amis, mais en revanche, vous y êtes toujours pour vos parens et vos créanciers ; vous ne recevez vos lettres que le troisième jour, mais on vous présente la quittance du propriétaire un quart d'heure après l'échéance du terme ; — on ne vous ouvre qu'au cinquième coup de marteau, mais au premier clou que vous fichez chez vous pour accrocher un cadre on vous transmet les plaintes de toute la maison, et si vous récidivez on vous fait donner congé.

Vous croyez respirer et être sauvé, — nullement : vous cherchez un logement, il faut envoyer prendre des informations sur vous dans le logement que vous quittez ; — là on vous arrange de telle sorte que le propriétaire de votre nouveau logement vous renvoie votre *denier à Dieu* c'est-à-dire *votre pièce de cinq francs au portier*. — Dans votre intérêt, chers lecteurs, quoi que vous fasse votre portier, armez-vous de patience, caressez son chien, caressez son chat, caressez son enfant, caressez sa femme, donnez-lui des billets de spectacle;—faites tout pour conjurer son ressentiment, ayez toujours le gâteau de miel à la main pour Cerbère; s'il se fâche, humiliez-vous, s'il vous insulte, payez; — s'il vous bat, payez;—mais si vous vous fâchez, vous êtes perdu.

Il n'y a pas moins de soixante mille domestiques à Paris. Les anciens noms que l'on trouve encore aujourd'hui affectés aux domestiques dans les vieilles comédies,—Champagne, — Picard,—etc., désignaient les provinces d'où on les tirait. Aujourd'hui il en vient de partout. Cependant l'Alsacien se fait d'ordinaire soldat; Paris fournit également peu de domestiques. Depuis quelques années que le goût des chevaux s'est répandu en France, on recherche pour les écuries des domestiques anglais.

Autrefois il y avait beaucoup de nègres; le nègre a un peu passé de mode. Il est aujourd'hui fifre ou chapeau chinois dans la ligne. A force de prendre, de renvoyer et de reprendre des domestiques, sans en trouver de meilleurs, on a fini par s'en rapporter un peu au hasard. Un homme écrivait dernièrement à un de ses amis, à la campagne : « Envoyez-moi un domestique qui s'appelle Pierre. » Plusieurs jeunes gens de bonnes familles, qui ont de riches livrées, n'ont rien trouvé de mieux que de prendre des domestiques comme les princes de Peau-d'Ane et de Cendrillon prenaient des femmes. Ils prennent le premier domestique qui entre sans faire un pli dans l'habit du précédent : cela évite de grandes dépenses, et ils assurent ne pas s'en trouver plus mal.

Je n'ai pas tout dit : il faut parler aussi des gens qui n'ont pas de domestiques.

Trois et quatre fois heureux, — comme dit Virgile, — s'ils connaissaient leur bonheur!

Le logis de ces gens-là se remarque à une propreté pleine de coquetterie; leurs habits sont purs de toute poussière : leurs bottes sont luisantes au dernier degré. Jamais ces gens ne s'impatientent ni ne se mettent en colère ;—leur visage offre les apparences de la santé et de l'égalité d'humeur : quand ils rentrent chez eux, ils sont sûrs d'avance de retrouver leur logis comme ils l'ont laissé. Leurs pantoufles et leur robe de chambre sont sous la main. Ils usent leurs habits et leurs bottes eux-mêmes.

C'est au résumé un état fort heureux que celui de domestique; et, à proprement parler, c'est le maître qui est l'esclave; c'est le maître qui travaille pour nourrir, loger et habiller ses gens; s'il veut de temps à autre, en se donnant certains airs de hauteur, en grondant un peu, reprendre une apparence d'avantage sur les domestiques, ceux-ci savent combien de déboires, de desappointemens et d'humiliations il souffre à son tour pour arriver à soutenir le train de sa maison.

Le valet est plus heureux que le maître. Plus heureux qui n'est ni maître ni valet.

Goëthe a dit : «On n'est pas heureux si, pour être quelque chose, il faut obéir ou commander.»

Alphonse KARR.

LE PLAN DE PARIS.

C'est, à coup sûr, au rapprochement d'un certain nombre de circonstances imprévues, et à cela seul, que nous devons le germe primitif, l'embryon des grandes capitales. Le hasard féconda leur berceau. En attribuant aux divinités l'institution de ces cloaques, les légendaires du paganisme firent, à mon sens, preuve d'un orgueil et d'une ingénuité rares. Si de telles hypothèses honorent leur piété, c'est au détriment de leur intelligence. Un peu de délicatesse ne saurait être de luxe lorsqu'il s'agit du choix des parfums à brûler dans son encensoir. Ne donnons rien à ces folies ; notre blason n'est pas tombé du ciel, et la mythologie se raille des gens. Sous nos yeux mêmes, en dépit de longs siècles de travaux et de réformes, les cités les plus régulières conservent l'empreinte de ce qu'elles furent à leur début, c'est-à-dire étroites, désordonnées et chétives, quelles que puissent être d'ailleurs, dans notre conviction, l'importance de leur établissement originaire et la sagacité d'instinct qui détermina le choix du point territorial où plusieurs familles, jusqu'à ce moment nomades, se donnèrent un rendez-vous pour se grouper au bénéfice de la sécurité commune, et former un contrat d'assurance. Nulle part aussi, lorsqu'il fut question de bâtir des villes, même en-deçà de l'ère de Jésus-Christ, on n'attendit les conseils des Vitruve et consorts; conseils très-judicieux pour la plupart, et d'autant plus judicieux que, suivant la coutume des conseils, ils sont arrivés après la besogne faite, de même que la logique après l'instinct, et l'expérience après l'étourderie. Cela s'est organisé par des interventions moins sublimes, petit à petit, à la bonne aventure, sans projet, et suivant les inspirations ou les besoins du jour. Qu'on examine les choses, on le verra de reste. A ne s'inquiéter que de Paris, l'habileté de nos édiles n'a pas tellement chargé d'or et de broderies la vieille cuirasse gauloise, qu'en plus d'un endroit l'on n'aperçoive le fer et la rouille. Ne mettons pas sur le compte des majestés de la terre et du ciel les pauvretés du genre humain. Puisque aussi bien je me trouve en verve d'incrédulité, je me refuserai pareillement à croire, malgré Plutarque et ses historiettes ingénieuses, que les peuples de l'Étrurie tinssent en réserve au fond de leurs temples, un formulaire par excellence à l'usage des multitudes armées de la truelle et du marteau, qui voulaient se créer définitivement un domicile gouvernemental, un chef-lieu politique. J'avouerai le charme de ces fables, sauf à les délaisser pour courir sur la piste de la vraisemblance. Les dieux et les architectes (hâtons-nous de le proclamer dans l'intérêt de la puissance des uns comme dans l'intérêt de la sagacité des autres) ne sont pour rien en tout ceci. L'origine de nos capitales est plus vulgaire et plus naïve. Je veux qu'il s'y trouve de la poésie; c'est une poésie inculte et à ras du sol. L'occasion et la nécessité, générateurs énergiques, désignèrent la place des villes en y dressant le premier poteau. J'imagine, moi, les débris d'une peuplade dispersée et fugitive, se retranchant à l'ombre improvisée d'une barricade contre les animaux féroces, et surtout contre les hommes, sur un triste et désolé coin de terre, au beau milieu d'un fleuve dont la largeur et les ondes accélérées servirent de rempart naturel. Patience, et ne méprisons rien ! Un jour, cette poignée d'insulaires, tremblans ou désarmés, tiendra dignement le sceptre et le drapeau de la civilisation. Laissez, je vous prie, s'écouler vingt siècles. Le Paris futur n'est d'abord qu'une station passagère pour un camp tracé à la hâte. Ses premiers édifices sont tout au plus des tentes simples et rudes, comme qui dirait des peaux de bœufs chaudes encore et fumantes, soutenues grossièrement sur des piquets avec des liens d'écorce, faciles à replier au besoin, ou à délaisser devant la menace d'une irruption et d'un coup de main. De cette réalité sauvage aux prodiges du crayon de Piranèse, il y a l'infini, n'est-ce pas ? Et pourtant, combien de fois, avant de prendre racine et de fleurir, ce germe échappé des doigts du hasard, ainsi que le grain de blé de la parabole, ne fut-il pas frappé de stérilité dans les sables, submergé par les inondations, écrasé par le talon de fer des conquérans ! De telles vicissitudes sont probables et ignorées. L'histoire, muette sur nos antécédens, ne vient pas en aide à la philosophie, libre à la vérité de traduire et d'expliquer ce silence. Ainsi ferai-je. Enfin une petite colonie, plus favorisée que ses devancières, grave son pied sur le limon, se défriche un lit dans le lit du fleuve; et la culture de cet arpent d'argile enfante l'esprit de vigilance et de courage, religion du sol, que chaque père transmet invariablement à ses fils avec un patrimoine, et que l'on nomme l'amour de la patrie. Alors la tente devient sédentaire, elle se convertit en baraque, elle se couvre d'un toit de chaume. A la palissade, que l'incendie peut raser en deux minutes, succède un mur pesant et crénelé. Vienne la poudre, il y tonnera des canons! On ne possédait, en premier lieu, que des bateaux pour se rendre d'une rive à l'autre, flottille d'expédition prompte à se réunir sous les ordres d'un pêcheur chargé des fonctions d'amiral; aujourd'hui que la peuplade est redoutée, qu'elle a son étendard déchiré par la guerre, les alentours entrent naturellement dans son domaine; et, grace à la protection de sa puissance, ces alentours deviennent par degrés, sur le prolongement indéfini des chemins que la hache ouvre dans les forêts, que la sape élargit dans les ravins et que les terrassiers lancent à travers les marécages, de longs faubourgs unis à la cité-mère par un bac, en attendant le pont de bateaux dont le bac est le rudiment; en attendant le pont de charpente, chargé de moulins; puis le pont de pierre, qui défiera les débâcles; et par suite le pont de fer, ce prodige d'économie, d'élégance et de force. Examinez en passant, et cela sur le plan des villes qui ne sont pas des œuvres préméditées et des villes factices, dans le modèle de Versailles, par exemple, que les premières voies de communication d'un grand territoire sont uniformément parties d'une île; point d'appui militaire, foyer central, pour se diriger et s'étendre en étoile à travers l'amphithéâtre des rives, en développant de plus en plus les segmens de pourtour et les fortifications de la ligne d'enceinte. Où cela s'arrêtera-t-il? au Rhin, à la Méditerranée, à l'Océan. Paris est le berceau de la France. La prudence et le progrès ont marché de pair, timidement, comme de raison, mais toujours, les armes et la truelle à la main. Partout et d'abord, une guérite pour la sentinelle, un corps-de-garde pour les soldats. La charrue ne s'aventure à la découverte qu'à la suite d'un détachement d'éclaireurs. L'agriculture après la conquête. Le titre de possession, c'est une arme. Si l'on reconnaît dans cette progression un vestige de calcul et la loi de tout établissement naturel, par contre, il ne faut pas le dissimuler, le désordre et la précipitation tranchent et décident pour tout le reste. Figurez-vous Paris un siècle avant Louis-le-Gros et l'abbé Suger; rien de plus confus. L'étable mugit sous les étincelles de la forge; les cris du bœuf que l'on égorge dans l'abattoir vont troubler les délibérations de la maison commune : mille industries incompatibles s'encombrent et vivent coude à coude, sans égards pour le péril ou l'insalubrité du contact. Des chamoiseurs étendent leurs peaux au-dessus de l'étalage d'un marché; contre les lucarnes d'un grenier rempli de foin, la fumée d'un four à briques tourbillonne; le chant du coq, dans sa basse-cour, éveille le maire du palais, et des arbres qui datent du déluge entourent l'abreuvoir de la grande place. On dirait encore la cité qui se fonde, l'association à l'état patriarcal. Mais l'essor est pris : la population et les fautes s'étendent. Voyez! la ville présente de toutes parts, et principalement vers le centre, l'aspect incertain et confus d'un emménagement précipité : l'échope, basse et boiteuse, s'adosse à la cathédrale; la voix du prêtre interrompt le chant des buveurs; un cordon de masures rampe au pied de la forteresse qu'il ronge; l'herbe croît en abondance au talus de ces demeures où les troupeaux et les enfans circulent. Le sarment de vigne se tord sur les murs de l'hôtellerie, et court, avec sa colerette de verdure, autour de la gouttière de plomb des châtelets. Partout le vol des pigeons, le bruit du marteau, le clapotement des moulins. Et, de même que s'il n'y avait de salut et d'espace que là, on s'y refoule, on s'étouffe. Il semble des oiseaux autour d'un rocher, et que chacun d'eux ait peur de déployer ses ailes autour du périmètre, c'est-à-dire à la première ligne de l'avant-garde. Comme on s'est également groupé sans règle et sans mesure dans le voisinage et le long des cours d'eau, qui sont les chemins mouvans de toutes les contrées primitives, il en résulte que l'imprévoyance est sévèrement châtiée par des événemens sinistres. La rivière déborde et pousse avec furie des glaçons contre les masures de bois dont les pilotis se baignent dans le courant; le feu court sur la ville, en écharpe, au gré de l'air, et propage des embrasemens rapides au milieu de ce pêle-mêle de charpentes; l'épidémie séjourne; elle se dégage en miasmes pestilentiels du fond de ces rues étranglées et sans pavage, encombrées de mares infectes qui proviennent de la filtration des eaux pluviales. A peine la cité s'est assise que déjà les leçons se succèdent. Leçons terribles et qui se font écouter ! C'est tantôt l'ouragan qui bat les toits en brèche et renverse les cheminées; tantôt un éboulement de terrain qui sépare les hôtes d'un même logis par une fondrière; c'est enfin une infatigable, une éternelle série de calamités qui n'avertissent que par le meurtre et ne conseillent que par des ravages ; car les calamités sont les moniteurs des villes, et l'on n'a pas plus tôt construit que l'on apprend qu'il faut démolir et refaire. A l'ouvrage donc ! Abjurez la religion et l'aveuglement des habitudes pour les hérésies et le bon sens du progrès. La routine vous serait funeste. Vous vivez dans un gouffre menaçant, toujours prêt à crouler si vous perdez courage. Formez des parapets, élargissez des quais, isolez les maisons, pavez les rues, creusez des égouts, ouvrez des fontaines, allumez des réverbères; domptez enfin les élémens, si vous ne voulez pas que ces nombreux ennemis, toujours vigilans et quelquefois inconnus, deviennent vos bourreaux : et, puisqu'il est écrit que chaque progrès doit être marqué d'une croix, comme une gorge de montagne, en rappelant la date d'un guet-apens, qu'au moins ce ne soit pas un souvenir de deuil stérilement enseveli dans vos archives. Un devoir commence pour vous, habitans de nos cités; devoir d'action et de patience, qui ne finira plus! Devoir sans relâche, dangereux à négliger, qui sera de tous les jours, de toutes les heures; et les avertissemens, croyez-moi, vont se suivre coup sur coup; ils vont s'enchaîner fatalement et sans pitié, pour démontrer aux hommes, si fiers de se prétendre à l'image de Dieu, la profondeur de leur impéritie, la vanité de leurs créations. Une ville, je vous le dis, n'est jamais terminée. Hier encore on y travaillait, on y travaillera demain encore; incessamment vous irez de l'ensemble au détail et du détail à l'ensemble; et, peut-être, du front de vos cités n'effacera-t-on jamais l'empreinte de quelque vice original. Notez que je ne vous parle pas ici (la chose est en dehors du sujet) des filous et des coupe-jarrets, gibier des villes, contre lesquels il convient d'organiser une police et des patrouilles; ni des mauvaises mœurs, qui, du reste, pour s'installer, ont eu l'esprit de payer patente et de faire transiger le puritanisme administratif en arrachant leur droit de bourgeoisie à l'avarice de vos premiers magistrats. Heureux encore si vous n'avez pas besoin de police contre votre police et de patrouilles contre vos patrouilles ! Tout n'est pas sécurité, mes amis, avec des espions et des braves! Je sais à merveille que l'on regarde certains poisons comme un antidote contre d'autres poisons : mais le mal et le remède me font également trembler. S'ils se neutralisaient, passe encore ! Toutefois, et puisque vous avez une ville, il vous faut bien une administration quelconque, un gouvernement. L'un appelle l'autre. Une fois sur le chapitre des fléaux, ne vous imaginez pas que l'on en soit quitte à bon marché.

Laissant de côté mon hypothèse pour ce qu'elle vaut, je me demande à qui s'adressent mes réflexions sur cet intérêt de vigilance qui nous concerne tous, sur cette nécessité de méditer sans cesse et largement le plan de Paris. A qui? C'est une question scabreuse. Entre vous et moi, qui certes en valons bien d'autres, s'élèvent des administrateurs qui revendiquent le privilége de se mêler de l'intérêt commun, et qui nous disputent le droit de nous mêler de nos affaires. Les affaires générales ne regardant à peu près personne, nous ne sommes dans le pays que pour l'impôt; et, comme nous formons un chiffre de plusieurs millions de pauvres diables cotés au-dessous de deux cents francs, notre titre de citoyen français n'est de mise que chez le percepteur et sur le champ de bataille. Ce serait être un brouillon que de viser à l'étendre plus loin : M. Jacques Lefebvre l'a dit.

Il est de fait que nous avons un gouvernement, blanchi, nourri, logé; représentatif, à ce qu'on affirme dans le style officiel; organisé je ne sais par quel moyen et fondé sur je ne sais quoi; par lui-même et sur lui-même, si je ne me trompe. C'est très-bien : prenons notre bonheur en patience. Si peu représenté que je sois réellement, comme tant d'autres, je ne me sens pas d'humeur à discuter aujourd'hui sur le privilége que ce gouvernement accorde à ceux-ci plutôt qu'à ceux-là, à quelques-uns plutôt qu'à tous, de régir les intérêts universels. On assure que nous bouleverserions tout; et j'en fais le serment. N'importe! j'admets notre municipalité telle qu'elle existe, et je reconnais nos magistrats civils les yeux fermés. Entre nous, il serait passablement ridicule de contester à ces messieurs ce qu'ils tiennent, si l'on n'est pas de force à le leur prendre : ce serait mal employer son temps, et les altercations de mots sont vides et puériles. Dès que nous pourrons mieux, nous ferons mieux : cela va sans dire. Subissons donc les choses pour ce qu'elles sont à l'heure qu'il est, et, usant des libertés permises, de ces libertés qui filent doux entre le réquisitoire et Sainte-Pélagie, tirons seulement par la basque notre conseil municipal du moment, ainsi que les autorités qui limitent si prudemment le cercle d'action de ce conseil municipal, à l'effet d'obtenir des hauts guichetiers politiques l'amélioration de notre cage, une ombre d'élégance pour nos barreaux et quelques filets d'air pur pour notre prison. Les pauvres gens, hélas! ont toujours une liste infinie de réclamations à dresser, lorsque ce sont les bienheureux de la terre, clefs en poche, qui se chargent de les tenir sous la geôle. Les bienheureux aiment le calme, et je conçois fort bien ce qu'ils y gagnent : ils y gagnent ce que nous perdons. C'est énorme.

Soyons justes : quels que soient l'origine et le droit de notre municipalité, on s'occupe de la capitale, et beaucoup : il ne faut qu'ouvrir les yeux pour s'en apercevoir. On creuse des égouts, on installe des bornes-fontaines, on sème des trottoirs : on plante même des arbres sur les quais. C'est quelque chose. Le plan de Paris s'améliore, nos marchés se nettoient, nos boulevarts s'aplanissent, et j'ai ouï dire que, dans une excellente pensée, l'on avait enfin établi des rondes de surveillance autour du canal Saint-Martin, à l'effet de repêcher en un clin d'œil les étourdis qui pour se noyer choisiraient le moment du passage de la patrouille. Voilà qui est à merveille. De plus nous sommes encombrés de promesses; nous aurons des quinconces par ci, des monumens par là, l'obélisque à mettre de côté ou d'autre, et, pour couronner le tout, des fortifications au dehors de l'octroi, dans l'intérêt bien entendu de la sécurité des propriétaires dont les maisons se trouveront admirablement placées sous la parabole des boulets. A la bonne heure!

Qu'on me permette cependant de reprendre ceci point par point, indépendamment de ce que je pourrai dire en plus et par la suite.

Pour la première fois depuis que l'on réclame à ce sujet, on vient d'entreprendre des travaux à l'usage de l'écoulement général des immondices de la ville, sur un plan simple et régulier, par ramifications qui se dirigent vers des branches principales. Entretenus comme il faut, ces égouts, qui supportent les fatigues des charrois et des diligences, de tout ce qui travaille et défonce le sol de Paris, ces égouts dureront vingt années peut-être, et, grace aux soupiraux ouverts de distance en distance à la base des trottoirs, nos rues ne seront plus exposées à ces inondations subites qui les changeaient en bras de rivières rapides et périlleux, aux jours des brusques averses. La dépense est faite et parfaite : on n'y reviendra donc que dans vingt ans, et, peut-être, le cerveau de nos ingénieurs des ponts-et-chaussées se sera-t-il enrichi de quelque amélioration également urgente, laquelle pourra marcher de front dès qu'il deviendra nécessaire de donner un second coup de main à ces travaux. Ainsi soit-il. Mais qu'en pense la publicité ? Les journaux de Paris, qui se fatiguent singulièrement pour décharger l'Europe de ses embarras, et qui n'en viennent pas toujours à bout de quelques périphrases qu'ils se servent, ont, en son temps, causé de ce travail. Ils ont, en style de barême, chiffré les toises de meulières, évalué les pieds cubes de mortier hydraulique, arpenté les myriamètres de maçonnerie ; mais du système, mais de ses inconvéniens ou de ses avantages, ils n'ont soufflé mot ; nous laissant ainsi dans l'ignorance de savoir qu'en dire, et nous permettant presque de présumer qu'ils s'y trouvaient eux-mêmes, ce qui n'est pas du tout présumable. J'aurais désiré qu'à la place de quelques colonnes très-gaies, je l'avoue, sur des vaudevilles sifflés la veille, ces écouteurs aux portes, qui savent tout, et quelque chose de plus, nous eussent démontré que l'on avait bien ou mal fait de préférer le plan suivi dans cette occasion au plan de M. Horeau, ingénieur à projets d'artiste, que Napoléon, grand juge des grandes choses, eût appelé au conseil d'état. Les idées de M. Horeau étaient bien autrement larges que celles de nos ingénieurs. Laissez-moi vous en dire un mot. Il établissait un double trottoir, toujours accessible, sous la voute des égouts, à droite et à gauche d'un bassin creusé pour la fuite et l'écoulement des eaux. A l'extrémité de ces trottoirs, contre l'angle où venait s'appuyer l'arc de la voûte, il faisait courir, dans toute la longueur de la berge, des tuyaux de fonte chargés d'alimenter les bornes-fontaines de nos rues, et pourvus outre cela de robinets inférieurs qu'on aurait ouverts au besoin pour expulser, à l'aide d'un courant vigoureux, les encombremens fortuits d'immondices. Il avait encore d'autres prévisions, M. Horeau! Le gaz prenait sa place dans ce système; le gaz courait et se répandait partout; et, les trois quarts du matériel se trouvant établis par ce système, le plus bel éclairage, à fort peu de frais pour les entrepreneurs, et par conséquent à moins de frais encore pour les souscripteurs, tendait à se répandre par la ville, où, nul ne l'ignore, on se plaint assez généralement de la lésinerie des lumières. On ne bouleversait donc plus les pavés, comme cela se fait tous les jours ; on ne sentait plus, à travers ces bouleversemens éternels, s'exhaler des odeurs délétères ; progrès qui n'est pas indifférent. Sa dernière prévision enfin, car M. Horeau faisait d'une pierre quatre coups, concernait nos fosses d'aisance, chancre qui ronge le sol de Paris et lui inculque tout doucement la peste, ferment d'un typhus endémique. Des portes latérales, ouvertes sur chaque maison, auraient permis, à des heures et dans des temps donnés, d'emporter les réceptacles mobiles dont l'usage se serait propagé de toutes parts : de telle sorte qu'une époque serait venue où, le soir, à la sortie du speccle, nous n'aurions pas couru le risque de rencontrer sur notre chemin ces tonnes gigantesques et malencontreuses, à syphons de cuir, qu'il est assez impertinent, je vous jure, d'appeler inodores. Je ne sache personne dans le feuilleton qui se soit occupé du système de M. Horeau pour le soutenir ou le réfuter, pour gronder ou féliciter les puissances de ne pas en avoir tenu compte. Si ce système n'était que coûteux, et non impraticable, du moins en partie, l'objection du coût valait qu'on l'agitât, ne fût-ce que pour insister sur ce fait qu'en haute économie les millions honnêtement dépensés sont moins onéreux pour le budget des villes que les petits écus jetés par la fenêtre. Puisque les journalistes, nos précepteurs émérites, se négligent, que deviendrons-nous? Je les conjure, dans leur cosmopolitisme, de ne pas oublier que nous sommes de ce monde.

Parlons maintenant des bornes-fontaines : c'est le cri général des petits ménages, le meuble nécessaire des places de fiacres, la grande pétition des boutiquiers, qui sont chargés de la police des rues dans le diamètre de leur devanture; et puis, à l'époque de la canicule, ces eaux libéralement versées sont un moyen de rafraîchir l'air de flamme que les pavés font rejaillir. Sous ces rapports, rien de plus urgent; on ne saurait trop nous octroyer de bornes-fontaines. Mais, pour Dieu, trouvez-leur quelque emplacement convenable, et qu'elles ne se jettent pas à travers les jambes des piétons, avec leurs robinets en saillie et ces maladroites pierres taillées en creux, où l'on risque de s'estropier le jour si l'on est ivre et distrait, aveugle ou borgne; et principalement la nuit, où l'on est tout cela parce que la lune manque à nos réverbères. Ensuite, je vous dirai que ces plaques de fonte, arrondies ou carrées, sont d'un goût qui nous accuse et qui fait honte, lorsque nous avons des artistes et des sculpteurs qui pourraient donner à ces modestes fontaines une tournure élégante, ne fût-ce qu'en imitant (à l'aide du physionotype, si vous voulez) les dessins de Jean Goujon et de Cousin, modèles trop oubliés parmi nous. C'est à nous rire dans la figure, lorsque auprès de ces blocs mesquins, bossués et pourris de rouille, nous venons à dire aux gens, de ce ton d'assurance qui est le nôtre, que Paris tient le sceptre des beaux-arts. A quoi s'en douterait-on ? Si nous le croyons encore, c'est que la tradition est la plus forte ; mais il n'est pas une ville de province qui n'ait à nous écraser de son luxe sur une foule de points, sur ce point-là surtout. Ne donnez pas de bals à l'Hôtel-de-Ville et de feux d'artifice à Louis-Philippe, et faites ce que je vous dis. Louis-Philippe a bien besoin de vos feux d'artifice !

Quant aux trottoirs, je vous ferai une tout autre guerre. La mode des trottoirs est en ce moment une rage ; je citerai cent rues qui n'en comportent pas du tout, et qui en ont cependant, mais de très-étroits, comme si l'on avait pleuré pour en avoir un peu, avec le ruisseau qui les serre de près, et dans lequel il faut nécessairement descendre de minute en minute dès qu'on est contraint de céder, galamment ou non, le côté des boutiques. A ce compte, mieux vaudrait ne pas en établir. — A qui donc, s'il vous plaît, sont les carrières dont on extrait ces dalles, pour que l'on apporte un si bel empressement à les placer à la grosse dans tous les coins de Paris? Je pense bien que ces prodigalités sont une excellente affaire, et que l'on recueille de l'or en barre à semer des cailloux; mais il ne faut abuser de rien, même des trottoirs.

La digression est dans mon droit. Pour en user, je poserai en fait qu'en Angleterre, où le peuple intervient dans les affaires de sa localité, les trottoirs sont beaux et larges, faciles à la circulation, taillés pour que le menu monde s'y pavane tout à l'aise, de façon que l'encombrement est rare, et que, dans cette terre classique du coup de poing, on ne se prend nullement au collet et à la gorge pour la question de préséance. Chaque promeneur a sa part, libéralement faite. Dans les villes d'Italie, tout au rebours, c'est le milieu de la rue qui absorbe toutes les attentions de la police urbaine; en l'honneur des castrats et des nobles, des cantatrices et des prélats. Cette différence est saillante et caractéristique. Elle dit les institutions et les hommes, mieux qu'un long commentaire. Revenons à Paris, et à nos municipaux.

Je suis un peu plus content, messieurs, des arbres que vous commencez à planter le long de nos quais, ces larges et démesurées solitudes, où, l'été, nous trouverons enfin de l'ombrage; d'autant que nous vous avons demandé ces plantations assez long-temps, au nom du bon goût et des promenades publiques. Mais, de grace, exécutez-vous et n'entreprenez rien à demi. Ces pauvres peupliers seraient mieux dans les pépinières de Versailles et de Villeneuve-Saint-Georges, qu'au milieu de ce maigre carré de terre végétale, dans une sertissure de pavés où ils manquent d'espace, comme s'ils n'étaient apportés là tout juste que pour mourir et céder immédiatement la place à d'autres, menacés, à leur tour, du même sort. Si ceux-là font jamais des barricades!... En usez-vous donc ainsi pour vos arbres dans vos maisons de campagne? Non. Eh bien? faites comme si vous étiez chez vous!

Le rappel des points que je me suis désignés, m'entraîne à vous parler de nos marchés. Arrêtons-nous au marché des Innocens, non pour ce marché en lui-même, mais pour les voies de communication par où l'on s'y rend, débouchés étroits et fangeux qui restent tels, par je ne sais quelle raison dont je ne parviens pas à me rendre compte. Est-ce que l'équerre de l'alignement n'aurait pas dû faire justice, depuis beau jour, de ce triste et noir défilé de maisons qui rampe lourdement de la Cour-Batave à la place du Châtelet, au risque éternel de la sécurité des piétons, écroués et tremblans au milieu d'un enfer de clameurs, entre les roues des charrettes et des omnibus, comme pour les menus-plaisirs et les petits revenus du concierge de la Morgue? Chose étrange! dans ce quartier, il n'y a que la main, rien que la main, d'une fenêtre à la fenêtre en vis-à-vis; les toits se querellent, les gouttières s'embrassent : on s'interroge en frémissant sur les lignes que tracent les pans de murs; la cité primitive est là dans sa crasse originelle. C'est un pandémonium de constructions délabrées et décrépites, le moyen âge à l'état d'agonie, une Salpêtrière de masures. Bien leur prend, à ces masures obstinées, de ne pas être campées sur le Carrousel! Sa Majesté, je vous prie de le croire, n'en serait pas affligée longtemps, et nous non plus. On leur donnerait l'extrême-onction du marteau. Et pourtant, cela reste sur pied, cela nous défie et nous menace. Quand nous en aurons une sur le dos, il sera peut-être temps de s'aviser à la jeter par terre. Si je consulte l'admirable plan de M. Jaboubet ce *memento mori* qui désigne au démolisseur une foule de baraques, je suis charmé de ce que l'on se propose; mais il me tarde d'applaudir les travailleurs. Qu'est-ce que cela me fait, à moi, que l'on maçonne et que l'on gâche au Louvre, tandis que les préposés à l'état sanitaire de la ville poussent le respect des cloaques jusqu'à laisser tomber de vieillesse ces édifices de cinq étages et plus, dont les pieds sont moisis par les égouts, les escaliers rongés par des champignons, la carcasse branlante et disloquée? On gratte nos chefs-d'œuvre, et l'on révère notre fange. Notez que, dans ces bouges, il se trouve une surcharge de population, refoulée dans une atmosphère impure, pressée comme des harengs dans un baril, payant une rente annuelle de malades à nos hôpitaux : alors mon réquisitoire vous paraîtra ce qu'il est, légitime et nécessaire. Faites une chose! Revenez au rivage de la Grève, par le bateau à vapeur, après avoir respiré les fleurs et la santé de nos environs par tous les pores; puis arrivez là : c'est à s'évanouir. Et ne me dites pas que le démon de l'habitude rend ces cavernes supportables pour leurs habitans; que, d'ailleurs, la propriété est sacrée. Indemnisez, si, ce qui n'est point, ces plâtras ont encore le souffle, et poussez l'arbitraire jusqu'au respect de l'humanité; une fois n'est pas coutume.

Je vous ai dit que l'on aplanissait nos boulevarts. Oui, sans doute. Un peu à la légère, il est vrai, et sans consulter avant d'entreprendre; car, après avoir entamé la butte Bonne-Nouvelle, on s'est ravisé tout à coup, de peur de déchausser jusqu'aux gencives quelques propriétés dont l'élévation rivalise avec le couronnement de la Porte Saint-Denis. Ce segment de boulevart en a conservé quelque chose de gauche et d'irrégulier dans son parcours, parce que l'on a voulu transiger avec les difficultés que l'on ne pouvait vaincre. Il y a, vers le milieu, une rue (la rue de Hauteville) belle et correcte, qui vient aboutir au boulevard par une montée si rapide, qu'elle serait dangereuse, en allant et en venant, pour un excellent cheval; à plus forte raison pour les haridelles, demi-mortes et déchiquetées par la faim, que les cochers de Paris, les plus avares cochers du monde et aussi les plus stupides, émoustillent à coups de fouet pour faire damner, je ne dis pas leurs cliens (ils n'en ont pas), mais les gens contraints, lorsqu'ils ont oublié leur parapluie, de se réfugier dans un sale et branlant équipage, dès que le ciel menace d'une averse. Cette rue, tôt ou tard, on la fermera par un tourniquet ou par un poteau; mais à la suite d'un malheur, pas avant. Supposez un peu de verglas, le malheur ne se fera pas attendre. J'ai déjà vu, le long du trottoir obliquement placé, des femmes glisser comme un éclair sur le talon poli de leurs socques. Quand on en relèvera quelqu'une morte, les journaux s'insurgeront contre une bévue qui, depuis un an, crève les yeux du public. Le jour de l'enterrement, on convertira ce trottoir en escalier, avec de belles rampes.

Prodige de la statistique ! Il fut un jour additionné par un homme de bien (je donnerais une palette de mon sang pour savoir son nom) qu'il se noyait, bon an mal an, de soixante à soixante-dix personnes dans le Canal Saint-Martin, tant suicidés, que buveurs de la Courtille et promeneurs dévalisés par des bandits. L'autorité en eut la puce à l'oreille : il y avait de quoi. Et là-dessus, d'établir une vingtaine de gens, habiles nageurs, pour veiller, pistolets à la ceinture, sur une étendue de près d'une lieue. C'est près de cinquante toises par homme. Pour les suicides, on n'y peut rien, si ce n'est par hasard, d'autant qu'ils y mettent habituellement de la méchanceté ; et quant au chapitre des bandits, ils tombent sous la juridiction des patrouilles. Reste l'ivrogne, au profit duquel je demanderais volontiers à la ville qu'on établît des parapets; car ces chaînes de fer, lâches et rampantes, qui courent de borne en borne le long de ce chemin de halage, ne sont qu'un pauvre obstacle, capable, tout au plus, de faire trébucher et tomber mon ivrogne, pour le mettre à même de se relever un peu plus loin et de chuter définitivement dans le canal. Sans faire de la sensibilité sur l'ivrognerie, je soutiendrai chaudement que c'est un vice qui ne mérite pas la peine de mort, ou autant vaudrait fermer les guinguettes; à quoi l'octroi perdrait, et le fisc. L'ivrogne a son mérite, sous le point de vue de l'impôt. Il boirait du meilleur chez lui, si l'état n'y mettait bon ordre ; mais le mauvais vin n'est pas déjà si méprisable, et l'on ne doit pas oublier que la piquette rapporte au budget un million de fois plus que le muscat et l'alicante. Il faut donc conserver le prolétaire pour le budget : il ne serait qu'un embarras à la Morgue. Dans l'intérêt général des asphyxiés, et pour se ménager plus de chance de les rappeler à la vie, j'insisterais sur une création que feu Mangin s'était proposée, sincèrement, j'aime à le croire; mais dont il fut distrait, comme on ne l'ignore pas, par cette alerte assez ridicule de 1830, que l'on prit pour une révolution pendant six semaines : moi comme les autres. Voici ce que c'était que cette création. Il aurait fait établir, chez un bon nombre de portiers, dans une chambre toujours prête, des lits avec l'attirail d'une pharmacie de circonstance, près d'un foyer toujours en mesure d'être rapidement allumé, grace à des menus fagots où l'on aurait versé de l'essence. Une armoire pourvue de linge, des cordiaux, une prescription hygiénique imprimée tout exprès en guise de consigne, auraient suffi, en attendant le médecin le plus proche ou le pharmacien du voisinage. Ces établissemens auraient coûté fort peu ; ils auraient certainement rendu de grands services. Je donne le projet à qui le voudra. Quoiqu'il soit de Mangin, il est excellent. On aurait fait quelque chose de cet homme s'il n'eût pas été fanatique.

Je ne prétends pas m'arrêter sur le quinconce des Champs-Élysées que l'on propose d'augmenter et d'étendre par un semis du côté de la place de la Concorde, en même temps que l'on ferait disparaître ces fossés absurdes qui ressemblent à des cavernes de voleurs, et que l'on ne peut longer en revenant de la belle avenue de Neuilly, sans avouer, le mouchoir et le flacon sur la figure, que l'écriteau municipal en protége bien faiblement les balustres. Quand je dis que l'on propose tout cela, j'entends que c'est le public : les autorités qui représentent le public ne sont pas si décidées. La place de la Concorde est, à proprement dire, le champ des conjectures. On y doit manger un million et demi : le comment se discute. Ce qu'il y a de certain, c'est qu'on le mangera. Un si bon morceau n'est pas pour chômer. M. Thiers, à ce que l'on affirme, ne bronche pas sur la question de l'obélisque, il le lui faut; et, à l'obélisque, d'autres ajoutent comme accompagnement, la descente probable des douze statues du pont, pâles géans de marbre qui feront sentinelle autour du bloc de granit, exilé de la ville de Cléopâtre. Ce sera fort pittoresque au clair de la lune. O Napoléon, Napoléon ! O monsieur Thiers !

En récapitulant le programme des travaux qui sont en instance, j'ai parlé, je crois, de fortifications *extra muros*. Ceci n'entre pas tout-à-fait dans le plan de Paris, quoiqu'on fasse entrer dans un cadre quelconque tout ce que l'on veut en s'y prenant bien, et surtout en s'y prenant mal. C'est une question délicate avec mes principes. Pour la trancher, je pense que ce ne serait pas une si mauvaise chose avec de bonnes institutions, et d'autres peuvent trouver que c'en est une meilleure avec de mauvaises. Tout dépend du point de vue. Mais en mettant Paris sous le point de mire de la bombe et du boulet rouge, il serait de luxe de s'inquiéter des embellissemens et de demander des réformes. Le mieux est de demander grace. Entre autres choses déplacées à dire ici, je ne suis pas bien aise qu'on creuse un puits artésien à Vincennes. Dieu veuille qu'on ne rencontre jamais l'eau, et que les artilleurs continuent de trinquer avec le peuple sur la pelouse de Saint-Mandé !...

J'ai maintenant une foule de bagatelles et de détails à demander pour Paris, dans l'intérêt de l'utilité commune, et je vais procéder à ma pétition, rondement et sans méthode. J'avertis d'avance que la pétition sera fort incomplète ; mais chacun ajoutera son mot, si bon lui semble.

Il existe dans le cinquième arrondissement, à la portée de l'odorat des électeurs qui se sont empressés de faire la courte-échelle pour M. Thiers, lorsqu'il s'est agi de le hisser sur les tréteaux représentatifs, un dépôt d'immondices dont le voisinage empeste la localité. M. Thiers lui-même a déclaré ce dépôt messéant, et il le déclarerait encore : il le déclarera toujours. C'est un homme de sens et qui ne saurait changer d'avis là-dessus ; en quoi l'on peut jurer qu'il n'a qu'une parole. Le fait est que s'il avait quelque pouvoir, la voirie ne devrait plus être là. Donc il n'a pas de pouvoir du tout ; c'est clair comme le jour. Nous prions ceux qui en ont pour lui, d'avoir égard à sa pensée et à notre supplication. Il est révoltant d'insister sans cesse, et à faux, sur le dégoût de ces misères, et d'être réduit à s'en tenir à des quolibets entre un ministre et la peste. Si nous n'avions pas de gouvernement, en vingt-quatre heures des hommes de bonne volonté déblaieraient ce charnier. L'existence d'une administration est sensible dans le cinquième arrondissement.

Je parle de déblais : est-ce qu'il ne serait pas convenable au dernier point, comme cela s'est exécuté pour bon nombre des bâtimens de la liste civile, d'isoler enfin nos églises et nos hôpitaux, que l'on a flanqués de constructions borgnes et d'industries parasites ? Le caractère de ces édifices, qui sont, après tout, des monumens, est en partie perdu et noyé dans ce pêle-mêle d'usurpations bourgeoises et boutiquières. Peut-on, je cite un exemple sur mille, passer contre la pointe Saint-Eustache, sans quelque mépris pour la cité qui permet que la chapelle d'une pareille église réunisse dans le pourtour extérieur de son abside, à trois pas l'un de l'autre, un étalage de tripière, un égout, un corps-de-garde ? Le malheureux qui voit cela sans scandale est jugé : il n'a pas l'ame artiste. Quant à l'Hôtel-Dieu, puisque des médecins, juges de la chose, ont déclaré qu'il n'était déjà pas si malsain qu'on voulait bien le dire, de lui permettre d'étaler ses plaies sur un des bras de notre fleuve (sans doute par l'excellente raison qu'il sera toujours moins éloigné, là qu'ailleurs, de leurs autres affaires), nos enfans doivent s'attendre à le voir pendant une suite de siècles encore outrager du contact de son portail pour rire le portail sévère de notre magnifique cathédrale. Si sain que puisse être un tel édifice dans un tel lieu (notez que je n'en crois pas un mot), je conseille de maintenir l'interdiction lancée contre les habitudes de certains porteurs d'eau qui venaient troubler la vase du pont Saint-Michel, sous la Morgue; vase profonde, et sur laquelle glisse un maigre courant. Avec les deux ou trois cents fenêtres percées sur la rivière, il ne faut que de l'insouciance pour que ce courant soit engorgé d'immondices. Croyez-vous qu'il n'y ait eu que de l'insouciance seulement depuis cinquante ans?... Je conseille aux riverains de boire de l'eau de Seltz.

En continuant à déblayer du bout de la plume tout ce qui çà et là me semble de luxe autour de nous, je me vois contraint, nouveau Luther, de lancer mon écritoire à la pompe de Notre-Dame. Vous savez ce que je veux dire : cette bicoque à manivelle de vieux moulin, accoudée sur un de nos plus beaux ponts, et dont l'accès en auvent est occupé par un bouquiniste. D'abord, c'est quelque chose d'arriéré et de souverainement laid que cet enchevêtrement de solives et de poutres, masse énorme et poitrinaire qui sue pour un résultat chétif. Nous n'en sommes plus là. Ensuite vous ne savez pas à quel point cette pompe, qui se carre sur le grand chemin de la rivière, entrave la navigation, et quelles fatigues de hardis mariniers se donnent pour contraindre les pesans marnois et les bateaux lourdement chargés à se précipiter sous l'arche voisine. C'est un impôt qui guette l'industrie au passage, et qui n'est pas sans péril pour ceux qui le prélèvent à tant par tête, au risque de leur vie. Jean Joconde, le créateur de ce pont, Jean Joconde qui remplaça Bramante pour diriger les travaux de Saint-Pierre de Rome, serait infailliblement d'avis de la disparition de cette pompe, comme il l'aurait été de celle des maisons dont on avait si mal à propos surchargé ses dessins.

Nous sommes sur la rivière. Interrogeons l'autorité. Pourquoi sur une des rives de la Seine n'établirait-on pas un chemin de halage? C'est une remarquable négligence que celle-là, et qui prouve que, dans les commissions d'enquête auxquelles on est obligé de recourir tous les jours pour étudier, au fil d'un rapport, les matières ignorées de nos administrateurs, on appelle rarement, ou pas du tout, les hommes spéciaux. Au lieu de deux chevaux normands à forte encolure qui galoperaient sans peine le long de ce chemin de halage, en tirant après eux, par le moyen d'un léger câble, et en faisant fendre lestement aux plus massives embarcations le courant de la Seine, il faut que cinq ou six manœuvres, en sueur et pendus à des leviers, autour des treuils de fer que l'on élève contre la marge des ponts, triomphent des résistances du fleuve, multipliées par la distance et surtout par le poids d'un lourd cordage. Et cependant, Paris étant une ville industrielle, ma remarque est une de celles qui doivent revenir le plus fréquemment à l'esprit de ceux qui prélèvent, sur leurs bénéfices, la réparation des oublis de leurs élus. Mais que voulez-vous? L'élu tient de l'élection, tout est à l'étroit ; et où le choix est borné, il arrive que ce n'est pas même la peine de choisir. Quand la préférence est forcée, qu'est-ce que c'est que la préférence?

Interrogeons toujours. Comment se fait-il que dans une ville où casernent tant de régimens de cavalerie, où l'on trouve des marchés aux chevaux et nombre de maquignons, il ne se rencontre pas un abreuvoir régulier, supportable, fait exprès, en guise de ces bouées qui tracent lâchement et à l'aventure une protection imaginaire ? Ce n'est pas ici d'événemens que l'on a manqué! je ne vous les dénombre pas, car je veux que l'on respire. Je comprends que la vie des hommes soit pour rien : celle des chevaux !

La révolution, dont je dis toujours le moins de mal possible, de peur d'ingratitude, arriva fort à propos pour ouvrir, dans Paris, des rapports de bon voisinage entre des quartiers que séparaient l'un de l'autre de larges couvens et des hôtels démesurés; cités religieuses et aristocratiques, closes le jour même pour les profanes obligés à des circuits immenses. Au bruit du tocsin mis en branle contre l'émigration, on brisa ces clôtures, et le rapprochement eut lieu. La démocratie prit son cours à travers tout cela, et le prit de vive force. Je regrette seulement qu'elle en ait foulé les jardins. Comme l'étoffe était belle, on sut couper en plein drap. La rue de la Paix, la rue d'Ulm, la riche avenue de l'Observatoire, une foule de travaux de ce genre, en font preuve. Plan de Paris en main, consultez-vous encore sur les opportunités du moment.

Vous verrez sans doute avec plaisir que des percemens indispensables et des passages auxiliaires ont diminué la longueur du tracé qu'autrefois on était contraint de parcourir pour se rendre, en ligne droite, avec économie de temps, d'un point à un autre point. Ces percemens et ces passages ont vivifié des étendues, doublé le capital et la rente d'un grand nombre de propriétés, peuplé des districts en quelque sorte proscrits. Ce système était de l'or en barre, et il me semble logique de le pousser à ses dernières conséquences, à la confiscation près. Donc, placez le doigt sur la Seine, entre le Pont-Royal et le pont de la Concorde, criez hardiment, à l'aspect de ce vide étrange, qu'il faut un pont là ; puis, en regard, qu'il faut de plus une porte ouverte sur le jardin des Tuileries. Alors, l'aristocratie du grand faubourg donnant la main à la bourgeoisie du quartier de la Banque, les parchemins et les écus signent la paix ; une paix, comme disait le général Foy, entre gens bien dignes de s'entendre. Circonstance désirable pour une dynastie hermaphrodite, taillée du bois dont on fait les gentilshommes. En criant ceci, toutefois, vous le crierez trop tard. Ce pont, voyez-vous, il est réalisé en argent, des architectes en ont dressé le devis ; plébéiens et marquis le demandent. On affirme cependant que la liste civile n'en veut pas. Pourquoi? Pour le salut de cette terrasse qui plane féodalement sur les coucous de Sèvres et de Saint-Germain, le long du quai des Tuileries, et où il est défendu de déposer des ordures. On gâterait la terrasse en la perçant. A la bonne heure de ravager les compartimens de gazon et d'arbustes taillés par Lenôtre, ce roi des jardiniers, et qui s'harmoniaient, par leur souplesse, avec les corbeilles d'eau fleuries de cygnes. On a rompu la symétrie de ces compartimens magnifiques, dans le but, et pour ce que vous savez. Mais comme le projet du pont s'écarte des convenances royales et ne tend qu'à tripler la valeur d'une foule de propriétés particulières en vivifiant un quartier sans issue, le quartier situé dans le voisinage du palais de la Légion-d'Honneur, ce projet pourra bien rester long-temps en instance, et s'ajourner indéfiniment pour ne rien faire ; les piétons n'auront pas plus tôt l'accès du jardin des Tuileries, que les voitures demanderont le passage. Soit encore pour le tilbury, mais peut-on admettre la charrette où l'on n'admet pas la veste ?

Avant de clore la kyrielle de mes remarques par de petits avertissemens à notre police municipale, qu'il me soit permis, au préalable, de mettre une critique sur un chapitre fort essentiel à mon avis, celui des corps-de-garde de la milice bourgeoise. J'ai l'honneur d'être de cette milice, et c'est bien flatteur, surtout l'hiver. Je sais qu'en février 1835, ma fleur d'enthousiasme en matière de factions et d'arme au bras est un peu fanée. Sans aller chercher où je le pourrais la cause de ce phénomène épidémique, je demanderai, comment il se fait que chez une nation propre et petite-maîtresse on ait toléré, depuis 1830, ces bouges mal recrépis, ces grossiers lits de camp, et ces matelas couleur de cendre, lambris et mobilier de prison quand la prison est mal tenue. C'est aussi trop jouer au soldat que de nous faire quitter pour vingt-quatre heures toutes les délicatesses de la vie domestique, et le contraste est si choquant que le conseil de discipline a fort à faire. Un brin de juste-milieu ne serait pas de trop dans tout ceci. Je comprends que l'on répugne doublement à se charger d'un sabre stupide, d'une giberne sans cartouches et d'un fusil très-lourd pour nos habitudes, à se coiffer en ours, à s'entortiller d'une buffleterie, à se mettre un sac sur les épaules, le tout comme pour aller sérieusement aux frontières, lorsque en dernière analyse on se voit claquemuré dans une écurie dont ne voudraient pas des chevaux bien élevés, et que pour la désinfecter on n'a d'autre ressource que les cigares de la régie. Pour se ployer à ce régime de corps-de-garde, il faut bien de l'héroïsme ; et quoique mon sergent m'ait démontré qu'il était nécessaire d'attraper quelquefois un rhume pour le maintien de l'ordre de choses, comme j'ai la tête un peu dure, rien ne m'a rendu plus mauvais citoyen que de remplir exactement mon devoir. Nécessité de police urbaine, soit ! mais je voudrais faire cette police proprement. Refaites-moi tout cela. Je frémis lorsque je vois le tambour m'aborder avec un billet de garde : j'aimerais mieux un billet d'hôpital.

De cette police musquée passons à l'autre, à celle qui surveille les étalagistes et les réverbères, et qui les surveille en sens inverse : c'est-à-dire, beaucoup les uns, très-peu les autres, parce que, j'imagine, la différence dans les procédés aboutit au même résultat. Je vois chaque matin l'agent de police, avec cet esprit inquiet et tracassier qui est le propre des magistratures de peu, veiller, la brette au flanc, à ce que fruitières et bouchers, et boutiquiers enfin de tout genre, grattent religieusement les trottoirs, à charge pour eux, s'ils tombent dans le péché de paresse et d'oubli, de payer au commissaire du quartier les invariables vingt

sous d'amende, qui, d'ailleurs, par une foule
de menus frais et d'accessoires, montent toujours
à dix et douze francs. Je suis fort aise que l'on ait
soin de nos pieds, du moins sur la double ligne
des boutiques ; mais je voudrais aussi que l'on
eût un autre soin non moins méritoire. Est-ce
que vous n'avez pas pris garde que les bonnes et
les ménagères, jusqu'à l'heure de midi et souvent
plus tard, secouent par les fenêtres, avec des
tapis et des torchons, toute la poussière de leurs
appartemens, et cela sans trop se mettre en peine
de la voisine déjà parée qui brode à son balcon,
de la fruitière et du boucher dont les étalages
cherchent l'air et la rue, des piétons sans nombre dont les flots longent nonchalamment le rez-
de-chaussée ? Cette poussière au moins suspecte,
lorsqu'elle s'en tient à la poussière, va partout,
s'attache à tout, tombe sur les tonneaux de
l'épicier, dans les vases de fer-blanc de la laitière, sur la viande pendue à l'étal, à travers les
poissons, le beurre et les légumes que rien ne
protége, et, par un effet inédit du système des
compensations, ce qui s'en va par le balai nous
revient par la fourchette. Cela peut sembler
très-philosophique ; c'est très-malpropre. Il y a
des heures marquées pour le dépôt des ordures
et le passage des tombereaux : eh bien, d'où tien-

dra-t-on, s'il vous plaît, le privilége de verser en détail, de cette manière et tout le jour, sur nos alimens et sur nous, ce dont on est tenu de se débarrasser, en masse, d'une manière convenable, à des momens prévus? J'ai dit que les fautes et les malheurs instruisaient : mais que sert l'instruction si l'on ne la traduit en usage ? Tenez : c'était dans les premiers jours d'avril 1832, jours où le choléra, fléau voyageur, signalait dans ses premières victimes des taches livides, des spasmes étranges où d'abord l'imagination la moins prévenue crut discerner des symptômes de poison. Sur ce doute le feu prit à tous les cerveaux; mille crédulités se déchaînèrent. Il m'en souviendra tant que je vivrai. L'esprit de parti brodant à sa manière sur les conjectures, une rumeur courut et s'accrédita que les fontaines étaient empoisonnées, que des scélérats distribuaient des dragées d'arsenic aux enfans, et que le machiavélisme d'une faction vaincue sacrifiait de la manière la plus lâche aux rancunes de sa propre faiblesse. Cela était fou, sans doute. Avec un peu, je ne dis pas d'intelligence, je dis seulement d'érudition, en se rappelant les préliminaires éternels de toutes les grandes épidémies, à Marseille, à Florence, à Milan, préliminaires détaillés et fort bien détaillés par des écrivains dont les œuvres sont entre les mains de tous, Bœce, Lemontey, Manzoni, on nous aurait épargné des épouvantes absurdes et le spectacle de ces meurtres désespérés dont Paris fut le théâtre pendant près de quarante-huit heures : il faut une grande sagacité, quelque science du passé dans un magistrat, — surtout s'ils disent que la raison n'est pas dans la rue. Je sais néanmoins des gens qui combattaient les superstitions de leur voisinage, à leurs risques et périls, et qui réfutaient, par d'excellentes raisons, l'honneur de l'humanité, les préjugés de la frayeur, préjugés terribles, lorsque la proclamation du préfet de police vint jeter un nouveau ferment dans les imagination exaltées. La proclamation (consultez-la, je vous prie,) prescrivait aux bouchers de ne pas mettre la viande en vue et à l'étal, aux porteurs d'eau de cadenasser leurs tonnes et d'ajouter à leurs seaux un couvercle, aux marchands de comestibles de ne rien exposer en étalage. Des commissaires éperdus couraient chez les marchands de vin, pour boucher les brocs exposés. J'ai vu ceci, on contraignit même les marchands de tabac d'essayer leur marchandise avant de la vendre : la méfiance était sans frein. On sait le reste. La faute, j'en fais l'aveu, ne dura que le temps de la réparer, mais l'éclipse de la raison populaire, en finissant presque aussitôt que la faute, laissa voir trente cadavres abattus et massacrés sur le pavé de la voie publique. Délire de cannibales, n'est-ce pas? Et toutefois, que le plus sûr de lui-même réponde ! Sous l'influence de l'émotion générale, et lorsque un magistrat, le premier magistrat de la cité, assez haut placé, je pense, pour voir et pour décider mieux que personne, jette le cri d'alarme, au nom de cette mission de sécurité qui veut et qui suppose des lumières, quel est celui qui se serait dérobé au tourbillon et qui, lorsque tout le monde perdait le sang-froid, aurait cependant conservé le sien ? S'il en est un seul, il m'étonne : je n'ose pas, moi, me rendre compte des mouvemens dont j'aurais été capable dans le cas où, près d'un malheureux enfant agité de convulsions inouïes, la foule prévenue m'eût désigné son assassin : au fond de ces crédulités qui lâchèrent la bride à des furieux, je n'ai jamais pu voir de parti pris féroce; c'était de l'ivresse après de l'erreur versée à trop fortes doses; et sans les absoudre du sang qu'ils ont répandu, je les absous de la préméditation qui fait le crime. Revenons, car cet épisode m'éloigne; et, Dieu soit loué, le choléra n'est pas de tous les jours; mais ce qui est de tous les jours, c'est l'inintelligente et grossière propreté des ménagères qui chargent si volontiers le vent du soin de choisir à sa guise l'endroit où se poseront les mille ingrédiens dont elles se débarrassent par la fenêtre : et ce qui m'étonne, c'est que les ordres subitement improvisés, lors de la déplorable panique du mois d'avril, ne se soient pas convertis en ordonnance régulière. Il en est temps; et, ma foi, quand nous n'essuierions plus avec nos habits la chair des aloyaux et de la marée, quand le peigne des Maritornes laisserait tomber moins de cheveux sur nos étalages, quand les épiciers vanneraient le café sorti du brûloir ailleurs que sous la cendre de nos tapis, je ne sais pas trop ce qu'ils y perdraient et nous aussi. Je comprends ce qu'il y a de déplacé dans tous ces détails; mais à qui la faute? Si l'on ne dit pas le mot, ne comptez pas que l'on fasse justice de la chose. La plume qui touche aux questions d'assainissement ne doit pas faire la bégueule.

Je vous ai gardé l'éclairage pour la bonne bouche : problème qui n'est pas tout-à-fait résolu, tant s'en faut, quoiqu'il touche éminemment à l'intérêt commun, s'il est juste de convenir qu'un réverbère vaille une patrouille, et que, pour le domicile des gens, une simple veilleuse soit un préservatif contre les voleurs. Un particulier qui s'y connaît, Vidoc, nous l'affirme dans ses *Mémoires*. On prétend qu'il existe, au sujet de l'éclairage, un bail, bail à forfait, et que la lune entre légalement et pour sa part dans ce bail. Il est difficile de mettre la lune en demeure lorsqu'elle se dérobe aux conditions du marché, ce qui doit être fréquent, grace à la coquetterie de notre ciel, dont les caprices de femme sont passés en proverbe; grace encore aux variations du cours de cet astre, qu'il suffit apparemment aux éclaireurs de saluer un instant à l'horizon, pour faire aussitôt des économies de bouts de chandelle. Ces marchés sont adjugés au rabais, par concurrence; il n'y a pas de mal : mais la concurrence, pour ne pas être un mot en l'air, devrait être à dessein d'illuminer toute la ville au plus bas prix, sans réserve de tolérance pour souffler les réverbères au premier prétexte. Par suite de cette tolérance, il suffit d'un nuage pour dévaliser un homme ; le nuage passé, mon homme ne peut plus s'en prendre à qui que ce soit : les nuages ne sont pas prévus dans le bail. Ceci sent la pénurie et l'avarice. La cité millionnaire et privilégiée, qui, de même que le cheval de Troie renferme toute la machine du gouvernement dans ses murailles, qui s'enorgueillit de son faste aux yeux de l'étranger, qui se pavane de son écrin de magnificences, de monumens et de bibliothéques; une telle cité devrait tenir un train de bonne maison : elle en est loin. Traversez nos places avant l'aube : il semble quelque vallon de la Calabre, où le guet-apens campe à chaque issue. Là pâle clarté d'un réverbère qui se meurt, ne sert, comme un foyer de bandits, qu'à rendre l'obscurité plus menaçante autour de son douteux point de lumière. Que les coins s'approchent, s'ils en veulent; le réverbère s'éclaire lui-même. Ainsi de nos quais déserts et inquiets; ainsi de nos ponts, que les timides arpentent sous la préoccupation de ce rêve que deux bras vont les enlever par-dessus le parapet pour les lancer aux poissons de la Seine. Cherchez donc un numéro de maison, si vous désirez un médecin. Avisez l'enseigne d'une boutique, pour un achat urgent; démêlez-vous, si vous le pouvez, dans cette ville sourde et borgne. Encore ne parlé-je, cette fois, que des hommes. Que sera-ce quand il s'agira d'une femme? Je parie pour un cauchemar, à chaque vingt pas qu'il lui faudra faire; et ce n'est pas trop parier, si quelque goguenard arriéré de sa patrouille, un ivrogne étonné de la vacillation des édifices, ou l'un de ces industriels nocturnes qui battent le pavé pendant la nuit, veulent être polis, et rien que polis envers la pauvre petite. La politesse est rare, la nuit, dans les rues. C'est absolument comme au bal de l'Opéra, sous le masque; et sous le masque on peut tout dire. Assurément, une belle nuit est une belle chose, mais ailleurs qu'au sein des villes; et je ne me soucie pas trop de cet élément romanesque de bonnes fortunes, pour ce qu'il y a d'amans et de filous dans nos murs. Sur une grande série de rues, nous avons bien le gaz, le gaz est dans les boutiques, etc.; mais avant minuit, la clef d'un inspecteur referme brusquement le piston des becs particuliers. Quant à l'administration de Paris, ou elle ne sait pas ce que c'est que le gaz, ou elle n'en veut pas. Cette ignorance ou cette mauvaise volonté est le patrimoine des coquins, lesquels, à leur tour, sont le patrimoine d'une certaine police. Ces messieurs jouent à la cligne-musette coupée, dans l'ombre. Si les rues étaient claires pendant la nuit, et claires comme je le voudrais, je crois que beaucoup d'espions et de voleurs, de voleurs et d'espions, retourneraient au bagne, ou deviendraient d'honnêtes gens. Cette fatalité ne pèse pas sur leurs têtes. Nous en sommes encore au timide réverbère des vieux jours, cette bête à bon Dieu des bagarres, première victime des effervescences politiques, toujours écrasé, toujours remis à son poste, et plus ferme que les trônes, en dépit de ses vicissitudes; car il défie le progrès et les idées, tombe de sa corde et s'y raccroche; enfin nargue et ajourne son compétiteur le réverbère *Bordier-Marcet*, tandis que nous prenons et reprenons tour à tour une foule de dynasties, comme des gens qui retournent un magasin pour ne rien trouver à leur goût. Je vous offre une gageure : c'est que lorsqu'on aura fait les dépenses nécessaires pour établir l'éclairage Marcet, quelque brave conseiller, révolutionnaire fini, de ces brise-raisons qui se permettent des lueurs de génie un demi-siècle après le genre humain, fera tout à coup triompher le système de l'éclairage par le gaz. On le votera d'enthousiasme; et, si peu que cela soit facile tout de suite, nous l'aurons trois ou quatre ans après, lorsque nos physiciens auront trouvé quelque chose de mieux que le gaz : le progrès est en de bonnes mains.

J'ai honte, cet article étant si long, de vous avoir dit si peu de choses sur les réformes nécessaires dans notre cité : il vous sera facile de faire mieux. Je n'ai voulu qu'agiter les échantillons de nos réclames, et vous induire à consulter quelquefois le plan de Paris, avec la longue vue ou le microscope de la critique, tant pour l'infiniment grand que pour l'infiniment petit, pour l'ensemble et pour le détail : étude essentielle, qui met les citadins à même de pétitionner auprès de qui de droit et de proposer des idées quelquefois fantasques, et qu'on ne se fait pas faute de passer à la flamme de l'ordre du jour. Tout ceci n'empêchera de dormir personne : au contraire. Imitez-moi sans vergogne. Si la parole a été donnée à l'homme pour déguiser sa pensée, la plume ne nous a pas été mise à la main pour économiser les mots. Examinez, passez tout entre les doigts et par le menu ; rêvez force châteaux en Espagne sur la matière, c'est un champ vaste ; et sur ce champ moissonné par M. Mercier, notre maître et prédécesseur en bavardage, il y a toujours des fleurs à glaner : on écrirait cent volumes, si l'on se laissait faire. La topographie ne tarira pas davantage en plans pour cette capitale, parce que, à bien dire, le plan d'aujourd'hui ne vaut plus rien ; c'est déjà celui de demain qu'il vous faut prendre, et par malheur il n'existe pas. Tandis que le graveur, entouré de ses matériaux et fier de ses relevés trigonométriques, trace au burin des lignes sur le cuivre, ici une maison ploie et s'écroule ; là, une cité s'élève dans la cité; plus loin, le vilebrequin de l'architecte fait son trou dans un pâté de maisons pour établir un passage en galerie; ailleurs, un monument politique reçoit en forme son congé des événemens. Quand vous ouvrez le plan tout frais sorti de la presse, vous en savez plus que le maître. C'est un rabâchage, c'est de l'histoire. Il ne parle pas de votre maison élevée depuis peu dans les marais; il continue de vous octroyer ce que l'alignement vous a ravi. Vous relèverez cent bévues aussi graves à la date de sa publication. Si donc vous voulez m'en croire, n'achetez jamais, pour votre gouverne, un de ces plans modestes et incorrigibles, renfermés dans l'étendue d'une feuille de papier vélin; mais au contraire, quelque large plan, bien développé, comme celui de M. Jacoubet, plan qui comporte à lui seul au-delà de cinquante feuilles. Il est dessiné sur l'échelle d'un millimètre pour deux mètres, et ses diverses feuilles peuvent, à l'aide de corrections successives, d'année en année, participer de la mobilité parisienne et se tenir au niveau des métamorphoses du sol. Là, surtout, vous aurez l'intelligence de l'avenir de la cité, et des projets grandioses de percemens et d'améliorations qui, depuis 1793, ont été désignés par une commission d'artistes, sur la demande de la Convention nationale. Le travail de cette commission sert encore de guide aux municipaux, et c'est un étrange rapprochement pour l'émotion et la pensée que cette rue du Louvre à la Bastille, qui portera le nom de Louis-Philippe, et que la Convention a décrétée.

Mais si Paris est mobile et changeant, Paris, soyez en sûrs, ne mourra que d'une comète, ou bien encore dans le cas où l'axe du globe glisserait dans son écrou, ce qui, j'en conviens, pourrait lui mettre l'océan sur les bras. A cela près, et nous avons déjà la parole de M. Arago contre la comète, sans compter que l'axe du globe est solide, Paris peut espérer une longue suite de siècles. Il faudra que Dieu le tue. Les villes faites par les peuples, au rebours des villes faites par les rois, ont une belle carrière à parcourir. La nécessité, et non le caprice, les ayant fait jaillir de terre, l'instinct qui les créa préside à leur conservation : elles ont une ame. — Ces cités restent; les cités purement royales meurent. C'est peut-être une allégorie. Si vous voulez que je vous immole quelque victime en faveur de mon assertion, tournez les yeux sur Versailles, ce gouffre où l'ancienne monarchie, concentrée dans sa plus belle expression, Louis XIV, répara dans la démence de son faste le bilan de sa banqueroute. Versailles, né en haine de Paris et de la Fronde, tracé au compas de Lenôtre, bâti à force d'or et d'hommes, avec ses rivières artificielles qui pourrissent quand on égare la clef des réservoirs; avec ses dieux de fonte, ses portiques émondés par la serpe, ses pelouses qui forment des tapis d'un quart de lieue ; avec ses bergeries de Trianon tendues de damas à garder sous verre; Versailles, veuf et glacé, solitude, rentière et invalide, que l'on change maintenant en garde-meuble pour des tableaux et des bronzes, reste de Paris qui ne sait plus que faire de tout cela; Versailles se meurt du régime des listes civiles; car il lui fallait, pour lutter avec la destruction qui le menace depuis sa naissance, héberger un véritable petit-fils de Louis XIV, rien de moins; et l'on ne pourra prolonger son agonie qu'en en faisant, pour les menus-plaisirs de la capitale, un estaminet au bout d'un chemin de fer. Dans ce cas, Paris octroiera peut-être quelques faveurs à Versailles. Paris est roi.

Raymond Bruker.

FIN DU SIXIÈME VOLUME.

TABLE DES MATIÈRES.

                                Pag.

Félix PYAT. — Les Cultes. 1
Frédéric SOULIÉ. — Les Théâtres de Paris. 39
Auguste LUCHET. — Les Passages. 97
ALTAROCHE. — Les Commissaires de police. 115
Théodore MURET. — Le Quartier Latin. 165
Prosper LUCAS. — École et Faculté de Médecine. . . . 207
Jules JANIN. — Petites Misères parisiennes. 273
Charles DÉGLENY. — Le Langage à la mode. 291
Alphonse KARR. — La Domesticité. 325
Raymond BRUKER. — Le Plan de Paris. 343

FIN DE LA TABLE.

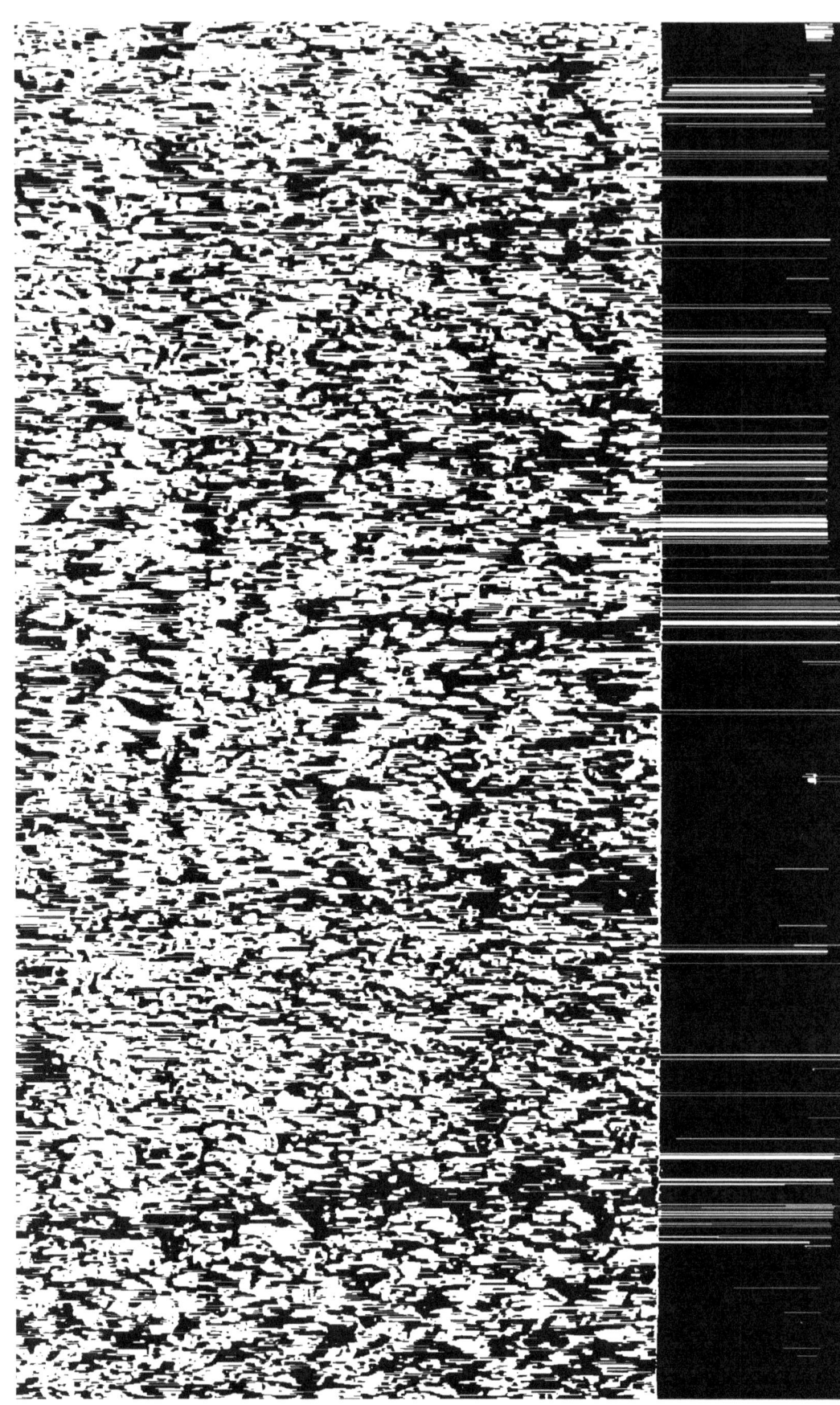

www.ingramcontent.com/pod-product-compliance
Lightning Source LLC
Chambersburg PA
CBHW051838230426
43671CB00008B/1002